第6位　アメリカでバイデン大統領が就任

第7位　海洋プラスチックごみ問題

第8位　今秋に衆議院議員総選挙が実施される予定

第9位　ミャンマーで国軍がクーデター

第10位　ジェンダー平等をめぐる問題（夫婦別姓など）

第11位　多発する気象災害

第12位　デジタル庁が発足

第13位　テレワークとオンライン授業

第14位　新型コロナウイルス感染症で「医療崩壊」の危機

第15位　核兵器禁止条約が発効

第16位　新型コロナウイルス感染症対策による経済・財政の悪化

第17位　ワクチン接種をめぐる問題

第18位　新疆（しんきょう）ウイグル自治区と香港（ホンコン）での人権侵害

第19位　イギリスがＥＵから完全離脱

第20位　ますます進む少子化

番外1 菅（すが）首相が辞任、岸田（きしだ）新首相のもとで総選挙へ　p.40

10月4日の臨時国会で首相に指名され、一礼する岸田文雄（きしだふみお）氏

番外2 日本出身の気象学者にノーベル物理学賞　p.157

10月5日、ノーベル物理学賞の受賞決定後、アメリカ・ニュージャージー州にあるプリンストン大学で記者会見する真鍋淑郎（まなべしゅくろう）氏

第1位 東京オリンピック・パラリンピックが「無観客」で開催

（J-CASTニュース提供）

8月2日に観客のいない国立競技場（きょうぎじょう）で行われた陸上女子1500m予選（上）

東京オリンピック開会式が行われる7月23日まで「あと85日」となった4月28日深夜の東京駅前の「カウントダウンクロック」（右上）

p.6, 32

第2位　東日本大震災から10年

福島第一原子力発電所で発生した汚染水を処理した水を貯蔵したタンクが並ぶ原発敷地内（2021年6月22日撮影）

p.66, 72

東日本大震災が発生してからちょうど10年がたった2021年3月11日午後2時46分、海に向かって黙とうをささげる人々（福島県いわき市）

第3位　アフガニスタンで「タリバン」が首都を制圧

8月16日、国外に脱出しようとする人であふれるアフガニスタンの首都カブールの空港

p.98

第4位　地球温暖化とその対策　p.76

私立中学校の先生に聞きました
小学生に知っておいてほしいニュース TOP 20

受験生へのメッセージ！

● ICT端末を活用する機会が増え、時事ニュースを見る、知る機会も多くなったと思います。情報量が増大した分、その中から、正しい情報を選択し、自分なりの考えを持てるようになることが、小中学生には求められるでしょう。
（東京都　攻玉社中）

● 国内・海外の時事問題を知ることを、広い視野と自分の意見を持つ機会にしてもらいたいと考えます。自分の生活している小さいコミュニティがすべてではなく、さまざまな状況が世界にはあります。そこから学び、人生に生かしてもらいたいです。
（東京都　城北中）

● 世の中のできごとはどこかでつながっています。ニュースを自分の知らないところで起こっていることとしてただ眺めるのではなく、あなたなりに「なぜ？」と問いかけ、「どうすべきか」「他の考え方はないのか」と思いをめぐらすことで、世の中の動きを「自分事」としてとらえてみましょう。
（神奈川県　湘南白百合学園中）

● 社会で起きている諸問題は、たとえ世界の果てでのできごとであったとしても、自分に直結するということを意識したいものです。そのために必要なのは、日々の主体的な学習と、それに基づく知識と想像力だと思います。
（北海道　函館ラ・サール中）

● 新型コロナウイルス感染症の世界的な流行で明らかですが、グローバル化が進んだ現在では、日本も世界の動きと無関係ではいられません。ふだんから世界の動きに関心を持ってニュースに触れる習慣をつけてください。
（東京都　東京女学館中）

● テキストに掲載されている知識を覚えることも必要ですが、それと実際の社会で起きている事柄とを結びつけることで、理解が深まり、視野も広がると思います。社会に対して関心を持っている方とともに、中高6年間、学び合いたいと思っています。
（神奈川県　洗足学園中）

● 時事問題に強くなるには、毎日、新聞の一面に目を通すことです。単に入試で出題されるからではなく、将来、自分たちが地球規模で世の中を支えていかなければならないのだということを念頭に置いて取り組みましょう。
（京都府　洛南高等学校附属中）

● 毎日、ニュースに接して、社会にアンテナを張ってください。その際、コロナ対策だけでなく、さまざまなことに触れると視野が広がるでしょう。
（東京都　頌栄女子学院中）

第5位 「奄美・沖縄」と「縄文遺跡群」が世界遺産に　p.10

奄美大島にはアマミノクロウサギ以外にもさまざまな固有種が生息している。これは青紫色の羽が鮮やかなスズメ目カラス科の「ルリカケス」

内浦湾を望む函館市の大船遺跡。竪穴住居が復元されている

第6位 アメリカでバイデン大統領が就任　p.90

第7位 海洋プラスチックごみ問題　p.78

パナマ運河の太平洋側の入り口にあたるパナマシティの海岸も、ごみで埋めつくされている（2021年4月撮影）

第8位 今秋に衆議院議員総選挙が実施される予定　p.40

第9位 ミャンマーで国軍がクーデター　p.96

第10位 ジェンダー平等をめぐる問題（夫婦別姓など）　p.48

第11位 多発する気象災害　p.80, 110

お盆の期間の大雨で六角川があふれ、広い範囲が浸水した佐賀県武雄市（8月15日撮影）

第12位	デジタル庁が発足	p.50
第13位	テレワークとオンライン授業	p.52
第14位	新型コロナウイルス感染症で「医療崩壊」の危機	p.24

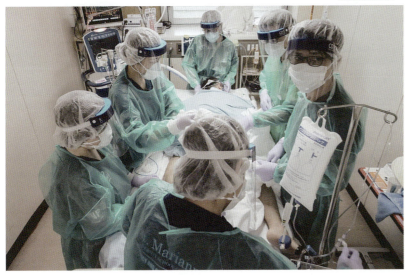

集中治療室で新型コロナウイルス感染症患者の治療にあたる医師ら（8月8日、聖マリアンナ医科大学横浜市西部病院）

第15位	核兵器禁止条約が発効	p.94
第16位	新型コロナウイルス感染症対策による経済・財政の悪化	p.25
第17位	ワクチン接種をめぐる問題	p.26
第18位	新疆ウイグル自治区と香港での人権侵害	p.86
第19位	イギリスがEUから完全離脱	p.92
第20位	ますます進む少子化	p.54

私立中学校の先生に聞きました 小学生に知っておいてほしいニュース TOP 20

受験生へのメッセージ！

● 社会科（地理・歴史・公民）は、今の日本や世界がどうつくられ、どんな姿をしているか、どのようなしくみになっているかを学ぶ教科です。「今の社会で何が起こっているか」を知れば知るほど、社会科の内容の理解も進みますし、学ぼうという気持ちも高まります。ですから、単に受験を突破するためではなく、中学校で深く学ぶための準備をするつもりで、時事問題に取り組んでほしいと思います。
（鹿児島県　ラ・サール中）

● 現代の社会問題を「知る」ことは「持続可能な社会」を実現するための第一歩となります。ぜひ広く興味・関心を持ってください。
（神奈川県　湘南学園中）

● ニュースは自分たちの生活につながっています。どのようにつながっているか、食事のときなどに家族で話題にするとよいかもしれません。ラジオのニュースを日常の中で流すと、耳から情報が入ります。テレビのそばに、ニュースで取り上げられている場所を確認するために地図帳を置くのもよいでしょう。　（東京都　東洋英和女学院中）

● さまざまな社会問題、国際問題をどのように解決していくべきか、他人事ではなく、自分事としてとらえていく必要があります。そのためには、まずは世界で、国内で、どのようなことが話題になっているか、関心を寄せましょう。新聞の一面や報道番組で扱われているトピックスに注目するようにしてください。新聞は国際面や社会面も読んでみましょう。　（埼玉県　淑徳与野中）

● 学習には、大きく分けて2つの流れがあります。1つは歴史（過去）をひもとき、現在を知ること。もう1つは現在をひもとき、未来を探ることです。時事問題に取り組むということは、この2つの流れを重ね合わせた深い学びです。（東京都　日本大学第二中）

● 今、起きている事象を自ら考え、表現することは、これからの社会であなたらしく生きていくために不可欠です。ぜひ、自分のことばで、あなたの感性を発揮してください。
（東京都　光塩女子学院中）

● 時事問題で問われるのは、教科書に「解答」の出ていない問題です。教科書で勉強しておしまいにするのではなく、それを自分の問題としてとらえることや、今、自分の身の回りで起こっている問題について「なぜだろう」と問いかける姿勢が大切です。時事問題を出題するのは、その姿勢や意欲を持った人に入学してほしいからです。
（大阪府　四天王寺中）

7月23日午後8時、東京オリンピックの開会式が始まる瞬間に国立競技場から打ち上げられた花火

特集1 東京オリンピック・パラリンピックが「無観客」で開催

　2021年7月23日から8月8日まで、新型コロナウイルス感染症の流行が続いている状況ではありましたが、1年延期された東京オリンピックが開かれました。参加したのは、北朝鮮を除く205の国と地域、そして「難民選手団」です。33競技339種目が行われましたが、「多様性と調和」が重視された今大会では、約1万1000人の選手の男女比はほぼ半々でした。その開会式は7月23日の午後8時から、閉会式は8月8日の午後8時から、ともに2019年11月に完成した東京都新宿区の国立競技場にて、無観客で行われました。また、同様に1年延期された東京パラリンピックも、2021年8月24日から9月5日まで、原則として無観客で開かれました。

開会式の入場行進は日本語での五十音順

　オリンピックの開会式では、各国の選手団の入場行進がありますが、古代オリンピック発祥の地であるギリシャに敬意を表して、毎回必ず、ギリシャが最初に入場することになっています。一方、最後に入場するのは開催国です。
　2番目に入場したのは、紛争や迫害などで祖国を離れざるをえなくなった選手たちによる「難民選手団」でした。これは、前回のリオデジャネイロ大会で初めて結成されたもので、今回はシリア、イランなど11か国出身の29人の選手が参加しました。

最後（206番目）に入場行進した日本選手団

特集1　東京オリンピック・パラリンピックが「無観客」で開催

　あとは、日本語の五十音順(アイウエオ順)に従って、3番目のアイスランドから、203番目のレバノンまで入場が続きました。入場行進の204番目は、**2028年にロサンゼルスで夏季大会を開くアメリカ**、205番目は、**2024年にパリで夏季大会を開くフランス**、そして最後が日本でした。

　新型コロナウイルス感染症のため、選手派遣を見送る国や地域が続出することが心配されていましたが、結果的には、国としての参加が認められず、「ロシアオリンピック委員会(ROC)」として参加したロシアを含めて205の国と地域、そして難民選手団が参加しました。参加しなかったのは朝鮮民主主義人民共和国(北朝鮮)だけでした。

「多様性と調和」が大きなテーマに

　今回のオリンピックでは、**「多様性と調和」**が大きなテーマとなりました。これは人種や民族だけでなく、性別もそうです。1896年にギリシャのアテネで開かれた第1回近代オリンピック大会に参加したのは男子のみでしたが、その後、徐々に女子選手が増加し、参加できる競技・種目も増えていきました。それでも、マラソンや格闘技は男子のみという時代が長く続き、女子が参加するようになったのは、マラソンは1984年から、柔道は1992年から、レスリングは2004年から、ボクシングは2012年からです。

　今大会には、約1万1000人の選手が参加しましたが、男女比はほぼ半々でした。こうしたことから、入場行進では、各国は旗手を男女1人ずつとすることが求められました。日本の旗手は八村塁選手(バスケットボール)と須崎優衣選手(レスリング)でした。

　選手宣誓も男女のペアで、その大役を務めたのは、日本の主将の山県亮太選手(陸上)と副主将の石川佳純選手(卓球)でした。2人は「**スポーツを通じて世界をより良い場所にする**ために、このオリンピック競技大会に参加することを誓います」と高らかに宣言しました。その後、1824台の**ドローン**で東京の夜空にエンブレムが描かれました。

1824台のドローンで夜空に描かれた市松模様のエンブレム

医療従事者らへの感謝を表明

　こうして入場行進が終わると、**東京オリンピック・パラリンピック大会組織委員会の橋本聖子会長**によるあいさつがありました。橋本会長はまず、医療従事者などへの敬意と感謝を表明した後、そもそも東京にオリンピックを招致する大きな理由とされた**東日本大震災**について触れ、あれから10年がたった今、再びスポーツの力、オリンピックの意義が問われていると述べました。そして「今こそ、アスリートとスポーツの力をお見せするときです。その力こそが人々に再び希望を取り戻し、世界を一つにすることができると信じています」と結びました。

　続いて、**IOCのトーマス・バッハ会長**からもあいさつがありました。バッハ会長はまず、「今日というこの日は希望の瞬間」だと述べました。医師や看護師は「名もなき英雄たち」で、何千人もの**ボランティ**

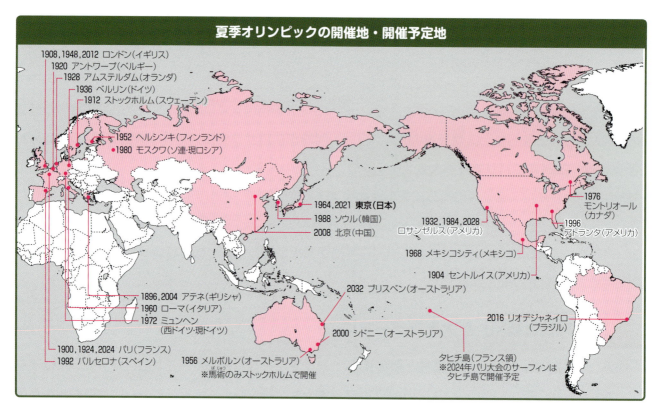

アは「最高のアンバサダー（大使）」だとたたえ、感謝の意を表しました。また、オリンピックが開かれるのかどうかもわからない不確実な状況の中でも決して夢をあきらめなかったアスリートも賞賛しました。その後、天皇陛下が開会を宣言されました。

大坂なおみ選手が聖火台に点火

オリンピックのように世界中から言語の異なる人が集まるイベントでは、掲示なども文字だけでは限界があります。そこで、1964年の前回の東京オリンピックから、各競技・種目の会場付近などには、その競技・種目を表した絵文字のようなもの（**ピクトグラム**）が掲示されるようになりました。今回は50種類が使われましたが、開会式では、その50種類のピクトグラムを、3人の人間が体を使って表現するパフォーマンスも披露されました。

そしていよいよ、ギリシャで採火され、47都道府県すべてをめぐってきた聖火が国立競技場にともる瞬間がやってきました。最終走者として聖火台に点火したのは大坂なおみ選手（テニス）でしたが、この人選も「多様性」を意識したものだったといえるでしょう。

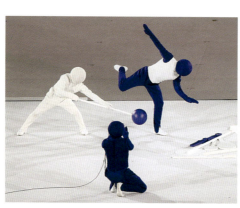

好評だった「人間ピクトグラム」のパフォーマンス。これは「サッカー」を表している

聖火台に点火する聖火リレーの最終ランナーは、テニスの大坂なおみ選手が務めた

特集1　東京オリンピック・パラリンピックが「無観客」で開催

閉会式では五輪旗をパリに引き継ぎ

　一方、8月8日の閉会式では、開会式とは異なり、選手は国・地域ごとに分かれず、複数の入り口から一斉に入場しました。降納されたオリンピック旗は小池百合子東京都知事から、2024年の開催都市であるパリのアンヌ・イダルゴ市長に引き継がれました。

　聖火が消された後、大型ビジョンには「ＡＲＩＧＡＴＯ」の文字が映し出されました。大会を開催すること自体に賛否両論があるなかで、リスクがあっても、それ以上の意義があると信じて参加した選手や、大会を支えたすべての人々への感謝が示されたのです。多くの選手たちは、感謝のことばを口にしながら帰国していきました。

女性知事から女性市長に、五輪旗が引き継がれた

ビジョンに「ARIGATO」の文字が表示され、東京オリンピックは幕を閉じた

パラリンピック開会式も無観客に

　一方、8月24日から9月5日までは、障害者スポーツの世界的な大会である「パラリンピック」も東京で開かれました。その開会式は大会初日の24日の午後8時から、新宿区の国立競技場で、無観客で行われました。

　オリンピックよりやや少ない161の国・地域と「難民選手団」が、オリンピックと同様に、国名・地域名の五十音順に入場しましたが、先頭はギリシャではなく「難民選手団」でした。難民選手団は、紛争などのために障害を負った、シリア、イラン、アフガニスタンなどの出身の6人から構成されていましたが、紛争が原因で障害を負った選手は、難民選手団以外にも多くいました。

最後（162番目）に入場した日本選手団

　選手が入場し終わると、橋本聖子大会組織委員会会長が、「前回（1964年）の東京パラリンピックは、障がいのある方々に自立と社会参加を促し、その後の日本に、パラスポーツの発展をもたらしました。（今回の）パラリンピックを迎える準備を始めてから、私たちの社会は、**ユニバーサルデザイン**のまちづくりや心の**バリアフリー**をめざしてきました。大会を契機に、互いの違いを認め合い、支え合い、いかなる差別も障壁もなく、だれもが生きやすい共生社会を築いていきたい」とあいさつしました。

　続いて、国際パラリンピック委員会（ＩＰＣ）のアンドリュー・パーソンズ会長も、「何らかの障害のある人は世界人口の15％、12億人もいる」として、その12億人のために「世界を変えたい」と述べました。

三内丸山遺跡で見つかった柱の穴の跡などをもとに復元された大型掘立柱建物(左)と大型竪穴建物(右)。右上は沖縄島北部の「やんばるの森」と、そこに生息するヤンバルクイナ

特集2 「奄美大島、徳之島、沖縄島北部及び西表島」と「北海道・北東北の縄文遺跡群」が世界遺産に

　2021年7月、オンラインで開かれた世界遺産委員会で、日本が推薦していた**「奄美大島、徳之島、沖縄島北部及び西表島」**（鹿児島県・沖縄県）が**世界自然遺産**に、**「北海道・北東北の縄文遺跡群」**（北海道・青森県・岩手県・秋田県）が**世界文化遺産**に、それぞれ登録されました。これで**日本の世界遺産は、文化遺産20件、自然遺産5件の計25件**になりました。

世界遺産とは

　世界遺産とは、「顕著な普遍的価値」があると認められて、**国連教育科学文化機関（ユネスコ）**の世界遺産リストに登録され、保護されているものです。**文化遺産**（歴史的な建築物や遺跡など）は850件以上、**自然遺産**（貴重な自然や生態系が残されている場所など）は200件以上、合わせて1100件以上あります。数は少ないものの、文化遺産・自然遺産の両方の特徴を持つ**「複合遺産」**もあります。ペルーのマチュピチュ遺跡や、オーストラリアのウルル＝カタ・ジュタ（エアーズロック）がその例です。

　世界遺産委員会の会合は1年に1回開かれ、ここで各国が新たに推薦したものを登録するかどうかを決めます。ところが、2020年に中国の福州で開かれる予定だった世界遺産委員会は、**新型コロナウイルス感染症**により延期になりました。2021年の世界遺産委員会は、7月16日から31日までオンラインで開かれ、本来は2020年に審査する予定だったものと、もともと2021年に審査する予定だったものの両方について、登録するかどうかを話し合いました。その結果、2020年分として「奄美大島、徳之島、沖縄島北部及び西表島」が、2021年分として「北海道・北東北の縄文遺跡群」が、それぞれ登録されたというわけです。

特集2 「奄美大島、徳之島、沖縄島北部及び西表島」と「北海道・北東北の縄文遺跡群」が世界遺産に

「固有種」が多い南西諸島

加計呂麻島（手前）から狭い海峡をはさんで見える奄美大島

　鹿児島県と沖縄県にまたがる南西諸島の島々は、大陸とつながっていたこともありますが、離れてから長い時間がたっているため、生物は独自の進化をとげ、世界中でそこにしか生息していない**「固有種」**が非常に多くなっています。**「生物多様性」**が特に豊かな地域の1つだとして、世界自然遺産に登録されたのです。

　ところが、固有種の多くは絶滅の危機に直面しています。代表的なものとして、奄美大島と徳之島の**アマミノクロウサギ**、沖縄島北部の「やんばる」といわれる地域で1981年に新種として発見された飛べない鳥の**ヤンバルクイナ**、西表島の**イリオモテヤマネコ**が挙げられます。これらはそれぞれ問題を抱えています。

奄美大島と徳之島に生息するアマミノクロウサギ

西表島に生息するイリオモテヤマネコ

　たとえば、かつて奄美大島では、毒蛇のハブによる被害が後を絶たないため、ハブの天敵とされた、ミャンマーや中国南部などに生息する**外来種のフイリマングース**が沖縄から持ちこまれ、放されたとされています。ところが、マングースはハブをとらえるどころか、保護すべきアマミノクロウサギをおそって食べてしまうようになりました。そのため、鹿児島県などが1990年代から駆除に乗り出しました。島で繁殖したマングースは、2000年ごろは1万頭近くいましたが、現在では10頭以下にまで減ったとみられています。安易に外来種を持ちこむことは、重大な結果をもたらすという教訓が得られました。

淡水と海水の混ざり合う「汽水域」に生育する西表島のマングローブ

　なお、奄美大島や徳之島では、ペットが逃げ出して野生化したノイヌ、ノネコの駆除も行われています。動物愛護の観点からこれに抗議する人もいますが、イヌやネコは、本来は肉食動物ですから、ウサギのような小型の動物にとっては脅威なのです。

　開発もその地域にすむ生物をおびやかしていました。1995年には、奄美大島でのゴルフ場開発を許可した鹿児島県知事に対して、その取り消しを求める裁判が起こされましたが、その訴状には、住民のほかに「アマミノクロウサギ」や「ルリカケス」などの野生動物も原告として名を連ねていました。動物にも「存在する権利」があるが、動物は自分では裁判を起こせないので、人間が代わってその権利を主張する

という、日本では初めての試みでした。

一方、西表島には、新型コロナウイルスの感染拡大前まで、1年間に30〜40万人の観光客が訪れていました。現在、イリオモテヤマネコは100頭くらいしかいないと考えられていますが、交通事故で命を落とすヤマネコもいます。事故は記録が残っている1978年以降、2021年8月までに96件発生し、そのうち88頭が死んでいます。

世界遺産に登録されたことで、観光客が増えてかえって自然破壊が進むおそれもありますが、それでは本末転倒です。そこで沖縄県では、西表島に入る観光客の数を制限することにしました。1日の上限は1230人まで、1年間では33万人までとする方針です。

「奄美群島」「やんばる」も国立公園に

世界遺産に登録されるためには、その遺産が、その国の法律や制度によっても保護されていなければなりません。そこで、世界遺産登録の準備として国立公園化が進められました。

西表島は、「西表国立公園」として、以前から国立公園に指定されていましたが、2007年には、石垣島も国立公園の範囲に追加され、名称が「西表石垣国立公園」になりました。

沖縄島北部は2016年に「やんばる国立公園」になり、奄美大島と徳之島を含む奄美群島も2017年に、それまで「奄美群島国定公園」だったのが、「奄美群島国立

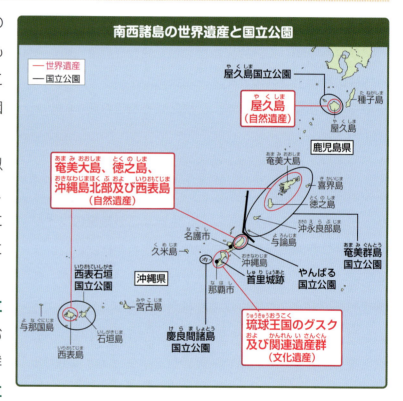

公園」になりました。国定公園も国立公園も環境大臣が指定しますが、国定公園は都道府県が管理するのに対して、国立公園は国（環境省）が直接管理します。

沖縄島北部では、アメリカ軍の「北部訓練場」の存在が最大の問題でしたが、2016年には、その半分以上が日本側に返還されました。これで登録の準備が整ったとして、政府は2017年に、「奄美・沖縄」を世界遺産に推薦しました。しかし、翌年に国際自然保護連合（IUCN）が下した評価は、「登録延期」という厳しいものでした。「やんばる」の登録をしようとした区域が細切れで飛び地が多かったため、ひとまとまりの地域として生態系を保護するには不十分と指摘されたのです。そこで政府は、いったん推薦を取り下げて、可能な限り飛び地を解消するなどの見直しを行いました。そして今回、再挑戦して登録が実現したのです。

特集2 「奄美大島、徳之島、沖縄島北部及び西表島」と「北海道・北東北の縄文遺跡群」が世界遺産に

縄文時代のイメージを一変させた三内丸山遺跡

「北海道・北東北の縄文遺跡群」は、北海道6、青森県8、岩手県1、秋田県2の計17の遺跡から成ります。「遮光器土偶」で有名な亀ヶ岡石器時代遺跡（青森県つがる市）、多数の漆器や木製品が発見された是川石器時代遺跡（青森県八戸市）、竪穴住居が復元され遺跡公園になっている御所野遺跡（岩手県一戸町）、直径40～50mの円を描くように石を並べた「ストーンサークル」で、何らかの儀式を行った場所と考えられている「大湯環状列石」（秋田県鹿角市）などが含まれています。

しかし、何といっても最も代表的なのは、青森市の「三内丸山遺跡」です。東北新幹線の終点である新青森駅から近く、列車が新青森駅に着く直前には遺跡のすぐ横を通ります。この遺跡は県営野球場の建設予定地にあたっていたため、1990年代の前半に発掘調査が行われました。当初は調査終了後、遺跡は破壊されることになっていましたが、縄文時代のイメージを一変させるような貴重な発見が多かったため、保存されることが決まり、野球場を建設する場所は変更されました。現在は、当時存在したと考えられる建物が復元されていて、遺跡公園になっています。

それまでは、縄文時代の人々は移動しながらごく少人数で生活していたと考えられていました。ところが、三内丸山遺跡には、約5900年前から約4200年前までの1700年にもわたって人が住んでいたようです。4500年ほど前の最盛期には、約100棟の住居に500人ほどが住んでいたという説もあります。直径が1mもあるクリの木の柱が

大湯環状列石には「万座」（手前）と「野中堂」（奥）の2つの環状列石がある。その間を分断している県道は移設されることになった

出典：JOMON ARCHIVES（鹿角市教育委員会所蔵）

御所野遺跡では土屋根住居が復元されている

出典：JOMON ARCHIVES（一戸町教育委員会所蔵）

発見されたことから、かなり大規模な建物もあったとみられます。長さが32m、幅が10mほどもある、集会場または共同作業場として使われたと思われる建物が復元されています。

現在の新潟県糸魚川市付近の姫川でとれる「ひすい」を使った装身具も出土しています。刃物として使われた黒曜石には、北海道産や長野県産のものもあり、縄文人が広い範囲と交易していたこともわかりました。

食料としては、クルミやクリなどの木の実が最も重要でした。針葉樹の樹皮を編んで作ったかごも発見され、「縄文ポシェット」といわれましたが、その中にはクルミが一粒入っていました。木の実を集めるのに使われたのでしょう。また、出土したクリの遺物のDNAを分析したところ、そのパターンはどれも似通っていました。このことから、計画的にクリの木を植えていたとも考えられますが、それは一種の「農業」ともいえます。

また、ノウサギやムササビなどの動物の肉や、マダイ、ブリ、サバ、ヒラメなどの魚も食べていたようです。このころの北海道・東北地方は比較的温暖で海岸線は現在より高く、集落からは海が近かったと考えられています。

函館市にある大船遺跡の発掘調査の様子。竪穴建物跡の穴が同じ場所にいくつも重なり合っていて、長期間にわたって人が定住していたことを示している（1996年撮影）　出典：JOMON ARCHIVES（函館市教育委員会）

青森県七戸町にある二ッ森貝塚の断面。下層には海水性のハマグリやホタテ、上層には汽水性のヤマトシジミの貝殻が堆積していて、海岸線が後退し、環境が変化したことがはっきりとわかる
出典：JOMON ARCHIVES（七戸町教育委員会）

縄文時代とは

縄文時代とは、約1万数千年前から1万年以上も続いた時代です（始まりと終わりの時期については諸説あり）。その前の**旧石器時代**には、まだ土器はありませんでしたが、縄文時代からは、土器が使われるようになりました。現代から見ても芸術品といえるほどのものもつくられていたのです。

縄文時代、弥生時代とは、土器の特徴などに注目した、日本独自の時代区分です。縄文時代には、すでに**磨製石器**が使われていたので、世界的な時代区分でいえば旧石器時代ではなく、**新石器時代**であるといえますが、本格的な農耕はまだ行っていなかったという点で、西アジアやヨーロッパなど、他の地域の新石器時代とは異なっています。

今回登録された17の遺跡のうち、最も古い大平山元遺跡（青森県外ヶ浜町）は約1万5000年前のもので、最も新しい亀ヶ岡石器時代遺跡は3000〜2500年前のものです。つまり、1万年以上にもわたる縄文人の生活の変化、定住生活を確立していった過程をたどることができるのです。また、出土した土偶、死者の埋葬のしかた、「環状列石」などから、縄文人がどのような信仰を持っていたのか、その精神世界までがわかるという点も、高く評価されました。

特集2 「奄美大島、徳之島、沖縄島北部及び西表島」と「北海道・北東北の縄文遺跡群」が世界遺産に

縄文時代のさまざまな遺物

亀ヶ岡石器時代遺跡から出土した遮光器土偶(レプリカ)

出典:JOMON ARCHIVES(つがる市教育委員会所蔵)

大湯環状列石から出土したさまざまな土器。装飾が施され、現代の私たちから見ても芸術性が高い

出典:JOMON ARCHIVES(鹿角市教育委員会所蔵)

三内丸山遺跡から出土した「縄文ポシェット」

出典:JOMON ARCHIVES(三内丸山遺跡センター)

三内丸山遺跡から出土した腕輪などさまざまな装身具。穴の開けられた石は、ひもを通してペンダントにしたとみられる

出典:JOMON ARCHIVES(三内丸山遺跡センター)

三内丸山遺跡から出土した黒曜石の矢じり。長野県産のものもあり、縄文人が広い範囲と交易をしていたことが裏づけられた

出典:JOMON ARCHIVES(三内丸山遺跡センター)

三内丸山遺跡から出土した「甕棺」。子どもが亡くなるとこうした土器に遺体を入れて埋葬していたと考えられている

出典:JOMON ARCHIVES
(青森県埋蔵文化財調査センター所蔵、田中義道撮影)

2021年 理科ニュース

2021年の宇宙の話題

　2020年末から2021年にかけても、さまざまな宇宙に関する話題がありました。まず、2020年12月には、日本の探査機**「はやぶさ2」**が、**小惑星「リュウグウ」**で採取した物質が入ったカプセルをオーストラリアの砂漠に投下することに成功しました。「はやぶさ2」の本体は2031年の到着をめざして、次の目的地である小惑星「1998 KY26」に向かっています。

　一方、アメリカ版「はやぶさ」ともいわれる「OSIRIS REx」も、2020年10月に小惑星「ベンヌ」の物質を採取しました。2021年5月には「ベンヌ」を離れ、地球に向かっています。2023年秋に帰還する予定です。

　また、2021年2月には、2020年7月に相次いで打ち上げられたアラブ首長国連邦（UAE）、中国、アメリカの探査機がそれぞれ**火星**に到着しました。このうち、中国とアメリカは探査車を火星表面に着地させました。4月には、火星表面を移動できるアメリカ航空宇宙局（NASA）の探査車**「パーシビアランス」**に積まれていた小型ヘリコプター**「インジェニュイティ」**が、非常に気圧の低い火星の空を飛ぶことに成功しています。

探査車「パーシビアランス」を離れて火星に着地するNASAの小型ヘリコプター「インジェニュイティ」

　同じ4月には、**星出彰彦宇宙飛行士**が、アメリカの民間企業が開発した宇宙船**「クルードラゴン」**に搭乗して、**国際宇宙ステーション（ISS）**に向かいました。入れかわりに、2020年11月からISSに滞在していた**野口聡一宇宙飛行士**は地球に帰還しました。星出飛行士は、日本人としては2人目のISS船長に就任しています。

沖縄県北谷町で観測された皆既月食（5月26日午後8時27分）

　5月26日には**皆既月食**がありました。皆既月食とは、太陽—地球—月がこの順番に一直線上に並んだ満月のとき、地球の本影に月全体が入るため、月に太陽の光がほとんど届かなくなって、赤銅色に見える現象です。したがって、皆既月食は月が見えている、そのとき夜の場所であれば、どこからでも見ることができます。

　なお、11月19日には、「月が98％近く欠けるが、ぎりぎりで皆既月食にはならない月食」が見られます。このような月食はきわめて珍しいといえます。

もくじ

巻頭カラー

TOP 20 小学生に知っておいてほしいニュース TOP20 ……………1

特集1 東京オリンピック・パラリンピックが「無観客」で開催…6

特集2 「奄美大島、徳之島、沖縄島北部及び西表島」と
「北海道・北東北の縄文遺跡群」が世界遺産に ……………10

2021年 理科ニュース……………16

第1章 変化する日本社会

ひと目でわかる時事イラスト ……………20

1 終わりの見えない新型コロナウイルス感染症 …………22
　繰り返されるパンデミックの歴史 …………30
2 東京オリンピック・パラリンピックが開催 …………32
3 岸田文雄内閣のもとで衆議院議員総選挙へ …………40
4 最高裁判所が、夫婦別姓を認めなくても合憲と判断 …48
5 「デジタル庁」が発足 …………50
6 オンラインでの仕事・教育が広まる …………52
7 とどまるところを知らない少子化 …………54
8 欧米でアジア系への「ヘイトクライム」が多発 ………56
9 国境を越えた人の行き来が困難に …………58
10 近代的な郵便制度と通貨制度ができて150年 …………60

もっと知りたい 国内のトピックス …………62

第2章 地球環境の危機と災害の脅威

ひと目でわかる時事イラスト ……………64

みんなで話し合ってみよう！
「環境」も「防災」も待ったなし …………65
1 東日本大震災から10年 …………66
2 福島第一原発事故から10年 …………72
3 日本の国会でも「気候非常事態宣言」を採択 …………76
4 「プラスチック資源循環促進法」が成立 …………78
5 「避難勧告」と「避難指示」を一本化 …………80

第3章 国際社会の動き

ひと目でわかる時事イラスト ……………84

みんなで話し合ってみよう！
世界で起きていることにも関心を持とう …………85
1 中国とどうつきあうか？…………86
2 アメリカでバイデン大統領が就任 …………90
3 イギリスがEUから完全に離脱 …………92
4 核兵器禁止条約が発効 …………94
5 ミャンマーで国軍がクーデター …………96

もっと知りたい 国際社会のトピックス …………98

第4章 理科ニュース

1 新型コロナウイルスとワクチンの特徴…………100
2 3機の探査機が火星に到着 …………104
3 宇宙開発で成果を挙げる日本 …………106
4 2021年は2回の月食を観測 …………108
5 各地で大雨による災害が相次ぐ …………110

もっと知りたい その他の理科のトピックス…………112

2022年中学入試 予想問題…………115
時事ニュースマップ…………146
ニュースカレンダー…………150
時事問題に関する資料のページ…………154
2021年 時事用語解説…………163
2022年中学入試 予想問題の解答…………170
さくいん…………174

はじめに

　新型コロナウイルス感染症の世界的な流行は、2021年に入ってからも続き、感染症への対応をめぐっては、人によって現状のとらえ方の違い、価値観のへだたりがあります。

　誰が正しくて、誰が間違っていると決めつけることはできません。ものごとはいろいろな角度から見ることが必要で、そのためには、判断材料となる情報を取捨選択する能力が不可欠です。新聞、雑誌、テレビ、ラジオ、インターネットで日々大量に流されている情報をうのみにせず、自分の頭でものを考えることが、今ほど強く求められているときはないでしょう。

　また、感染症以外の問題がなくなったわけではありません。温暖化をはじめとする地球環境の危機、自然災害の多発、エネルギー問題、とどまるところを知らない少子化、中国とのつきあい方など、どれも待ったなしです。1つのことばかりに目を奪われず、広い視野を持たなければならないといえます。

　本書は、あふれる情報のなかから重要性の高いものを見極める力がつくように作られています。こうした力を養って、どうするのが正解なのかわからない事態が次々に発生する、困難な時代を生きぬいていける人間になってください。そのために本書を役立ててもらえることを願ってやみません。

サピックス小学部
2021年10月

本書の使い方

1 まずはじっくり読んで、ニュースの事実関係、背景、影響を理解していきましょう。写真、地図、グラフなどが各ページに盛りこまれていますので、本文の内容をより具体的に理解するために役立てましょう。

2 本書の巻末には、入試に出題される可能性が高い語句を収録した切り取り式の一問一答カードがついています。カードは点線に沿って切り取ることができ、表が問題、裏が解答になっています。単語帳のような形にして、いつも持ち歩いて頭に入れていきましょう。

3 ニュース解説のページの後には、その内容に即した「2022年中学入試予想問題」があります。2022年の中学入試で出題が予想される内容を扱っていますので、**1**と**2**で培った力をもとに問題演習に取り組みましょう。

　解答用紙は、サピックス小学部の重大ニュース（https://www.sapientica.com/application/activities/gravenews/）または代々木ゼミナールの書籍案内（https://www.yozemi.ac.jp/books/）のページからダウンロードして、A4サイズの用紙に印刷したものを利用しましょう。また、社会の解説も同様にダウンロードすることができます。問題を解いた後の復習に役立てましょう。

　以上の**1**～**3**を終えたとき、ニュースの内容がおもしろく感じられるようになっているでしょう。それとともに、ものごとの真実を見極める力が向上しているはずです。

解答用紙と、社会の解説はサピックス小学部HPまで

第1章 変化する日本社会

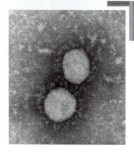

ひと目でわかる時事イラスト ……… 20

1. 終わりの見えない新型コロナウイルス感染症 ……… 22
   繰り返されるパンデミックの歴史 ……… 30
2. 東京オリンピック・パラリンピックが開催 ……… 32
3. 岸田文雄内閣のもとで衆議院議員総選挙へ ……… 40
4. 最高裁判所が、夫婦別姓を認めなくても合憲と判断 ……… 48
5. 「デジタル庁」が発足 ……… 50
6. オンラインでの仕事・教育が広まる ……… 52
7. とどまるところを知らない少子化 ……… 54
8. 欧米でアジア系への「ヘイトクライム」が多発 ……… 56
9. 国境を越えた人の行き来が困難に ……… 58
10. 近代的な郵便制度と通貨制度ができて150年 ……… 60

もっと知りたい 国内のトピックス ……… 62

ひと目でわかる 時事イラスト

その1 政治家編

9月29日 自由民主党総裁選挙

「コロナ対策に専念」するとして
立候補しないことを表明
菅義偉前首相

「国民の声をこのノートに書き留めている」
と言って立候補し当選
第100代の内閣総理大臣になり
衆議院議員総選挙の「看板」に
岸田文雄首相

石破茂氏のほか
小泉進次郎氏の支援も受けたが敗れた
河野太郎氏

安倍晋三元首相が支援
高市早苗氏

これまでに4回立候補して
4回とも敗れた
石破茂氏は
立候補を見送り

野田聖子氏も立候補
女性候補者が2人に

第1章 変化する日本社会

東京オリンピック・パラリンピック競技大会
組織委員会会長を2月に辞任　**森喜朗元首相**

後任の大会組織委員会会長は
橋本聖子参議院議員に

東京オリンピック・パラリンピック
担当大臣は**丸川珠代参議院議員**に

東京オリンピック・
パラリンピックを
開催した東京都の
小池百合子知事

国際オリンピック委員会（IOC）　バッハ会長

大阪都構想は住民投票で否決され、
大阪市の存続が決定
吉村洋文　大阪府知事
松井一郎　大阪市長

経済再生担当大臣・新型コロナ担当大臣を努めた
西村康稔氏

小学生に知っておいてほしいニュース TOP 20　第14位 医療崩壊　第16位 経済・財政の悪化　第17位 ワクチンをめぐる問題

1 終わりの見えない新型コロナウイルス感染症

ワクチン接種も進められているが、一挙に事態を好転させるには至らず

2021年に入ってからも、**新型コロナウイルス感染症**の流行が収束する見通しはたっていません。2月には、**新型インフルエンザ等対策特別措置法**が改正され、**「まん延防止等重点措置」**が新設されました。機動的な対応をして、**緊急事態宣言**を出すほどの事態に至る前に感染拡大を抑えるのがねらいでしたが、その後も新規感染者数は増減を繰り返しており、増加するたびに医療体制に負荷がかかっています。また、経済活動の制限も続き、飲食店や観光業などを中心に大きな影響が出ています。

「まん延防止等重点措置」が東京都に適用された初日の4月12日、いわゆる「路上飲み」をさせないために封鎖された新橋駅前の公園

「まん延防止等重点措置」を新設し、感染症法も改正

　2019年末に中国の武漢で初めて確認された新型コロナウイルス感染症は、またたく間に世界中に広がりました。日本にも入ってきたため、2020年3月には、「新型インフルエンザ等対策特別措置法」が改正され、この法律を新型コロナウイルス感染症にも適用できるようにしました。それに基づいて、4月から5月にかけては、一時は全国に「緊急事態宣言」が出され、経済活動が大幅に制限されました。

　2020年6月以降は、感染対策をしながら経済活動を再開するという流れになりましたが、新規陽性者数は増えたり減ったりを繰り返し、2020年の年末から2021年の年始にかけて、再び大きく増加しました。

　そのため、2021年の1月には、首都圏1都3県、京都府、大阪府、兵庫県などに2回目の緊急事態宣言が発令されました。ただ、制限の内容は飲食店に的を絞ったものでした。

　緊急事態宣言は経済に重大な悪影響を与えるので、発出には慎重さが求められます。そこで、2021年2月には新型インフルエンザ等対策特別措置法が改正され、「まん延防止等重点措置」が新設されました。これは、国が指定した都道府県において、その知事が市町村ごとに、飲食店

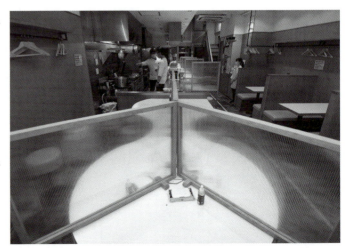

カウンター席に仕切りを設けるなどの感染対策をして営業するギョーザ店（2020年5月、福岡市で）

などに営業時間短縮を要請・命令できるという内容です。また、この法改正により、休業命令に従わない飲食店などには、「過料」という罰金のようなものを科すことができるようになりました。しかし、これに対しては、十分な補償もないのに休業させられたのでは生活が成り立たないと、反発する経営者もいました。

一方、同時に感染症法も改正されました。感染症法は、それまでの伝染病予防法に代わり、1999年から施行された法律です。その前文には、「我が国においては、過去に**ハンセン病、後天性免疫不全症候群**(エイズのこと)等の感染症の患者等に対するいわれのない差別や偏見が存在したという事実を重く受け止め、これを教訓として今後に生かすことが必要である」とあります。ところが、今回の改正により、入院を拒否したり、濃厚接触者の調査を拒否したりした人にも過料を科すことができるようになったため、感染者への差別を助長しかねないという批判もありました。

百貨店や映画館にも休業要請

2回目の緊急事態宣言は3月にいったんすべて解除されましたが、ゴールデンウィーク直前の4月下旬からは、東京都、京都府、大阪府、兵庫県に3回目の緊急事態宣言が出されました。一方、首都圏の周辺3県(埼玉県、千葉県、神奈川県)には、営業時間短縮の要請はできても休業要請はできないまん延防止等重点措置が出されました。

このときは、多くの人が集まる商業施設などにも休業要請が出されました。東京都や大阪府では、百貨店も生活必需品売り場を除き、休業が求められました。しかし、宣言の期間が延長されて長期化するにともない、都内の百貨店は「生活必需品」を幅広く解釈し、実質的にほとんどの売り場を開けるようになりました。自分の会社だけでなく、取引先の経営が悪化していることも、そう判断する材料になったと考えられます。経営者は、従業員や取引先、その家族など、関係者すべての生活を守らなければならないからです。

当初は、この3回目の緊急事態宣言の期間は、ゴールデンウィーク前後の短期間だけ(5月11日まで)の予定でした。それを5月12日以降も延長するにあたっては、規制がややゆるめられました。たとえば劇場は、観客数を制限して再開することが認められました。ところが映画館の営業は、引き続き認められませんでした。これに対し、都庁前では、抗議のことばを書いた紙を持って立つ「無言デモ」も行われました。映画館では感染対策を徹底し、一度も**クラスター(集団感染)**は発生させていないのに、休業を求める科学的根拠はどこにあるのかと主張したのです。

5月11日、東京都庁前で映画館に対する休業要請継続に無言で抗議する関係者ら

博物館・美術館も休館

　博物館・美術館も飲食したり、大声を出したりする場所ではないので、感染リスクが特に高いわけではないと考えられていますが、3回目の緊急事態宣言では、当初は休業要請の対象とされました。

　東京国立博物館や国立科学博物館など、都内の国立の施設は5月12日からは再開する予定で、そのように予告していました。ところが、5月12日以降も緊急事態宣言が延長されることが決まると、東京都は引き続き休館を要請しました。一方、文化庁は休館を続ける根拠がないとして、再開する意向を示しましたが、結局は、国立の施設であっても東京都内にある以上、要請には応じざるをえないということになり、5月いっぱいは休館が続くことになりました。国と地方自治体の方針が食い違ったことが混乱を招いたといえます。

　多くの人々にとって、博物館・美術館は大切な学びの場でもあります。2021年4月に就任した都倉俊一文化庁長官は、こうしたことを踏まえ、「文化芸術活動の休止を求めることは、あらゆる手段を尽くした上での最終手段であるべき」とするメッセージを発表しました。

　この3回目の緊急事態宣言は6月にいったん解除されましたが、7月には4回目の緊急事態宣言が出され、その状態で東京オリンピック・パラリンピックを迎えました。対象となる都道府県も追加されていき、すべて解除されたのは9月末でした。

東京・上野にある東京国立博物館の正面エントランス。3回目の緊急事態宣言の最終日となる予定だった5月11日正午ごろには、翌日からの「再開館のお知らせ」が掲示されていたが、約30分後には「臨時休館のお知らせ」に張り替えられていた

叫ばれ続ける「医療崩壊」の危機

　このような対策をとる理由として、真っ先に挙げられるのが「このままでは医療崩壊のおそれがあるから」というものです。医療崩壊とは、患者が増えすぎて対応する人手も施設も足りなくなり、必要な治療ができなくなる状態に陥ることです。

　日本は、他の先進国に比べても病院のベッド数が多く、世界でもトップクラスの医療体制が整っているとされていました。ところが実際は、法律で定められた水準の感染対策をとりながら多くの患者を受け入れることができる病院を増やすのは難しく、感染者が増加するたびに医療体制に大きな負荷がかかっています。

　また、新型コロナウイルス感染症以外の病気のリスクも問題になっています。持病があっても病院での「院内感染」を恐れて受診を控えたり、他の感染症の予防接種を延期したりしている人は多いといわれています。高齢者は家にこもることで認知症が進んだり、筋力が衰えて疲れやすくなり、介護が必要な状態に近づく「フレイル」になるなどのリスクが高まるともいわれています。

見過ごせない経済への悪影響

　2020年は経済活動の制限のため、ほとんどの国で前年より国内総生産（GDP）がダウンしました。GDPが前年よりどのくらい増減したかを表す数値を経済成長率といいますが、2020年のおもな国の実質経済成長率は、日本がマイナス4.6%、アメリカがマイナス3.5%、イギリスがマイナス9.9%、フランスがマイナス8.3%、ドイツがマイナス5.0%、韓国がマイナス1.0%などとなっています。

　日本の完全失業率や有効求人倍率（仕事を求める人1人に対して、どのくらいの仕事があるかを表す数値）の推移を見ても、2020年の前半に急激に悪化したことがわかります。

　2021年に入ってからは、各国とも経済は回復基調にあります。たとえば、アメリカの実質経済成長率（速報値）は、2021年1～3月はプラス6.4%、2021年4～6月はプラス6.5%でした（このペースで成長し続けたら1年間でどのくらい成長することになるかを示した数値）。一方、経済協力開発機構（OECD）は9月、2021年の世界全体の実質経済成長率はプラス5.7%になるという予測を発表しました。5月に発表した前回の予測より、0.1ポイント下方修正したのは、感染力がより強いとされる変異株が広まっていることを考慮したためです。

完全失業率と有効求人倍率の推移

完全失業率は総務省「労働力調査」より
有効求人倍率は厚生労働省「一般職業紹介状況」より。パートを含む季節調整値

業種によりはっきり明暗が分かれる

　新型コロナウイルス感染症による不景気が通常の不景気と大きく異なるのは、業種による差が極端であることです。特に大きな打撃を受けているのは飲食業のほか、人が移動することを前提とした航空、鉄道、バス、タクシーなどの運輸業、旅館、ホテルなどの宿泊業、人が集まることを前提としたエンターテインメント産業などです。

　小売業は、店の種類によって明暗が分かれました。大きく売り上げがダウンしたのは百貨店です。日本百貨店協会の発表によると、2020年の売り上げは4兆2204億円でした。以前からあった店だけで考えると前年より25.7%も減少し、1975年ごろの水準にまで戻ってしまったのです。これには、外国人観光客による「インバウンド消費」がほぼなくなったことも大きく影響しています。コンビニエンスストアは、身近なところにあり、休業なども求められなかったため、プラスになった印象があるかもしれませんが、そうとも限りません。人出が減ったオフィス街や観光地にも、多くの店舗があるからです。日本フランチャイズチェーン協会の発表によると、大手7社の2020年の売り上げは10兆6608億円で、前年

より4.5%の減少でした。

一方、全国スーパーマーケット協会などの発表によると、全国の食品スーパーマーケット270社の売り上げは11兆3835億円で、以前からあった店だけで考えると5.0%増加しました。ただし、食品を中心に扱っているスーパーと、衣料品の比重も高いスーパーとでは業績に違いがありました。自宅で食べる食品はよく売れたのに対して、外出の機会が減ったことにより、衣料品の売り上げは大幅にダウンしたためです。

医療従事者やリスクの高い高齢者などから優先してワクチンを接種

このような状態から抜け出すために期待されたのが**ワクチン**です。日本政府は海外で開発されたワクチンを輸入し、希望者全員が無料で接種を受けられるようにしました。

2021年に入ってからは、その接種がいよいよ国内でも始まりました。とはいっても、海外から輸入されるものなので、当初は十分な量を確保できませんでした。そこで、優先順位がつけられました。最優先されたのは医療従事者などで、次いで、感染して発症した場合に重症化して死亡するリスクが高いとされた高齢者や、心臓病や糖尿病などの「基礎疾患」のある人が対象になりました。その後、徐々に他の職業や年齢の人にも広げられていきました。

接種を受けたい人は、自分が住んでいる（住民票を置いている）市区町村から接種の案内が送られてきたら、それを見て予

新型コロナウイルスワクチンの接種を受ける高齢者（5月24日、札幌市で）

もう1つのウイルスの脅威「鳥インフルエンザ」

そもそも、新型コロナウイルス感染症対策の根拠となっている法律の名称は「**新型インフルエンザ等対策特別措置法**」です。2009年に新型インフルエンザが発生したことをふまえて、2012年に制定されたものです。

鳥インフルエンザのウイルスは、通常は人には感染しませんが、鳥に濃厚接触した場合は、まれに人にも感染することがあります。そのようなウイルスが変異して、人から人に感染するようになったら、「新型インフルエンザ」が発生したことになります。その場合に強い措置がとれるようにしたのが、この法律です。

2020年から2021年にかけての冬には、西日本を中心に18県の養鶏場などで、鳥インフルエンザウイルスに感染した鶏などが発見されました。特に、採卵鶏（卵を採るための鶏）の羽数が1200万羽以上で全国第2位だった千葉県では、大規模な養鶏場での鳥インフルエンザ発生が相次ぎ、県内の採卵鶏の約3分の1にもあたる400万羽以上が殺処分されました。全国では1000万羽近くが殺処分されています。

感染した鶏を殺処分するのは、ウイルスを放置すると、それが変異して、人から人に感染するような危険なウイルスに変わるおそれがあるからです。つまり、新型コロナウイルス感染症並みか、それ以上に重大な事態を引き起こす可能性があるということです。そのような事態も想定しておかなければなりません。

2020年12月、鳥インフルエンザの発生が確認された千葉県いすみ市の養鶏場では、アルカリ性の石灰をまいて消毒が行われていた

約するというのが基本的な手順です。東京や大阪では、自治体での接種のほかに、東京や大阪などでの自衛隊の医官による大規模会場での接種や、企業などがその従業員らに行う「職域接種」も行われています。

ワクチンとは

そもそも「ワクチン」とは何でしょうか。かつては天然痘というウイルスによる感染症が世界中で猛威を振るい、たくさんの死者を出していました。18世紀末、イギリスの医者エドワード・ジェンナーは、乳しぼりなどで雌牛と接し、自然に「牛痘（天然痘に似た牛の病気）」にかかったことがある人は天然痘にかからないか、かかっても軽く済むことを知りました。牛痘は天然痘より症状が軽く、死ぬようなことはありません。それなら天然痘にかかる前に、牛痘にかかっておけば安心です。そこでジェンナーは、牛痘にかかっている人の水疱からとったうみを、天然痘にかかったことのない人に植えつけました。するとその人は、本物の天然痘患者のうみを植えつけても天然痘にはかからなかったのです。これがワクチンの始まりです。

このように、細菌やウイルスの毒性をなくしたり、弱めたりしたものがワクチンです。それをわざと体に入れ、その特徴を体に覚えさせる、いわば「指名手配書」を全身の細胞に配るのです。そうすると、次に同じ細菌やウイルスが体に入ってきたときに、速やかに排除できるようになるので、感染を防ぐ効果があるのです。

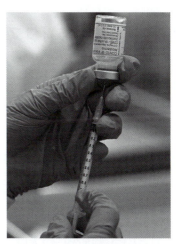

新型コロナウイルス感染症のワクチン（モデルナ製）と注射器

今回の新型コロナウイルスのワクチンには、いろいろな種類がありますが、主流になっているのは「mRNAワクチン」と呼ばれるものです。これは、新型コロナウイルスそのものの毒性を弱めて体に入れるのではありません。ウイルスのたんぱく質をつくるもとになる情報、いわば「設計図」を入れるのです。そうすることによって、体の中で新型コロナウイルスと同じような遺伝子配列がつくられるので、それに対する「指名手配書」ができます。すると、本物の新型コロナウイルスが入ってきたときに、すばやく排除できるようになるというわけです。

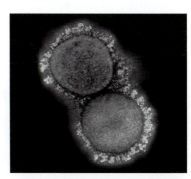

イギリスで最初に確認された新型コロナウイルス（SARS-CoV-2）のアルファ型変異株の電子顕微鏡写真

ワクチン接種は「自己決定権」の問題だが、一部にデマも広がる

このようなしくみのワクチンは、人類史上初めてのものです。しかも、通常であればワクチン開発には何年もかかるのに、今回は世界の研究者らが総力をあげて、わずか1年ほどで開発しました。そのため一部には、安全性に不安を持ち、接種をひかえる動きもあります。

まず、「副反応」が挙げられます。副反応とは、医薬品を使用した場合、ねらった効果とは別の望ましくない反応が出てしまうことです。新型コロナウイルスのワクチンを接種すると、発熱、頭痛、倦怠感

などの症状が出ることがありうるとされています。また、数年後、数十年後にどのような影響が出てくるかわからないので、しばらく様子を見たいという人もいます。なかには、非科学的なデマに惑わされる人もいるようです。

ワクチン接種については、自分自身の年齢、健康状態、職業などからいって、メリットとデメリットのどちらが大きいかを考え、各自が判断する必要があります。このように、自分の生命や体に関することを自分で決める権利を「自己決定権」といいます。たとえば、「がんなどにかかったとき、延命治療を望むかどうか」「脳死状態になったとき、臓器提供をするかどうか」などを決めるのも「自己決定権」です。これも、最大限に尊重されなければならない人権の1つと考えられるようになっています。

いわゆる「ワクチンパスポート」導入の是非は

海外では、ワクチン接種は経済活動を全面的に再開する切り札になると考える国が増えており、いわゆる「ワクチンパスポート」が導入された国もいくつかあります。たとえば、フランスでは2021年夏から、多くの人が集まる娯楽・文化施設のほか、カフェ、レストラン、ショッピングセンター、病院、高齢者施設、長距離の航空機などを利用する際に、ワクチンを2回接種済みであることなどを証明する「健康パス」が求められるようになりました。これにより、「接種しない」という選択をした人は、日常生活を送る上で大きな制約を受けることになりましたが、そのような人への差別や偏見を助長することにもなるとして、フランスでは、大規模な抗議デモが繰り返されています。

7月7日、ワクチン接種を事実上強制する政府の政策に抗議し、パリでは数千人がデモを行った

ワクチンを接種したとしても、感染対策は引き続き必要

日本では欧米諸国に比べて、ワクチン接種がやや遅れていましたが、それでも10月初めの時点で、2回接種した人が国民の6割を超えました。いわゆる「ワクチンパスポート」については、政府は当初、海外に渡航しようとしている必要な人にのみ発行し、国内での導入には慎重な方針でした。ところが、「経済活動の本格的な再開のためには、国内でもワクチンパスポートを活用すべき」などの主張もあり、接種者には旅行や会食などの自粛を求めない方向にかじを切りつつあります。これにより、希望者全員の接種が終わると思われる年末ごろから、接種済みであることの証明や陰性証明を活用しようという方向で検討が進められています。ただし、その際には、さまざまな理由で、ワクチン接種をしない、できない人への配慮が必要です。

また、ワクチンを過大評価するのも禁物です。あくまでも感染や重症化のリスクを低下させるものであって、接種すれば絶対に感染しなくなるわけではないからです。引き続き、感染対策をしながら生活する必要があるでしょう。

ハンセン病患者の強制隔離を国が謝罪してから20年

　23ページで触れた感染症法の前文でも言及されている「ハンセン病」とは、皮膚や末梢神経がおかされる病気です。進行すると、手や足の感覚がまひしたり、顔面や手足が変形したりすることがあります。ノルウェーのハンセンが原因となる菌を発見したため、こう呼ばれますが、かつては「らい病」と呼ばれ、非常に恐れられました。

　患者は他人にも感染させるおそれがあるとして、国は明治時代末から1960年代まで、患者を見つけたら強制的に家族から引き離し、療養所に収容するという政策をとってきました。しかし、実際には感染力は非常に弱く、幼児期以前に繰り返し菌に触れるようなことがない限り、まず感染するようなことはありません。

　また、親から子に遺伝する病気でもありません。しかし、感染してから発病するまでの期間が、数年から十数年と長いため、遺伝する病気と誤解されがちでした。そのため、差別や偏見を恐れて、家族の中に患者がいても、そのことを隠さなければならない場合がほとんどでした。

　戦後になると治療法が発見され、不治の病ではなくなりました。それにもかかわらず、国は強制的に患者を隔離する政策をとり続けたため、患者や元患者ばかりか、その家族への差別も助長することになりました。

　患者を強制隔離することなどを定めた「らい予防法」がようやく廃止されたのは1996年のことでした。その後、各地の療養所などで暮らす元患者らは、国に謝罪と補償を求めて、裁判所に訴えを起こしました。2001年5月、熊本地方裁判所は、ハンセン病患者を強制的に隔離してきた国の政策は憲法に違反しており、誤りだったことは明らかだとして、国の責任を厳しく指摘する判決を下しました。また、1960年の時点で、隔離政策を続ける必要性はなくなっていたとして、それを改めようとしなかったことについては、国会にも責任があるとしました。

　この判決を受けて、4月に就任したばかりだった当時の**小泉純一郎首相**は、裁判の原告になっていた元患者らと会い、高等裁判所に控訴することを断念すると表明しました。その後、政府は患者や元患者に謝罪する声明を出し、国会でも謝罪決議が採択されました。

　裁判所に訴えたのは元患者本人だけではありません。その家族も差別を受けたとして、国に損害賠償を求めました。2019年6月には、熊本地方裁判所が国の責任を認める判決を下しましたが、これについて、当時の**安倍晋三首相**は、かつての小泉首相と同じように控訴しないことを決めました。

　2021年は、ハンセン病患者の強制隔離を国が謝罪してから20年になりますが、家族との縁が切れているため行くところがなく、今でも療養所での生活を続けている元患者もいます。このような重大な過ちを、二度と繰り返さないようにしなければなりません。

ハンセン病の元患者らに会い、謝罪する当時の小泉純一郎首相（2001年5月）

繰り返されるパンデミックの歴史

人類の歴史は、感染症とのたたかいの歴史でもあります。パンデミックは何度も繰り返され、そのたびに多くの犠牲者を出してきました。そして、不安や恐怖にとりつかれた人々は、さまざまな社会現象を引き起こしました。ここでは、歴史的なパンデミックのうち、特に社会への影響が大きかったものについて取り上げます。

1348年ごろ　ペスト（黒死病）

ペスト患者を診た17世紀の医者の特異な「防護服」。鳥のくちばしのようなマスクに香辛料を詰め、感染を防ごうとしていた

13～14世紀にはモンゴル帝国がユーラシア大陸の大部分を支配していたため、東西の交流がさかんになりました。今でいう「グローバル化」が進んだわけですが、これにより、ペスト菌もアジアからヨーロッパに入ったとみられます。1348年ごろに流行したペストは「黒死病」と呼ばれていますが、一説によると、ヨーロッパでは人口の約3分の1が失われたともいわれます。人口が激減したため、領主と農民の力関係も変わり、大きな社会の変化を引き起こしました。また、人間の醜さもあらわになりました。恐怖にとりつかれた人々は、「ユダヤ人」や「魔女」が疫病を広めているとして彼ら、彼女らを迫害しましたが、これは、人類の歴史の汚点の1つともいえます。

ペストは外国から帰ってきた貿易船によってもたらされることがよくありました。そこで、イタリアのベネチアでは、乗組員や積み荷をすぐに上陸させず、港外に留め置いたうえで、40日間、ペストが発生しなければ上陸を認めるという習慣が生まれました。これが現代にもつながる「検疫」の起源です。

19世紀　コレラ

コレラはもともとはインドの風土病でした。それが19世紀になって、何度もパンデミックを引き起こしたのは、イギリスがインドを植民地支配していたことと深い関係があります。インドを拠点としたイギリスの貿易船の活動が活発になり、それがアジアやヨーロッパの各地にコレラをもたらしたと考えられるのです。イスラム教徒は、一生に一度はメッカに巡礼すべきだとされていますが、イスラム教徒が感染した場合、メッカで他の巡礼者に感染させ、さらに広がっていくということもありました。

コレラは日本にも、江戸時代末から明治時代にかけてたびたび侵入しました。患者は激しい下痢のため脱水症状を起こし、コロリと死んでしまうということで、当時の人々は「コロリ」と呼んで恐れました。特に1858年の流行時には、長崎に寄港した外国船で患者が発生したことをきっかけに感染が広がり、江戸だけで10万人以上の死者を出したといわれています。幕末に、外国

汚染された水は危険だと注意を促す当時のポスター

人は追い払うべきという「攘夷」の思想が広がったのも、外国船がコレラをもたらしたと考えられたことと関係がないとはいえないでしょう。

コレラ菌が発見されたのは1880年代のことなので、それ以前の時代の人はまだ、細菌によって感染することを知りませんでしたが、1850年代にイギリスのジョン・スノウという人が、ロンドンのある地区でコレラ患者の出た家を地図上に示し、患者がすべて、特定の井戸を使っていたことを突き止めました。その井戸はコレラ患者の排泄物が垂れ流されていた場所の近くにありました。つまり、汚染された水を使うと感染することがわかったのです。このため、**下水道の整備**が進められるようになり、**公衆衛生**が大きく改善されるきっかけになりました。

1918～20年ごろ スペイン風邪（インフルエンザ）

「**スペイン風邪**」といわれますが、ただの風邪ではなく**インフルエンザ**です。また、スペインで最初に発生したわけでもありません。発生した1918年当時は**第一次世界大戦**中で、各国が情報統制をしており、自国の患者数など、都合の悪い情報を隠していました。ところが、スペインは中立国で戦争をしていなかったため、スペイン発の情報ばかりが世界に流れ、「スペイン風邪」と呼ばれるようになったのです。このスペイン風邪のため、兵士も次々に倒れ、各国とも戦争を続けられなくなりました。

全世界の推定感染者数は5～6億人で、そのうち約4000万人が亡くなったと考えられていますが、1億人という説もあります。死亡率は2.5％程度とされますが、高齢者よりもむしろ若い世代の方が死亡率が高かったのが特徴です。

日本でも、40万人ほどの死者が出ました。原敬内閣の時代でしたが、首相自身も感染しています。当時の新聞記事や広告を見ると、マスク着用や「せきエチケット」が呼びかけられたこと、マスクを不当に高く売ったり、不良品を売りつけたりした者がいたことがわかります。大都市から地方に「疎開」した者もいて、熱海の温泉旅館は廊下にまで人があふれたそうです。また、医療従事者も次々に倒れ、大学病院までが入院を断る事態になりました。「**医療崩壊**」が起きていたということです。

スペイン風邪流行初期の1918年、アメリカ・カンザス州の陸軍基地キャンプ・ファンストンでは、発熱や頭痛を訴える兵士が急増したため、倉庫が臨時の病棟として使用された。スペイン風邪は、ここから世界に広がったとみられる

マスク着用を呼びかけるスペイン風邪流行当時のポスター（国立保健医療科学院図書館所蔵　内務省衛生局著. 流行性感冒. 1922.3.）

「看護婦大欠乏」「病院は満員」などと、医療崩壊が起きていたことを伝える当時の新聞記事

（国立国会図書館所蔵）

2 東京オリンピック・パラリンピックが開催

小学生に知っておいてほしいニュースTOP20 第1位

原則として無観客での開催に。開催の是非をめぐっては賛否両論も

2021年7月23日、開会式開始とともに花火が上がった国立競技場の外では、オリンピック中止を求めるデモが行われていた

東京では、2021年7月23日から8月8日まで夏季オリンピックが、8月24日から9月5日まで夏季パラリンピックが、それぞれ開かれました。しかし、新型コロナウイルス感染症の流行が続いていたことから、開催には反対論がありました。一方で、開催したからといって必ずしも感染拡大にはつながらないという意見もありました。観客を入れるかどうか、入れるとしたら人数の上限をどのくらいにするかは、感染状況を注視しながら直前まで検討が続けられましたが、結局、どちらの大会も原則として**無観客**での開催となりました。

聖火リレーの公道走行中止が続出

2020年7〜9月に開催されるはずだった東京オリンピック・パラリンピックの「1年程度延期」が決定したのは、2020年3月24日のことでした。ギリシャで採火された聖火が日本にすでに到着し、国内での聖火リレーがいよいよ始まろうとしていたころです。しかし、2021年に入っても、新型コロナウイルスの感染が収束する見通しはなく、前年よりさらに悪い状況でオリンピック・パラリンピックを迎えることになる可能性がありました。

そのため開催か、それとも再延期・中止かをめぐって、世論は割れました。開催反対派は、「海外からたくさんの人が来日するとウイルスが持ちこまれる」「国内でも観戦のため地方から東京に人が集まって、また帰っていくとウイルスが拡散される」「開催すれば外出や外食をひかえなくてよいのだという雰囲気になる」などとして、再延期するか、それが無理なら中止すべきだと主張しました。一方、賛成派は、「他のスポーツイベントは感染対策をしながら実施されている。開催したからといって、必ずしも感染拡大にはつながらない」「むしろ開催して、世の中の雰囲気を変えるべきだ」「世界のイベントなのだから、日本だけの都合で中止するのは無責任。欧米より感染者が少ない日本でなぜ開催できないのかと批判される」「そもそも首相にも

聖火リレーは3月25日、福島県のJヴィレッジからスタートした。第1走者は2011年のサッカー女子ワールドカップで優勝した日本代表「なでしこジャパン」の当時のメンバーたちが務めた

都知事にも、開催するかどうか決める権限はない。最終的に決定するのは国際オリンピック委員会（ＩＯＣ）だ」などと主張しました。

こうした状況のなかで、2021年3月20日には、海外からの観客の受け入れを断念するという決断がなされました。その直後の3月25日、福島第二原子力発電所がある福島県楢葉町・広野町の「Ｊヴィレッジ」をスタート地点として、全47都道府県をめぐる聖火リレーが始まりました。最初の走者は、2011年のサッカー女子ワールドカップで世界一に輝いた日本代表チーム「なでしこジャパン」の当時のメンバーらが務めました。

しかし、開催反対の世論があったことや、リレーそのものが注目され、人が集まって「密」の状態になりかねなかったということから、多くの都道府県では知事の判断で、公道走行が中止され、公園などでのイベントのみが行われました。

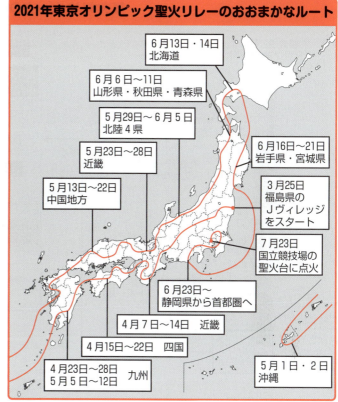

2021年東京オリンピック聖火リレーのおおまかなルート

緊急事態宣言発令下でのオリンピックとなり、原則として「無観客」に

聖火リレーが始まった後の4月25日、大型連休に入る直前というタイミングで、東京都などが3回目の緊急事態宣言の期間に入りました。これは6月20日まででいったん解除されたものの、7月12日から、4回目の宣言期間に入り、そのまま開幕を迎えることになったのです。このため、オリンピックは開幕直前になって、原則として観客を入れず、「無観客」とすることが決まりました。

無観客とされたのは、首都圏1都3県、北海道（サッカー、マラソン、競歩）、福島県（野球・ソフトボール）の会場でした。茨城県（サッカー）は、学校教育の一環としての小中学生の観戦のみ認められました。一方、宮城県（サッカー）、静岡県（自転車）の会場での競技は観客を入れて行われました。仙台市の郡和子市長は無観客を要求しましたが、宮城県の村井嘉浩知事は応じませんでした。その理由の1つは「オリンピックを招致した目的は東日本大震災からの復興だったはず」というものでした。宮城県民が震災当時、支援の手を差し伸べてくれた人々に感謝の気持ちを伝え、復興した姿を見てもらう機会をなくしてはいけないという強い思いがあったのです。

日本の獲得メダル数は史上最多に

それでも、いざ競技が始まると、日本はたくさんのメダルを獲得することができました。金メダルの数は、1964年の東京オリンピックと、2004年のアテネオリンピックでは16個でしたが、今回はそれを大

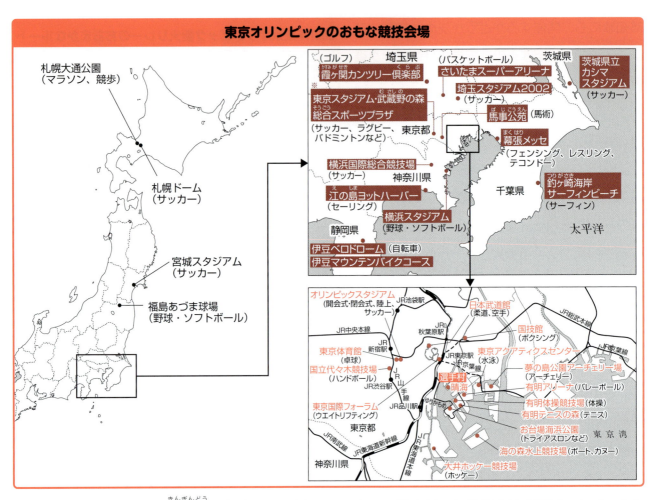

きく上回る27個でした。金銀銅の合計では58個で、これまでで最多だった前回のリオデジャネイロ大会の41個を上回りました。国別にみると、日本の金メダル数はアメリカ、中国に次ぐ3番目で、金銀銅の合計では5番目でした。

また、柔道の阿部一二三選手と阿部詩選手の性別の異なる兄妹が、同じ日に金メダルを獲得するというできごともありましたが、これは、オリンピックの長い歴史のなかでも初めてのことでした。

今大会での新競技は空手、サーフィン、スケートボード、スポーツクライミングでしたが、このうち最も話題を集めたのはスケートボードです。その「ストリート」という種目で金メダルを獲得したのは、男女ともに日本選手でした。特に女子の金メダリストになった西矢椛選手は13歳330日で、日本選手の金メダル獲得最年少記録を29年ぶりに更新しました。同じスケートボードの「パーク」という種目の女子では、金メダルが四十住さくら選手、銀メダルが開心那選手でしたが、開選手は12歳343日の中学1年生で、夏季オリンピックに出場した日本選手としては史上最年少でもありました。

国別の獲得メダル数

	金	銀	銅	合計
アメリカ	39	41	33	113
中国	38	32	18	88
日本	27	14	17	58
イギリス	22	21	22	65
ROC（ロシアオリンピック委員会）	20	28	23	71
オーストラリア	17	7	22	46
オランダ	10	12	14	36
フランス	10	12	11	33
ドイツ	10	11	16	37
イタリア	10	10	20	40

第1章　変化する日本社会

さらに、2012年のロンドン大会、2016年のリオデジャネイロ大会では行われなかった野球・ソフトボールも金メダルで、ソフトボールは2008年の北京大会以来、13年越しの「連覇」でした（野球・ソフトボールは次のパリ大会では行われません）。

猛暑の中、暑さで棄権する選手も

オリンピック期間中の東京では、毎日のように「熱中症警戒アラート」が出されていました。屋外で運動をするのは危険な暑さだったということです。湿度の高さも外国人選手にはこたえたようで、競技は非常に過酷なものになりました。

最も過酷と思われたマラソンと競歩については、2019年11月になってから、会場が札幌市に変更されました。しかし、札幌市でも2021

「暑さ対策」のため、茨城県のカシマスタジアムではサッカーの試合前、グラウンドに水がまかれた（7月25日）

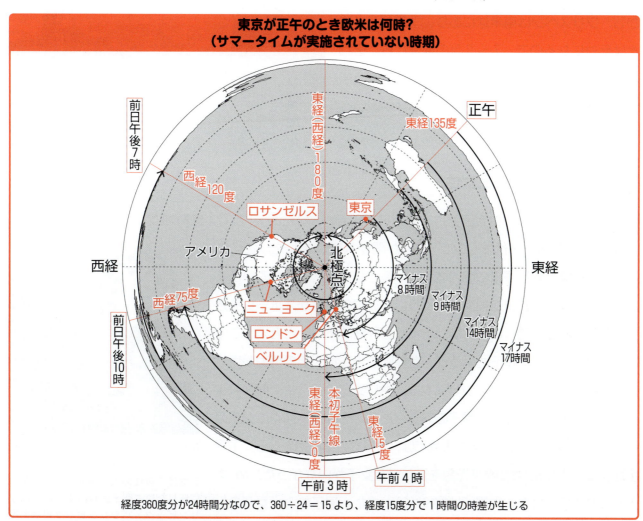

経度360度分が24時間分なので、360÷24＝15より、経度15度分で1時間の時差が生じる

アメリカ人がテレビで生中継を見るのに都合の良い時間帯は、東京では気温が高い昼の時間帯になることがわかる

年7月19日、最高気温が35.0℃になり、21世紀に入ってからでは初めての猛暑日を記録しました。東京より涼しいとは必ずしもいえず、決して安心できる状況ではなかったのです。男子マラソンが行われた大会最終日の8月8日は最高気温が30度に届かなかったものの、スタート時刻の7時で26度、ゴール時刻に近い9時で28度あり、106人中30人が棄権することになりました。

1964年の東京オリンピックは10月に開かれたのに、なぜ、開催時期を7～8月からずらせないのでしょうか。アメリカの4大プロスポーツのうち、野球を除く3つ（バスケットボール、アメリカンフットボール、アイスホッケー）は、レギュラーシーズンが秋から始まります。それと時期が重なると、アメリカではオリンピック中継の視聴率が下がり、ＩＯＣに入ってくる広告料やスポンサー収入にも影響します。そのため、オリンピックを秋に開催することが困難になっているのです。

今大会の開幕直前には、**2032年の開催都市がオーストラリアのブリスベン**に決まりましたが、その理由の1つも暑さを避けるためとみられます。ブリスベンは南緯27度のあたりに位置しています。北緯27度のあたりにある沖縄本島と、赤道をはさんで、ほぼ同じ緯度です。どちらも熱帯とまではいえませんが、それに近い「亜熱帯」の気候なのです。しかし、ブリスベンは南半球にあり、季節が北半球とは反対になるので、7～8月の開催なら、それは「冬」です。つまり、沖縄で冬に開催するようなものです。寒くはなく、極端に暑くもないというわけです。

2032年の夏季オリンピックが開催されることが決まったオーストラリアのブリスベン

オリンピックと女性

古代ギリシャのオリンピアでは、紀元前776年から紀元393年まで、最高神ゼウスにささげる祭典として、4年に1度「**古代オリンピック**」が開かれていました。この大会の期間中は、都市国家の間の戦争も休戦になったといわれています。**フランスのクーベルタン男爵**は、いろいろな国の若者がスポーツを通して交流することで、戦争のない平和な世界をつくろうと考え、この古代オリンピックを復活させることを提唱しました。その努力が実り、1896年に第1回の近代オリンピックが、ギリシャのアテネで開かれました。この大会の参加者は男子のみでしたが、その後、徐々に女子の参加が進み、2012年のロンドン大会では、すべての国と地域から女子選手が参加しました（参加標準記録を満たせた女子がいなかったため、本大会に参加できなかった国・地域を除く）。また、男子のみ、女子のみの競技もなくなりました（ソフトボールは女子の野球という位置づけ）。

2021年2月には大会組織委員会会長を務めていた森喜朗元首相が辞任。それを受けて後任の大会組織委員会会長に就任した橋本聖子氏（左）と、同時にオリンピック・パラリンピック担当大臣に就任した丸川珠代氏（右）

第1章　変化する日本社会

今大会では「多様性と調和」がテーマの1つとされ、開会式での入場行進の旗手は各国とも男女1人ずつとすることが求められました。また、選手宣誓も日本選手団の主将と副主将が、男女ペアで務めました。聖火台に点火する最終聖火ランナーに大坂なおみ選手が選ばれたのも「多様性」を意識してのことといえるでしょう。

オリンピックの問題点

オリンピックの問題点の大部分は、大会の規模が大きくなりすぎていることが主な原因といえるでしょう。開催するには、ばく大な費用がかかるため、民主主義の国では、ある都市がオリンピックを招致しようと手を挙げても、必ずといっていいほど「税金の無駄遣いにつながる」という批判が出ます。そのため、一度は手を挙げた都市が、途中で撤退するケースも目立つようになりました。どこかで思いきって規模を縮小しなければ、将来は存続が困難になることも考えられます。

薬物の不正使用（ドーピング）もフェアプレーの精神に著しく反することです。国家ぐるみでドーピングをしていたと認定されたロシアは、2018年の韓国の平昌での冬季オリンピックに続いて、今回も国としての参加が許されませんでした。しかし、ドーピングをしていなかった選手まで一律に出場を禁止するのはあまりにも酷なので、ロシア・オリンピック委員会（ROC）としての参加は認められました。ただし、国旗や国歌の使用は不可で、ROCの選手が金メダルを獲得したときは、ロシアの作曲家であるチャイコフスキーの曲が流されました。

政治的な理由によるボイコットもたびたびありました。1980年にモスクワ（ソ連）で開かれた大会は、その前年にソ連がアフガニスタンに侵攻したことに抗議して、日本やアメリカなどがボイコットしました。また、1984年にロサンゼルス（アメリカ）で開かれた大会は、4年前のボイコットに対する報復という意味もあって、ソ連や東ヨーロッパの社会主義国の多くがボイコットしました。

2022年には中国の北京で、2月に冬季オリンピックが、3月に冬季パラリンピックが、それぞれ開かれる予定です。しかし、中国は、新疆ウイグル自治区などで少数民族を抑圧しているとされ、香港でも「一国二制度」を骨抜きにして民主化運動を弾圧しています。そのため、アメリカ、イギリスなどでは、北京大会をボイコットすべきだとの主張があります。

なお、オリンピックそのものが中止になったのは、夏季大会では、第一次世界大戦中の1916年と、第二次世界大戦中の1940年、1944年の3回です。このうち1940年は、もともとは東京での開催が予定されていました。今回のように戦争以外の理由で、予定通りに開催できなくなり、延期して開かれたのは史上初めてでした。

2022年2月に開催予定の北京冬季オリンピックのスキー競技で使われるジャンプ台。北京市から北西にやや離れた張家口市にある（2021年7月撮影）

37

パラリンピックとは

オリンピックに続いて、8月24日から9月5日までは、障害者スポーツの世界的な大会である**夏季パラリンピック**も東京で開かれました。「パラリンピック」ということばは、「平行」という意味を持つギリシャ語の「パラ」ということばと、「オリンピック」を合成したものです。その始まりは、1948年、夏季オリンピック開催中のロンドンで、第二次世界大戦で負傷して障害を負った元兵士たちが参加して開かれたアーチェリーの大会です。やがて、国際的なスポーツ大会に発展し、オリンピックを開いた国で、その直後に開かれることが多くなりました。1964

東京パラリンピックでも使われた国立競技場は、車椅子利用者の席が500席設けられるなど、バリアフリーにも最大限に配慮して設計された。例えば、前の人が興奮して立ち上がっても、競技場内がよく見えるように、すぐ前の席とは高低差がつけられている（9月2日撮影）

年の東京オリンピック直後の11月にも、東京で前身となる大会が開かれており、「パラリンピック」が愛称として使われました。オリンピックの直後に、同じ都市で開かれることが定着し、正式に「パラリンピック」という名称になったのは、1988年の韓国でのソウル大会からです。

今大会には、約4400人の選手が参加しました。実施されたのは22競技539種目です。競技には陸上や水泳、視覚障害者による組んだ状態から試合を始める柔道、車椅子利用者によるバスケットボール、ラグビー、テニスなどの球技のほか、ボッチャ、シッティングバレーなどパラリンピック独自のものもあります。33競技339種目だったオリンピックより競技数が少ないのに、種目数は多くなっているのは、障害の種類や程度によって細かく分けられたクラスごとに競うからです。

パラリンピックも原則として無観客で行われることになりましたが、教育の一環としての小中学生の観戦は一部で行われました。各都道府県知事が、「共生社会の担い手を育てる教育的意義が非常に高い」と主張したからです。

日本は今大会で、金メダル13個を含む51個のメダルを獲得し、日本選手として最年少と最年長のメダリストも誕生しました。最年少は女子100m背泳ぎと50m背泳ぎで2個の銀メダルを取った14歳の中学3年生、山田美幸選手でした。最年長は自転車競技に出場した50歳の杉浦佳子選手で、2個の金メダルに輝きました。

スポーツの振興は文部科学省の担当する仕事です。しかし、障害者のスポーツは、以前はリハビリテーションの一環と位置づけられており、厚生労働省が担当する仕事でした。障害者スポーツも文部科学省の仕事になったのは、東京でパラリンピックが開かれることが決まった後の2014年のことです。

なお、2021年10月、日本障がい者スポーツ協会は、その名称を「日本パラスポーツ協会」と変更しました。これにより、障害者スポーツは正式に**「パラスポーツ」**と呼ばれることになりました。リハビリテーションの一環というイメージを与えるのを避け、「スポーツ」だと認識してもらうための変更です。

第1章 変化する日本社会

夏季オリンピックのあゆみ

回	年	開催都市(国名)	オリンピックでのできごと	この年のできごと
1	1896	アテネ(ギリシャ)	男子のみ参加	三陸沿岸に大津波
2	1900	パリ(フランス)	女子が初参加	中国で起きた義和団事件に日本も出兵
3	1904	セントルイス(アメリカ)	前回より参加選手が減少	日露戦争が始まる
4	1908	ローマ(イタリア)予定→ロンドン(イギリス)	災害(ベスビオ火山の噴火)により開催都市を変更	日本からブラジルへの移民開始
5	1912	ストックホルム(スウェーデン)	日本が初参加	第一次護憲運動
6	1916	ベルリン(ドイツ)予定	→第一次世界大戦のため中止	吉野作造が「民本主義」を唱える
7	1920	アントワープ(ベルギー)	五輪旗を採用	国際連盟が成立
8	1924	パリ(フランス)	この年、第1回冬季オリンピックも開催	第二次護憲運動
9	1928	アムステルダム(オランダ)	日本の女子(人見絹枝選手)が初参加	第1回普通選挙を実施
10	1932	ロサンゼルス(アメリカ)	初めて選手村を建設	五・一五事件
11	1936	ベルリン(ドイツ)	聖火リレーを初めて実施。朝鮮半島出身の孫基禎が日本代表として男子マラソンで金メダル	二・二六事件
12	1940	東京(日本)予定→ヘルシンキ(フィンランド)予定	→日中戦争激化のため東京は開催を返上。開催都市が変更されたが、それも第二次世界大戦のため中止	日独伊三国同盟が成立
13	1944	ロンドン(イギリス)予定	→第二次世界大戦のため中止	本土への空襲が本格化
14	1948	ロンドン(イギリス)	日本は招待されず、不参加	大韓民国と朝鮮民主主義人民共和国が成立
15	1952	ヘルシンキ(フィンランド)	ソ連が初参加	サンフランシスコ平和条約が発効
16	1956	メルボルン(オーストラリア)	東西ドイツが合同チームで参加	日ソ共同宣言、日本の国際連合加盟
17	1960	ローマ(イタリア)	〃	日米安全保障条約が改定
18	1964	東京(日本)	〃	東海道新幹線が開業
19	1968	メキシコシティ(メキシコ)	ドーピング検査を初めて実施	小笠原諸島が返還
20	1972	ミュンヘン(西ドイツ)	選手村でイスラエル選手団へのテロ	沖縄返還、日中共同声明
21	1976	モントリオール(カナダ)	南アフリカ共和国の人種隔離政策(アパルトヘイト)に反対し、多くのアフリカ諸国がボイコット	ロッキード事件が発覚
22	1980	モスクワ(ソ連)	日本、アメリカなどがボイコット	大平正芳首相が急死、衆参ダブル選挙
23	1984	ロサンゼルス(アメリカ)	ソ連などがボイコット	新しいデザインの紙幣を発行
24	1988	ソウル(韓国)	北朝鮮は不参加	青函トンネルと瀬戸大橋が開通
25	1992	バルセロナ(スペイン)	南アフリカ共和国が復帰	PKO協力法が成立
26	1996	アトランタ(アメリカ)		包括的核実験禁止条約を採択
27	2000	シドニー(オーストラリア)	開会式で韓国と北朝鮮が合同入場行進	初の南北朝鮮首脳会談
28	2004	アテネ(ギリシャ)	〃	自衛隊がイラクで活動開始
29	2008	北京(中国)		北海道洞爺湖サミットが開催
30	2012	ロンドン(イギリス)	史上初めて、すべての国・地域から女子が参加(参加標準記録を満たせた女子がいなかった国・地域を除く)	東京スカイツリーが開業
31	2016	リオデジャネイロ(ブラジル)	「難民選手団」が初めて結成	イギリスが国民投票でEU離脱を決定
32	2020→2021	東京(日本)	世界的な感染症の流行により2021年に延期。原則として無観客で開催	イギリスがEU離脱(2020年)、核兵器禁止条約が発効(2021年)
33	2024	パリ(フランス)予定	サーフィンはフランス領ポリネシアのタヒチ島で実施予定	
34	2028	ロサンゼルス(アメリカ)予定		
35	2032	ブリスベン(オーストラリア)予定		

第1章 変化する日本社会

第2章 地球環境の危機と災害の脅威

第3章 国際社会の動き

第4章 理科ニュース

3 岸田文雄内閣のもとで衆議院議員総選挙へ

小学生に知っておいてほしいニュースTOP20 第8位

7年8か月以上続いた安倍晋三内閣を引き継いだ菅義偉内閣は、1年あまりで終了

9月29日、自由民主党の新総裁に当選した岸田文雄氏（右）と、総裁を退くことになった菅義偉氏（左）

9月3日、当時の**菅義偉首相（自由民主党総裁）**は、9月29日の党総裁選挙に、自身が再選をめざして立候補することはしないと表明しました。これは内閣総理大臣も辞めるということです。予定通り9月29日に行われた党総裁選挙では、新総裁に**岸田文雄氏**が選出されました。そして10月4日には**臨時国会**で、岸田氏が**与党の自由民主党と公明党**の支持を得て、第100代、64人目の内閣総理大臣に指名され、その日のうちに岸田内閣を発足させました。こうして**衆議院議員総選挙**は、岸田内閣のもとで実施されることになりました。

 自民党総裁と内閣総理大臣の関係は

前回の**衆議院議員総選挙**が行われたのは2017年10月22日です。**衆議院議員の任期は4年**なので、そこで選ばれた議員の任期は、2021年10月21日まででした。そのため、衆議院解散がない場合でも、2021年には必ず総選挙があるとわかっていました。それがいつになるのか注目されていましたが、衆議院解散がないまま8月が終わり、任期満了による総選挙になるのか、それとも任期切れ直前に衆議院が解散されるのかが焦点になってきました。

一方、9月29日には、自由民主党（自民党）の総裁選挙も予定されていました。自民党が衆議院で過半数の議席を占めて政権を担っているときは、そのトップである「総裁」が**内閣総理大臣（首相）**になるのが慣例となっています。自民党総裁はあくまでも政党のトップであって、国の役職ではないので、党員・党友（党を支援している団体のメンバーなど）ではない一般国民には、その選挙権はありません。しかし、事実上は首相を決める選挙だともいえるので、大いに注目されるのです。

もちろん、自民党が野党になっているときには、たとえ自民党総裁に選ばれたとしても、首相にはなれません。たとえば、1993年の総選挙で自民党が野党になった直後に総裁に選ばれた河野洋平氏（河野太郎氏の父）は、首相にはなっていません。

自民党総裁の任期は、現在は3年ですが、2020年9月には、当時の安倍晋三総裁が、病気を理由に任期途中で辞任しました。自民党総裁を辞めるということは、首相も辞めるということです。後任の自民党総裁には、安倍首相のもとで内閣官房長官を務めてきた菅義偉氏が選ばれました。ただし、その任期

は3年ではなく、安倍前総裁の残りの任期（2021年9月30日まで）を務めるものとされました。

菅総裁は2020年9月16日の臨時国会で内閣総理大臣に指名され、菅内閣を発足させました。しかし、2021年9月30日で総裁の任期が切れることになっていたため、2021年9月に改めて自民党総裁選挙が行われることは、もともと決まっていたのです。

なお、**首相には任期がありません**。しかし、政党のトップには任期があることが多いため、その任期が切れて別の人物が選ばれると、**国会での指名、天皇による任命**を経て、首相も交代することになります。

菅首相が退陣表明、短命内閣に終わる

当初はこの自民党総裁選挙で、菅首相はすんなり再選されるだろうという見方もありました。しかし、2021年に入ってからも、**新型コロナウイルス感染症**の新規陽性者数は増えたり減ったりを繰り返し、なかなか安心できる状況にならなかったことなどから、内閣支持率は低下していきました。

こうした状況のなかで、8月末には岸田文雄氏が立候補を表明しました。すると菅首相は9月3日、新型コロナウイルス感染症対策に専念するためだとして、自身は立候補しない考えを明らかにしました。ただし、9月30日までの任期はまっとうするとしました。

これにより、10月に入ってすぐに首相が代わることが事実上決まり、局面が大きく変わったため、8月から立候補する意欲を示していた高市早苗氏と、菅内閣で行政改革担当大臣・ワクチン担当大臣を務めていた河野太郎氏も立候補を表明しました。さらに、9月17日の告示直前になって野田聖子氏も立候補を表明し、女性候補者が2人になりました。過去に4回立候補して4回とも敗れている石破茂氏は、今回は立候補を見送りました。

9月29日に行われた両院議員総会での国会議員の投票と開票の結果、1位になったのは岸田氏で、2位は河野氏でしたが、その差はわずか1票でした。どちらも過半数を獲得できなかったので、岸田氏と河野氏とによる決選投票が行われました。この決選投票は、1回目の投票より国会議員票の比重が高いことになり、また、1回目で3位以下の候補者に投票した議員がどちらに投票するかによっても左右されます。したがって、1回目で2位だった候補者が逆転勝利する可能性もあるわけですが、今回は1回目で1位だった岸田氏が当選し、第27代の自民党総裁に選ばれました。

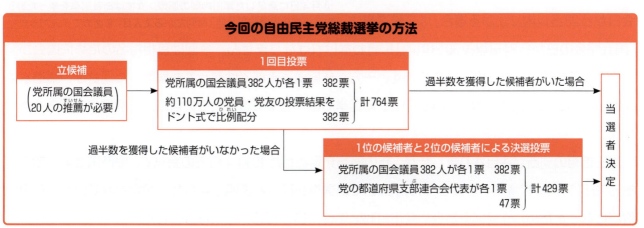

今回の自由民主党総裁選挙の投票結果

	1回目投票			決選投票		
	国会議員	党員・党友	計	国会議員	都道府県支部連合会代表	計
岸田文雄	146	110	256	249	8	257
河野太郎	86	169	255	131	39	170
高市早苗	114	74	188			
野田聖子	34	29	63			

任期満了直前でも衆議院を解散へ

これにより、岸田氏は10月1日から3年間、自民党総裁を務めることになりました。しかし、内閣総理大臣は10月1日になった瞬間に自動的には代わりません。国会を召集して、首相指名選挙を行う必要があります。指名された人物は天皇から任命されて、初めて内閣総理大臣になるのです。そこで、10月4日に臨時国会が召集され、衆議院と参議院の両方で第100代、64人目の内閣総理大臣に指名された岸田氏が新内閣を発足させました。

こうして、衆議院議員総選挙は岸田内閣のもとで行われることになりました。問題はその日程です。解散をせずに任期満了を迎える場合は、公職選挙法により、総選挙は「任期が終わる日の前30日以内」に行うことになっています。ただし、その期間が「国会開会中、または国会閉会日から23日以内にかかる場合」は、総選挙は

首相指名選挙の結果

	衆議院	参議院
岸田文雄　自由民主党総裁	311	141
枝野幸男　立憲民主党代表	124	65
玉木雄一郎　国民民主党代表	11	15
片山虎之助　日本維新の会共同代表	11	15
その他	1	5

10月4日に発足した岸田内閣の閣僚。女性は総裁選挙を争った野田聖子少子化対策担当大臣（前列左から2人目）を含めて3人だった

「国会閉会の日から24日以後30日以内」に行わなければなりません。今回は首相指名のために国会が開かれているので、これに当てはまります。一方、任期満了直前ではあっても解散した場合は、総選挙は「40日以内」としか決められていないので、総選挙の日程を決めるうえでの自由度は解散の方が高くなります。

岸田首相の判断が注目されましたが、新内閣を発足させた10月4日夜の会見で、臨時国会の会期末である10月14日に衆議院を解散し、10月31日に総選挙を行うと表明しました。想定されていたより早い日程になったため、立候補予定者や各市町村は準備に追われることになりました。

任期満了による総選挙は戦後1回だけ

　衆議院議員の任期は4年ですが、ほとんどの場合、任期途中で解散されるため、丸4年間務めることはまずありません。日本国憲法が施行されてから任期満了による総選挙が行われたのは、1976年12月の1回だけです。このときは三木武夫内閣でしたが、総選挙で自民党が大敗したため、三木首相はその責任をとって辞めることになり、福田赳夫内閣が成立しました。

　2009年8月、麻生太郎内閣のときの総選挙は、前回が2005年9月だったので、もう少しで任期満了でしたが、それを待たずに衆議院を解散して行われました。民主党が圧勝、自民党が大敗という結果を受けて、9月には民主党を中心とした鳩山由紀夫内閣が成立し、自民党は野党になりました。

　衆議院が解散されると、40日以内に総選挙が行われ、その選挙の日から30日以内に特別国会が召集されます。特別国会では、他のすべてのことに優先して首相の指名を行います。

衆議院議員総選挙は「政権選択選挙」

　内閣総理大臣の指名で衆議院と参議院が異なった議決をして、両院協議会を開いても意見が一致しなかった場合は、衆議院の議決が優先されて国会の議決となります。つまり、どの政党から内閣総理大臣が選出されて政権を担当するかは、衆議院議員総選挙の結果によって決まるのです。「政権選択選挙」といわれるのはそのためです。

　内閣総理大臣の指名などにおいて衆議院が優越するのは、議員の任期が4年と短く、しかも解散があるため、最新の世論を反映しやすいとされているからです。それに対して参議院に解散はなく、議員の任期は6年（3年ごとに半数改選）と衆議院より長くなっています。参議院には、「良識の府」として衆議院の行き過ぎをチェックする役割が期待されているのです。

　参議院議員選挙は必ず3年に1回、決まった時期に行われるので「通常選挙」といわれます。それに対して、衆議院議員選挙は、すべての議員を新しく選び直すので「総選挙」といわれます。

小選挙区比例代表並立制とは

　現在、衆議院議員の選挙は、「小選挙区比例代表並立制」という制度で行われています。これは全国289の小選挙区から1人ずつ、計289人の議員を選ぶ小選挙区選挙と、全国を北海道・東北・北関東・南関東・東京・東海・北陸信越・近畿・中国・四国・九州の11のブロックに分け、それぞれのブロックを1つの単位として計176人の議員を選ぶ比例代表選挙を同時に行い、計465人の議員を選ぶしくみです。有権者は2票を持ち、小選挙区では候補者の名前を、比例代表では政党の名前をそれぞれ書いて投票します。

　小選挙区制というのは、それぞれの選挙区で最も多くの票を獲得した候補者のみが当選する制度です。だから2位以下の候補者に投じられた票は、結果的に政治に反映されない「死票」になってしまいます。この死票がたくさん出るという欠点を補うために、比例代表制と組み合わせた制度が採用されているのです。

一方、比例代表では、**ドント式**という計算方法で各政党からの当選者数が決められ、各政党の中では、あらかじめ順位がつけられた名簿の上位の候補者から順に当選となります。候補者は小選挙区と比例代表に**重複立候補**することも認められていて、小選挙区では落選しても、比例代表で復活当選することもあります。

　小選挙区では、最も多くの票を獲得した候補者1人だけしか当選できないのですから、自民党のような大きな政党ほど有利です。小さな政党がばらばらに戦っても、勝てる見こみは、ほとんどありません。そこで、野党同士が話し合って候補者を1人に絞り、「野党統一候補」として与党

比例代表での「ドント式」による各政党からの当選者の決め方の例（10人の当選者を出す場合）

	A党	B党	C党	D党
得票数	90万票	66万票	42万票	24万票
÷1	①90万	②66万	④42万	⑦24万
÷2	③45万	⑤33万	⑩21万	12万
÷3	⑥30万	⑨22万	14万	8万
÷4	⑧22.5万	16.5万	10.5万	6万
÷5	18万	13.2万	8.4万	4.8万
⋮				
当選者数	4人	3人	2人	1人

上の表のように、各政党の得票数を順に1、2、3…で割っていって、その商が大きいところから順に当選となる。

前回の総選挙でのある選挙区の結果

当選	自由民主党の候補者	93081 票
小選挙区では落選、比例代表で復活当選	立憲民主党の候補者	57431 票
落選	希望の党の候補者	31887 票
落選	日本共産党の候補者	20679 票

計 109997 票

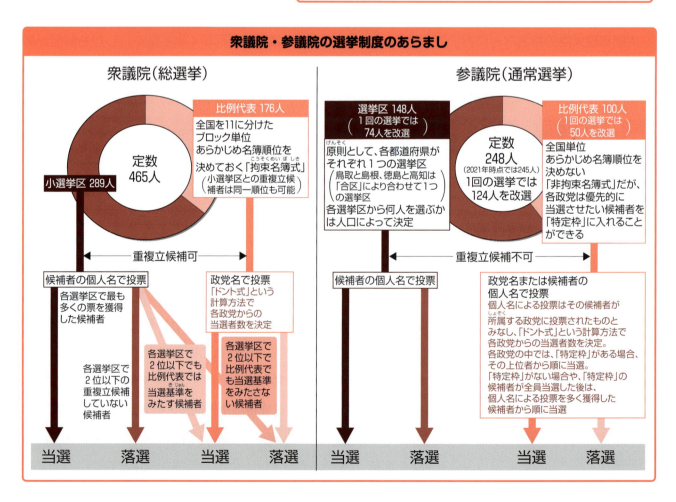

に対抗すべきだとの意見もあり、過去にはそのような試みが行われたこともあります。

しかし、外交・安全保障政策やエネルギー政策がまったく異なる政党が選挙に勝つためだけに協力することを疑問視する人も多くいます。それに対して、選挙に勝たない限りは何も始まらない、それでは政権交代は望めないという意見も出されています。

低い若者の投票率、「シルバー民主主義」の原因に

2017年10月に行われた前回の総選挙での投票率（小選挙区）は53.68％でした。つまり、**有権者の2人に1人が投票していない**のです。

このときは18歳と19歳が選挙権を持ってから最初の総選挙でしたが、10歳代の投票率は40.49％しかありませんでした。それでも20歳代の33.85％よりは高く、若い世代の投票率の低さは深刻です。だからこそ、若者よりも高齢者の利益を守るような政策がとられることになりがちなのです。そのような政治のあり方を「**シルバー民主主義**」といいます。

（「明るい選挙推進協会」ホームページより）

投票日に仕事やレジャーなどで投票所に行けない場合や、投票日に悪天候や災害が予想される場合は、事前に投票することができる「**期日前投票**」という制度があります。期日前投票は、市役所、区役所、町役場、村役場やその出張所などでできます。前回の総選挙で期日前投票を行った人は約2138万人で、過去最多でした。これは有権者全体の約20％に相当します。つまり、有権者が10人いたとすると、2人が期日前投票、3人が投票日に投票、5人が棄権という割合だったことになります。

投票率を上げるため、公職選挙法の改正により、2016年からは、人の集まる駅やショッピングセンターにも、その市区町村の有権者ならだれでも投票できる「共通投票所」を設置することができるようになりました。ところが、**憲法改正の国民投票は、公職選挙法でいう「選挙」には当たらない**ため、共通投票所を設置できないことになっていたのです。そのため、2021年6月に**国民投票法**が改正され、国民投票でも共通投票所の設置が可能になりました。

また、公職選挙法では、重い病気や障害などで投票所に行けない人は「**郵便投票**」ができることになっています。しかし、新型コロナウイルスに感染して自宅やホテルで療養中の人が、郵便投票をしてよいことにはなっていませんでした。これでは、療養中に選挙があったら投票に行くことができず、選挙権を行使できないことになります。2021年3月に行われた千葉県知事選挙などでは、こうした人たちが事実上、投票する権利を奪われてしまいました。そのため、6月に急きょ、郵便投票特例法が制定され、7月の東京都議会議員選挙からは、自宅やホテルで療養中の人も投票できるようになりました。

女性の政治家が極端に少ない日本

　世界各国の男女格差がどのくらいあるかを、政治・経済・教育・健康の4分野について評価した「ジェンダーギャップ指数」が毎年、世界経済フォーラムより発表されています。2021年も3月に発表されましたが、調査対象となった156か国のうち、日本は総合で120位でした。「教育」と「健康」については、比較的格差が小さいとされたものの、「政治」と「経済」が低く、特に「政治」は、147位と最下位に近い結果でした。国会議員のうち女性の占める割合が、解散前の時点で衆議院は約1割、参議院も2割ほどと極端に低いことが、こうした評価につながりました。

　そこで、「政治分野における男女共同参画推進法（候補者男女均等法）」が2018年に制定され、各政党は、国と地方の議会議員選挙の候補者数をできる限り男女均等にするよう努力する義務が課されました。しかし、2019年の参議院議員通常選挙では、諸派・無所属も含めた全立候補者370人のうち女性は104人と、28.1%にとどまりました。特に現職の男性議員が多い与党の自由民主党で女性の割合が低くなっていました。

　女性が政治家になることをためらう原因の1つに、女性の候補者や議員に対するセクシャル・ハラスメント（セクハラ）やマタニティ・ハラスメント（マタハラ）があるといわれています。マタニティ・ハラスメントというのは、妊娠・出産に関連して女性に嫌がらせをしたり、退職するよう迫ったりすることです。そもそも女性が議員になることが想定されていなかったためか、産休などの制度が整っていないケースが多く、地方では、いまだに女性議員が1人もいない町村議会も珍しくありません。

　このままではいけないということで、2021年6月には候補者男女均等法が改正され、政府、地方自治体、政党は、女性候補者・議員へのセクハラ、マタハラの防止策を講じなければならないことになりました。ただ、各政党が候補者数を男女均等にすることについては、義務化は見送られ、努力義務のまま

2019年の参議院議員通常選挙での党派別・男女別立候補者数と当選者数

		立候補者 男性(人)	立候補者 女性(人)	女性の割合(%)	当選者 男性(人)	当選者 女性(人)	女性の割合(%)
与党	自由民主党	70	12	14.6	47	10	17.5
	公明党	22	2	8.3	12	2	14.3
野党・その他	立憲民主党	23	19	45.2	11	6	35.3
	日本維新の会	15	7	31.8	9	1	10.0
	日本共産党	18	22	55.0	4	3	42.9
	国民民主党	18	10	35.7	5	1	16.7
	社会民主党	2	5	71.4	1	0	0
	諸派（その他の団体）	78	16	17.0	2	1	33.3
	無所属	20	11	35.5	5	4	44.4
合計		266	104	28.1	96	28	22.6

当選者には後日、公職選挙法違反が発覚し当選無効になった人物を含む。諸派（その他の団体）のうち、「れいわ新選組」と「NHKから国民を守る党（当時の党名）」は、このときの選挙結果により政党として認められる要件を満たした

第1章　変化する日本社会

とされました。これにより、2021年の衆議院議員総選挙では、女性の候補者数、当選者数がどうなるか注目されます。

国会議員以外でも女性の進出は遅れています。2021年9月現在、47都道府県知事のうち女性は2人（山形県と東京都）ですが、2021年1月に行われた山形県知事選挙は、現職の吉村美栄子氏と、自民党が推薦した大内理加氏の一騎打ちになりました。知事選挙が女性同士の対決になったのは全国で初めてでしたが、吉村氏が圧勝し4選を果たしました。

また、20の政令指定都市では、2021年7月の時点で女性市長は2人（仙台市と横浜市）でした。2021年8月にはその両方で市長選挙が行われ、仙台市の郡和子市長は2回目の当選を果たしましたが、4回目の当選をめざした横浜市の林文子市長は落選しました。当選したのは立憲民主党などが支援した山中竹春氏で、これで政令指定都市の女性市長は1人だけになりました。

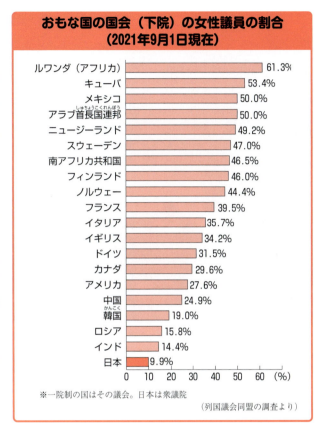

おもな国の国会（下院）の女性議員の割合（2021年9月1日現在）

国	割合
ルワンダ（アフリカ）	61.3%
キューバ	53.4%
メキシコ	50.0%
アラブ首長国連邦	50.0%
ニュージーランド	49.2%
スウェーデン	47.0%
南アフリカ共和国	46.5%
フィンランド	46.0%
ノルウェー	44.4%
フランス	39.5%
イタリア	35.7%
イギリス	34.2%
ドイツ	31.5%
カナダ	29.6%
アメリカ	27.6%
中国	24.9%
韓国	19.0%
ロシア	15.8%
インド	14.4%
日本	9.9%

※一院制の国はその議会。日本は衆議院
（列国議会同盟の調査より）

★書きこんで完成させよう！★

2021年の衆議院議員総選挙での党派別・男女別当選者数

		選挙区 男性	選挙区 女性	選挙区 小計	比例代表 男性	比例代表 女性	比例代表 小計	合計
与党	自由民主党							
	公明党							
	小計							
野党・その他	立憲民主党							
	日本維新の会							
	日本共産党							
	国民民主党							
	社会民主党							
	れいわ新選組							
	その他・無所属							
	小計							
合計				289			176	465

小学生に知っておいてほしいニュース TOP20　第10位　ジェンダー平等をめぐる問題（夫婦別姓など）

4 最高裁判所が、夫婦別姓を認めなくても合憲と判断

合憲との判断は6年ぶり2回目。裁判官の男女比が偏っていることを指摘する声も

夫婦別姓を認めない民法の規定は合憲との判断を下した最高裁判所大法廷（2015年）

2021年6月23日、女性の生き方に深くかかわる問題について、**「憲法の番人」**ともいわれる**最高裁判所**が判断を下しました。**「夫婦別姓**（夫婦のどちらも、結婚後も姓を変えずに結婚前の姓のままでいること）**」**を認めないことが憲法違反（違憲）かどうかについて、「合憲（違憲とまではいえない）」としたのです。国民の代表が国会で決めるべきことなので、裁判所としては積極的には介入しないと、判断をゆだねたともいえますが、別姓にしたいとして訴えていた当事者らは大いに失望しています。

なぜ別姓にしたいのか

近年、結婚する年齢が遅くなる**「晩婚化」**が進み、女性が結婚に伴う改姓をしないまま仕事をする期間も長くなっていますが、結婚により姓が変わると、それまでと同じ人物であるとわかってもらえなくなることがあります。結婚前の氏名で築いた実績や信用が損なわれ、仕事を続けていくうえで支障があるというわけです。**民法**の規定によれば、結婚するときには、夫か妻かどちらかの姓を選ぶことになっており、妻の姓を選んでもよいのですが、妻が夫の姓に変更するケースが圧倒的に多いのが現実です。

	夫婦同姓を定めた法律
民法　第750条	夫婦は、婚姻の際に定めるところに従い、夫又は妻の氏を称する。
戸籍法　第74条	婚姻をしようとする者は、左（下）の事項を届書に記載して、その旨を届けなければならない。 一　夫婦が称する氏 二　その他法務省令で定める事項

結婚後も通称として旧姓を使い続けられる企業も増えましたが、それでも、どうしても戸籍上の本名を使わなければならない場面はあり、時と場合に応じて2つの姓を使い分けなければならないわずらわしさを、女性が負うことが多くなっています。そもそも仕事上の都合以前に、姓は自分自身のアイデンティティにかかわるので、生まれながらの姓を変えたくないという人もいます。

実は、この問題について最高裁判所が判断するのは、2015年に続いて2回目です。このときは、全部で15人いる裁判官のうち、女性3人は全員「違憲」だとしましたが、男性裁判官12人のうち10人が「合憲」だとしたため、多数決により、「合憲」という結論になりました。今回は、「合憲」が11人、「違憲」が

4人で、女性裁判官2人のうち1人は「合憲」でした。

「自分たちは別姓にしたいのにできない」と国を訴えていた夫婦らは、すべての夫婦が別姓にすべきだと主張しているわけではありません。希望する夫婦には、そのような選択肢を与えてほしいと言っているのです。しかし、伝統的な家族のあり方を守ることに強いこだわりを持つ政治家も多く、「別姓を認めると家族の一体感がなくなる」などと主張する人もいるため、実現には至っていません。

日本国憲法第24条では、「婚姻は、両性の合意のみに基いて成立」するとされています。今回、違憲だとする少数意見を述べたある裁判官は、国が「同姓にする」という条件を課していると、どちらも姓を変えたくない2人は結婚できず、結果的に「両性の合意のみ」では結婚が成立しない状況を作っていることになるので、憲法に違反するという考えを示しています。

最高裁判所が下した違憲判決の例	
2005年	当時、海外に住む日本人が、衆議院議員総選挙の選挙区、参議院議員通常選挙の選挙区で投票できる制度がなかったことは違憲だとした。
2008年	日本人の父親と外国人の母親から生まれた子どもは、両親が結婚していなければ、生まれた後に父親が自分の子どもだと認めても日本国籍を取れないとしていた法律は違憲だとした。

経済活動の制限が繰り返され、追い詰められる女性

女性差別につながりかねないような制度を変えていくことも大切ですが、より急を要するのは、失業や低賃金労働による貧困、ドメスティック・バイオレンス（ＤＶ）といわれるパートナーの暴力などで苦しんでいる女性を救うことです。2020年から2021年にかけては、新型コロナウイルス感染症の拡大を防ぐためだとして、経済活動の制限が繰り返され、飲食店、宿泊施設、小売店など、直接人と接触してサービスを行う仕事が通常通りにできなくなったことにより、多くの人が失業しました。

そのような仕事をしている人には女性が多く、しかも、非正規雇用者の割合が高いのです。業績が悪化したときなどには、簡単に辞めさせられてしまうということです。また、辞めさせられたわけではないものの、パートやアルバイトの労働時間が減らされ、収入が減って生活が成り立たなくなっている「隠れ失業者」も、かなりの数がいるとみられます。

育児や介護の負担が女性にばかり押しつけられる傾向もあります。特に2020年春の休校期間には、保育所なども休園になったケースがあり、子どもを預けられず、その世話をしなければならなかったため、出勤できなくなった女性が多くいました。また、外出の自粛も呼びかけられましたが、ＤＶや家族との不和に苦しみ、家が安心できる場所ではない女性にとっては、逃げ場が失われることになったのではないか、と考える人もいます。

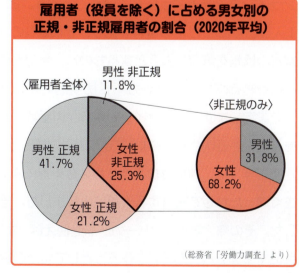

（総務省「労働力調査」より）

5 「デジタル庁」が発足

小学生に知っておいてほしいニュース TOP20　第12位

首相直属の組織として、「ICT後進国」からの脱却を図る

9月1日、デジタル庁発足式に臨む平井卓也デジタル大臣（右から2人目）、石倉洋子デジタル監（左端）ら

2021年9月1日から、内閣総理大臣直属の「**デジタル庁**」が発足しました。**マイナンバーカード**の普及を推進し、さまざまな行政手続きがオンラインでできるようにすること、省庁や自治体ごとにばらばらな情報システムや、個人情報保護のルールを共通化することなどをめざします。これは2020年9月に首相になった**菅義偉氏**が掲げた政策で、2021年5月に「デジタル改革関連6法」が成立したことにより、設置が決まりました。しかし、個人情報が国に集約されて「監視社会」になりかねないという懸念もあります。

マイナンバーカードの普及を進め、行政手続きをオンライン化

　デジタル庁のトップは首相ですが、その下に大臣も置かれます。初代大臣には、デジタル改革担当大臣を務めていた平井卓也氏が就任しましたが、10月4日に発足した岸田内閣では牧島かれん氏に交代しました。実務のトップである「デジタル監」には、一橋大学名誉教授で経営学者の石倉洋子氏が起用されました。職員は非常勤を含めて約600人で、そのうち約200人が民間からの登用です。優秀な人材を確保するため、IT企業との兼業も認められました。

　デジタル庁を設置した目的の1つは、**マイナンバーカード**の普及を進め、さまざまな行政手続きをオンラインでできるようにしていくことです。2016年に始まった**マイナンバー制度**とは、日本に住む人1人ひとりに12けたの番号を振り、それぞれの人が税金や年金保険料などをいつ、どのくらい納めたかなどの情報を管理しようとするもので、希望者には、運転免許証などと同じように本人確認書類として利用できる「マイナンバーカード」が発行されます。このカードが発行されるときは、本人自身が暗証番号を設定します。オンラインで何らかの手続きをするとき、その番号を間違えなければ、確かに本人であることが証明され、「なりすまし」が防げるというわけです。

　2020年には、**新型コロナウイルス感染症**により経済活動が大幅に制限され、収入がなくなったり、大きく減ったりして困窮する人が続出しました。そのため、国内に住む人全員に一律10万円が給付されました。その際、マイナンバーカードを使えば、オンラインで申請することも可能でした。しかし、この機会にマイナンバーカードを作ろうとして役所の窓口に人が集まって「密」になるなど、本末転倒なことも

起こりました。結局、10万円を配り終えるまでに何か月もかかり、市区町村の事務作業の負担も大変なものでした。

そのため、「こんなときのために、個人の預貯金口座にマイナンバーをひもづけしておくべきだった」という議論がありました。しかし、それぞれの個人がいくらお金を持っているか、国が把握できるようになると税金の徴収が強化されるのではないかとして、国民の間では警戒感が強いため、現時点ではあくまでも任意で、マイナンバーと預貯金口座のひもづけを促していく方針です。なお、マイナンバーカードの普及率は、2021年5月にようやく約3割になりました。政府は2022年度末までに、ほぼすべての国民に普及させることをめざすとしていますが、それは困難とみられています。

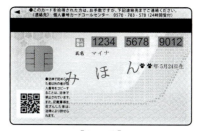

【おもて面】　　　　　　【うら面】
「マイナンバーカード」の見本

省庁や自治体ごとに、ばらばらなシステムの統合をめざす

役所の「縦割り行政」も、デジタル化の障害になっています。組織どうしの横の連絡・調整があまりなく、同じような仕事を複数の部署でやっていたり、逆に面倒な仕事を押しつけあったりして、非効率になりがちなのが実態で、採用されている情報システムも、省庁や自治体ごとにばらばらです。これを統合していくことは、デジタル庁の目的の1つで、大臣には、他の省庁への「勧告権」が与えられています。

政府に個人情報が集約され、「監視社会」になるおそれも

個人情報を取り扱う以上は、それがもれて他者に悪用されることが、絶対にないようにしなければなりませんが、その個人情報の保護ルールは、自治体ごとに条例で定められています。これも共通化を進める方針です。しかし、個人情報を国が集中管理するようになると、「監視社会」になってしまうおそれもあります。たとえば、反政府的な思想を持っている人物がチェックされ、その情報が警察と共有されるということも、絶対にないとは言い切れません。

現在は新型コロナウイルス感染症が流行しているため、政府などがICT機器を利用して、国民の行動を監視することが世界的に正当化されようとしています。プライバシーを放棄してでも安全を優先するのか、プライバシーを守るためにはある程度のリスクを受け入れるのかは、人によって価値観が大きく異なるところです。そのどちらの社会を選ぶのか、私たちは今、大きな分かれ道に立っているともいえます。

また、インターネットを利用していない人が、高齢者を中心に、まだまだ多くいることも忘れてはなりません。あらゆる手続きを、インターネットでしかできないようにしてしまうことは大いに問題です。ICT機器を使えない人を切り捨てるようなことは、あってはならないでしょう。

6 オンラインでの仕事・教育が広まる

小学生に知っておいてほしいニュース TOP20　第13位　テレワークとオンライン授業

メリットもあるが格差の拡大につながる。長期間続けることには疑問も

自宅でオンライン授業を受けているポーランドの子ども（2020年11月）

2020年の春から新型コロナウイルス感染症が広がって以来、感染防止のためには人同士の直接の接触を極力避けるべきだとして、社会人には「テレワーク（リモートワーク）」が呼びかけられ続けています。学生・生徒は「オンライン授業」を受けることも多くなりました。一時的にそうするのは、仕方のないことだとしても、このような生活を長期間続けると、貴重な経験を積む機会が失われ、子どもの社会性が十分に育たないなどの弊害も考えられます。そのため、行き過ぎたオンライン化には疑問の声も出ています。

テレワークのできない「エッセンシャルワーカー」

「テレワーク（リモートワーク）」とは、パソコンなどのＩＣＴ機器を利用して、自宅などオフィス以外の場所で働くことです。以前から呼びかけられていましたが、2020年からは新型コロナウイルス感染症対策として、その呼びかけが強化されています。

テレワークには確かに利点もあります。自宅が遠い、何らかの障害があるなどの理由で通勤が難しい、育児・介護のため長時間家をあけられないなどの事情を抱える人でも、テレワークであれば働き続けられる可能性があり、企業などの側からみても、多様な人材を活用することにつながります。

とはいえ、テレワークができる職種は限られているのも事実です。テレワークに向いているといえるのは、情報を集め、判断して指示を出す管理的な仕事や、具体的な物ではなく情報を扱う仕事でしょう。つまり、おもに大都市の大企業で事務系の仕事をしている「ホワイトカラー」が中心です。企業の規模が小さいほど、また地方に行くほど、テレワークをする人の割合は低いという調査結果が出ています。

また、医療従事者をはじめ、電気・ガス・水道・交通機関などのライフライン関係者、警察官や消防士、スーパーマーケットやコンビニエンスストアの店員などは、社会を維持するためにもどうしても出勤しなければなりません。このような「エッセンシャルワーカー」には、テレワークの導入は難しいでしょう。

国や地方自治体のリーダーは、「情報を集め、判断して指示を出す仕事」なので、テレワークが可能です。しかし、仕事の性質が異なる人にまで「テレワーク」を呼びかけ続けると、無用な対立を生むことにつながりかねません。

テレワークで浮かび上がった問題点

- 自宅にテレワークができるスペースや機器がない人、インターネットに接続できる環境がない人もいる。また、夫婦ともテレワークをしている、子どもがオンライン授業を受けているなどの理由で、自分専用の機器やスペースが確保できない人もいる。
- オンライン会議では、自宅内の様子が映ってしまうため、プライバシー侵害のおそれがある。
- 育児や介護をしながらのテレワークは、しばしば中断されるので集中できない。
- 仕事と私生活のメリハリがつかなくなる。
- セキュリティが甘くなり、情報もれやサイバー攻撃のリスクが高まる。
- 社内の制度がテレワークを想定したものになっていない。たとえば、会社にいる時間を「労働時間」とみなし、その時間によって給料を決めるようになっている。
- 通信費がかさむようになっても、だれがそれを負担するのかが明確でない。会社が負担してくれないこともある。
- 紙の書類にハンコを押すために出勤しなければならないことがある。
- 社外秘の書類や個人情報は社外に持ち出せないため、そのような情報を扱う人はテレワークが難しい。
- 正社員はテレワークが認められても、派遣社員などは認められないケースがある。

大学は2021年もオンラインでの講義が中心

　オンラインで行うことが一般的になったのは仕事だけでなく、学校の授業もそうです。一時は、ほぼ全世界の子どもが、学校に集まって授業を受けることができなくなったため、各国でインターネットを利用した「オンライン授業」が実施されました。しかし、発展途上国の子どもや、先進国でも貧困層の子どもは、必要な機器を持っていないなどの理由でオンライン授業を受けられず、**教育格差**が大きな問題になっています。

　日本では、2020年春の経験から、休校すると親が仕事を休まざるをえなくなるなど、社会に与える影響が大きすぎるとわかりました。そのため、2021年は緊急事態宣言が出されても、学校の休校は基本的にしない方針がとられるようになりました。

　それでも、学校生活は非常に制約の多いものになっています。修学旅行、運動会、文化祭などの学校行事の中止・延期・規模縮小、クラブ活動の禁止・制限などで、貴重な経験をする機会が失われ続けています。これは取り返しのつかないことです。

　文部科学省は、大学でも可能な限り、対面での講義を行うようにと指導していますが、2021年もオンラインでの講義を中心としている大学は少なくありません。大学生は通学範囲も行動範囲も広いうえ、1か所のキャンパスに集まる人数も多く、リスクは小学校・中学校・高校より高いので、そうせざるをえないと判断したのです。

　そのため、大学生からは「友人ができない」「大学の施設が利用できない」「留学の夢をあきらめた」といった声が上がっています。人生の中での貴重な時間が、やりたいことができないまま終わってしまうという焦りや悔しさを感じているようです。

　教育というものは、オンラインですべて完結するわけではなく、実際に人と対面して、社会性や人間関係を学ぶ場はどうしても必要です。もちろん、オンライン授業にもメリットはあります。たとえば、「これまで不登校だった生徒も参加できるようになった」「出席していても積極的には発言できなかった生徒がオンラインだと積極的に参加できた」というケースもありました。

7 とどまるところを知らない少子化

小学生に知っておいてほしいニュース TOP 20　第20位

2020年の出生数は2年連続で90万人割れ。2021年の出生数は80万人割れも

人通りがほとんどなくなった大阪・ミナミの繁華街。このように人との接触を避けることが、さらなる少子化を引き起こすおそれがあるともいわれている（2020年3月）

新型コロナウイルス感染症が、想定を大きく超えた**少子化**を引き起こしているようです。2020年も出生数は前年より減少しましたが、その減り方は、これまでの延長線上にあるとみることもできました。ところが、2021年1月と2月の出生数は、前年の同じ月を1割以上も下回っていました。3月以降はやや回復したものの、前年より少ない傾向は続いているため、**2021年の出生数は80万人を割る**おそれがあります。未来の日本の社会に、取り返しのつかないほどの悪い影響を与えかねません。

2021年の出生数は80万人割れか

　厚生労働省が発表する人口動態統計によると、国内で生まれた日本人の子どもの数は、2019年に初めて90万人を割って約86.5万人になりました。「86万ショック」といわれましたが、この数は、2020年にはさらに減少し、約84.1万人になったことがわかりました。5年連続の減少です。

　1人の女性が一生のうちに何人の子どもを産むことになるかを表す「合計特殊出生率」も、2020年は前年の1.36からさらにダウンし、1.34になりました。これも5年連続で前年を下回っています。

　その背景としては、新型コロナウイルス感染症の影響もあったと考えられていますが、よりはっきりした変化が表れたのは、2021年に入ってからでした。2021年1〜2月に生まれた子どもの数の速報値（国内で生まれた外国人の子どもと海外で生まれた日本人の子どもを含む）は12万3531人で、前年1〜2月の14万1311人より、10％以上も減少したのです。

　3月以降は、出生数はやや回復しましたが、それでも、2021年の1年間で生まれる子どもの数は、80万人を割る可能性が高く、きわめて危機的な状況です。80万人割れは2030年ご

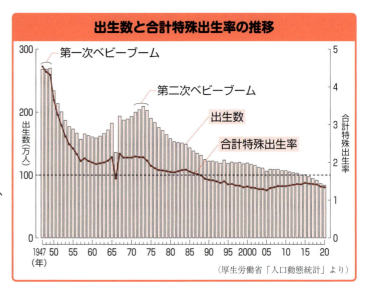

出生数と合計特殊出生率の推移

（厚生労働省「人口動態統計」より）

ろと予測されていましたが、そんな未来を10年も先取りしてしまったのです。

　その理由としては、新型コロナウイルス感染症により、さまざまな業種が大打撃を受け、これから子どもを育てていけるのかという経済的な不安を抱える人が増えたからということが、まず挙げられるでしょう。また今後、人との接触を避ける風潮が長期化すれば、男女の出会いの場が少なくなり、結婚件数が減少することも考えられます。それもさらなる少子化につながるおそれがあります。

　また、総務省の人口推計によると、2021年9月1日現在の日本の総人口は、約1億2521万人で、そのうち14歳以下の子どもは11.8％、15～64歳（現役世代）は59.1％、65歳以上の高齢者は29.1％でした。働いて税金や保険料を納める現役世代2人で、1人の高齢者を支えている計算になります。

　2020年代に生まれた子どもが大人になるころには、現役世代1人に対して高齢者1人という割合に近くなり、年金保険・介護保険・医療保険など、現役世代が高齢者を支える制度の維持は、相当に困難になっていることが予想されます。

（国立社会保障・人口問題研究所が2017年に発表した資料より）

　一方、2020年に国内で死亡した日本人は、約137.3万人でした。出生数が約84.1万人だったので、差し引き53.2万人減少したことになります。人口の自然減はこれで14年連続であり、しかもその減少幅は、年々大きくなってきています。

「70歳まで働く社会」に

　高齢者の割合の上昇とともに、現役世代の負担が増え続けている現状をふまえて、現在は「65歳以上」とされている高齢者の定義を変え、60代後半～70代前半の人たちには可能な限り、働いて税金などを納める側に回ってもらうことが考えられています。このため、2021年4月からは、改正された「高年齢者雇用安定法」が施行されました。これにより、企業には、70歳まで働く機会を確保する努力義務が課されました。

　少子化対策としては、性別にかかわらず、誰もが仕事と育児を両立しやすい職場環境を整備することが求められています。そのため、2021年6月には改正育児・介護休業法が成立しました。2022年春から順次施行される今回の改正法は、男性も育児休業を取りやすくすることなどをめざしたもので、企業に対して、男女を問わず育児休業を取る意思があるか確認することを義務づけています。また、これまで育児休業を分割して取得することは原則としてできませんでしたが、今後は2回までに分けて取ることも可能になります。さらに、父親も子どもが生まれてから8週間以内に最大で4週間の「産休」を取れるようになります。

8 欧米でアジア系への「ヘイトクライム」が多発

新型コロナウイルスはアジアで発生したとして、日本人を含むアジア系が暴力・暴言の被害に

2021年3月、アメリカ・ロサンゼルスで行われた、アジア系差別に抗議するデモ。参加者は「We are all Americans（私たちはみんなアメリカ人）」「Stop Racism attack（人種差別的攻撃をやめろ）」などと書いたプラカードを持っている

現在、世界中で流行している**新型コロナウイルス感染症**のウイルスは、中国の武漢市で最初に発生したとされています。そのため、アメリカやヨーロッパ諸国では、このような事態になったのは中国が悪いのだと考え、身近なところにいる、中国人と思われるアジア系の人に暴力を振るったり、暴言を浴びせたりする**「ヘイトクライム」**が増加しており、このような犯罪の被害にあう日本人もいます。日本でも、外国籍の人などに対する**「ヘイトスピーチ」**が大きな問題になっています。

感染症のたびに繰り返される外国人への差別・迫害

　感染症が流行すると、それは外部から持ちこまれたということで、外国人や異民族に対する差別・迫害が、必ずといっていいほど起こります。14世紀の**ペスト**流行時、ヨーロッパでは、その原因とされた**ユダヤ人**が各地で殺されました。幕末の**「攘夷」**もそうです。外国人を襲う事件が続発したのは、当時、**コレラ**が流行してたくさんの死者が出ていたからでもあります。コレラは外国から持ちこまれたとして、外国人への憎しみが強まっていたのです。

2021年にアメリカで起きたヘイトクライムの疑いのある事件の例

- 2月、シアトルの中華街で、日本人女性がアフリカ系の男性に、石を詰めた靴下で顔を殴られ重傷
- 5月、ニューヨーク中心部のタイムズスクエアで、アジア系の女性がアフリカ系の女性にハンマーで殴られ負傷
- 2月、ロサンゼルスの日本人街「リトルトーキョー」にある東本願寺別院が放火される
- 3月、アトランタ周辺のマッサージ店が銃を持った白人男性に襲撃され死者8人。そのうち6人がアジア系の女性

　今回の新型コロナウイルス感染症の場合、ウイルスは最初に、中国の武漢市で発生したとされています。中国政府の責任をうやむやにするわけにはいきませんが、だからといって、身近なところにいる中国人を憎んで、危害を加えるのは許されないことです。

　ところが、そのような事件が欧米では増えているのです。人種、民族、宗教などが自分とは異なる人への憎しみから起こる犯罪を**「ヘイトクライム」**といいます。英語の「ヘイト」は日本語では「憎む」で、「クライム」は「犯罪」です。具体的には、殴る蹴るの暴力を振るう、「コロナ」「中国に帰れ」といった暴言を

浴びせる、などがあります。

ある人を見て、アジア系だとわかったとしても、国籍まではわからないため、被害者は中国人とは限りません。ベトナム人、タイ人、フィリピン人など東南アジア諸国の出身者も被害にあっているほか、アメリカ国籍の東アジア・東南アジアからの移民の子孫も襲われています。

アメリカの**トランプ前大統領**などが「中国ウイルス」「武漢ウイルス」といったことばを使ったことも、差別を助長したといわれています。ところが2021年前半には、変異株について「イギリス型」「南アフリカ型」「ブラジル型」「インド型」といったことばが使われました。これも差別を助長するとして、**世界保健機関（WHO）**では、それぞれ「アルファ」「ベータ」「ガンマ」「デルタ」と、ギリシャ文字のアルファベットで呼ぶことを決めました。

今なお残るアフリカ系への差別

アメリカでの人種差別問題といえば、おもにアフリカから連れてこられた奴隷の子孫であるアフリカ系（黒人）への差別が今なお深刻です。貧困に苦しむ人の割合が他の人種より高く、警察などから差別的な対応をされることもあります。2020年には、アフリカ系の男性が白人の警察官に取り押さえられて死亡するという事件が起きたのをきっかけに、全米で抗議デモが発生しました。デモ参加者らは「Black Lives Mattar」ということばを掲げていました。

アメリカでは1861～65年の**南北戦争**の後、奴隷制度はなくなりましたが、アフリカ系に対する社会的な差別は根強く残りました。特に南部の州では、学校や交通機関も人種によって分けられており、読み書きができないことを理由にアフリカ系には選挙権が認められないこともありました。こうした差別をなくすために、1950年代から1960年代前半にかけて展開されたのが**公民権運動**です。それは一定の成果を挙げましたが、それでも差別がなくなったとは、とてもいえない状況です。

日本でも外国人を排除する風潮

このような風潮は日本でもあります。たとえば、2021年5月には、関東地方のある保健所が「外国人と一緒に食事をしないように」という文書を管内の農家に送ったというニュースがありました。しかし、新型コロナウイルス感染症の流行が始まる前から日本に住んでいる外国人であれば、リスクは日本人と変わらないはずです。外国人に対する差別的な発想の表れといわざるをえない事例でした。

侮辱的なことばを使って外国籍の人などに対する差別をあおり、社会から排除しようとする**「ヘイトスピーチ」**も以前から大きな問題になっています。ヘイトクライムとも重なる部分があり、重大な人権侵害にあたるため、2016年に「ヘイトスピーチ解消法」が施行されました。ヘイトスピーチを防止するための啓発活動を行うことは、国や地方公共団体の責務だとされたのです。さらに、川崎市では、2020年に罰則ありのヘイトスピーチ禁止条例も施行されました。公共の場所で拡声器を使ったりビラをまいたりしてヘイトスピーチを繰り返した場合、最高で50万円の罰金が科されます。

9 国境を越えた人の行き来が困難に

外国人観光客が大きく減少。外国人労働者は新たな来日も帰国も困難に

「欠航」の文字が目立つ成田空港の国際線出発ロビーの案内板（2020年3月）。こうした状況は2021年に入ってからも続いている

新型コロナウイルス感染症の世界的な流行により、2020年の春から、各国とも外国からの入国を厳しく規制するようになりました。これにより、日本では**外国人観光客**が事実上いなくなり、**外国人労働者**の来日・帰国も難しくなりました。人口が減少しつつある日本では、「消費」を外国人に頼ろうとして外国人観光客を、「生産」を外国人に頼ろうとして外国人労働者を、それぞれ誘致してきましたが、どちらも行き詰まったのです。このため、外国人に依存していた業種は大打撃を受けてしまいました。

「インバウンド消費」がほぼゼロの状態が続く

　少子高齢化と人口減少が速いペースで進んでいる日本では、お金を使う人も減少して経済が縮小していくおそれがあります。それでも消費を減らさないためには、一時的に日本にいる人、つまり外国人観光客を増やせばよいという考えから、2010年代には、国を挙げて外国人観光客の誘致に取り組んでいました。そのため、2013年から2018年までのわずか5年間で、訪日外国人旅行者数は約3倍にも増えました。その急増ぶりに受け入れ態勢の整備が追いつかない状況でした。そこで、ホテルや旅館ではなく、空き家やマンションの空き部屋などに有料で人を泊める「**民泊**」が条件つきで認められるようになりました。また、観光客が増えすぎる「**オーバーツーリズム**」による交通機関の混雑、交通渋滞、観光客のマナー違反の行動などによる「**観光公害**」も問題に

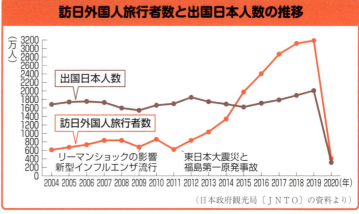

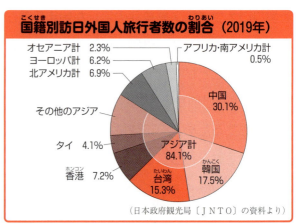

なっていました。

2019年には、訪日外国人旅行者数が過去最多の約3188万人にも達しました。また、外国人の日本国内での消費を「インバウンド消費」といいますが、その金額も、2019年には約4.8兆円にも達しました。ところが、2020年には、訪日外国人旅行者数が411万5900人に、インバウンド消費が7446億円に、それぞれ激減しました。これは、事実上1～3月の分で、4月以降は、ほぼゼロの状態が続いています。

このため、航空、鉄道、バス、タクシーなどの交通機関、ホテルや旅館などの宿泊施設、百貨店などの小売店、飲食店など、インバウンド消費に頼っていた業種は大打撃を受けました。このまま多くの会社が倒産・廃業に追いこまれれば、「おもてなし」のノウハウが失われ、観光客が戻ってきたときにその受け入れに携わる人がいなくなるということにもなりかねません。

外国人労働者はベトナム人が中国人を上回る

来日が困難になったのは労働者も同様です。そのため、農業などの分野では人手不足になっています。一方、すでに日本にいた労働者の帰国も困難になりました。

外国人労働者には、アルバイトをしている留学生も含まれますが、その多くは、「外国人技能実習制度」により来日した「技能実習生」です。この制度は本来、農林水産業や工業などの分野で、働きながら技術を身につけてもらい、それを帰国後に、自国の発展に役立ててもらうのが趣旨です。ところが実際には、目先の人手不足を解消する手段になってしまっていました。

外国人労働者数の推移（各年の10月末現在）

（厚生労働省「外国人雇用状況」の届出状況まとめより）

そこで2019年4月に、改正された「出入国管理及び難民認定法（入管難民法）」が施行され、「特定技能」を持つ外国人を正式に労働者として受け入れることになったのです。「特定技能1号」の場合、対象となる業種は、介護、外食業、建設、宿泊、農業などです。3年以上の経験のある技能実習生は、試験なしで在留資格を「特定技能1号」に切り替えることができます。2021年6月末現在、「特定技能1号」の資格を持つ外国人は2万9144人で、その約6割がベトナム人でした。しかし、外食業、宿泊などは、新型コロナウイルス感染症により特に大きな打撃を受けた業種です。仕事がなくなり、解雇された外国人も少なくありません。

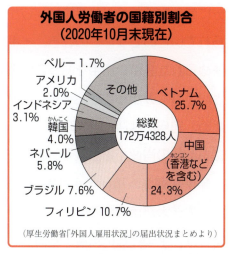

外国人労働者の国籍別割合（2020年10月末現在）

（厚生労働省「外国人雇用状況」の届出状況まとめより）

それでも、2020年10月末現在の外国人労働者数は172万4328人で過去最多でした。ここ10年ほどでベトナム人が急増していますが、ついに中国人を上回り、国籍別では最も多くなりました。

10 近代的な郵便制度と通貨制度ができて150年

日本で使う単位をメートル法に一本化する法律が公布されてからは100年

伊勢神宮に近い三重県伊勢市の五十鈴川郵便局の前には、このような明治時代初めに使われていたのと同じ郵便ポストが設置されている

2021年は、日本の経済や社会を支える重要な制度ができてから150年、100年という記念の年です。まず、150年前の1871年には、**前島密**により、それまでの飛脚などに代わる近代的な**郵便制度**がつくられました。同じ1871年には、**新貨条例**により、地域によっても違っていた複雑な通貨制度が整理され、「円」という通貨単位が決まりました。また、100年前の1921年には、それまでの**尺貫法**による単位を使うのをやめ、国際的に通用する**メートル法**に一本化する改正度量衡法が公布されました。

近代的な郵便制度ができて150年

　江戸幕府を倒して成立した明治政府にとっては、近代的な国家にふさわしい制度を整備することが急務でした。江戸時代の手紙は、「飛脚」が届けていましたが、幕府などの文書が優先され、料金も高かったため、身分に関係なくだれもが平等に、しかも安く利用できる国営の制度が求められていたのです。このころ、イギリスの郵便制度を視察した前島密は、決められた金額の切手を貼ってポストに入れれば、全国どこにでも届くというしくみがあることを知り、それを日本にも取り入れました。そのため、前島密は「郵便制度の父」といわれ、現在発行されている1円切手にも、彼の肖像が描かれています。

「郵便制度の父」といわれる前島密

　郵便制度は、1871年4月20日（旧暦3月1日）に、まず、東京、京都、大阪の三大都市の間で始まりました。翌年、1872年には、北海道の一部を除く全国に広げられ、1873年からは、全国どこに送るにも同じ料金になりました。

　長年、国の事業として行われてきた郵便事業ですが、小泉純一郎首相の時代の2005年に郵政民営化法が成立したことにより、2007年10月からは民営化されています。しかし、近年では、人手不足などにより、サービスの維持が難しくなってきています。そこで、郵便法が改正され、2021年10月から、普通郵便は土曜日には配達されないことになりました。

第1章　変化する日本社会

「円」という通貨単位が決まってから150年

　江戸時代のお金には、額面が決まっている小判（金貨）と銭、重さを量って使う銀貨など、さまざまなものがあって複雑でした。各藩が発行した紙の「藩札」もあって、地域によってもばらばらでした。そこで、1871年6月27日（旧暦5月10日）に制定されたのが「新貨条例」です。それまでの「両」や「文」という単位が廃止され、日本の通貨単位が「円」「銭（円の100分の1）」「厘（銭の10分の1）」と定められました。

　翌年、1872年には「国立銀行条例」も制定されました。この場合の「国立」とは「国営」という意味ではなく、「国の条例に基づく」という意味です。この条例の起草に加わったのが、当時、大蔵省（現在の財務省）の実務のトップだった渋沢栄一です。彼は大蔵省を退職した後、1873年には初の国立銀行として「第一国立銀行（現在のみずほ銀行）」を設立しました。こうした銀行には一定の条件のもとで、紙幣を発行する権利が与えられました。

「第一国立銀行」を設立した渋沢栄一

メートル法を使うとした法律の公布から100年

　一方、大正時代の1921年4月11日には、改正度量衡法が公布され、それまで使われていた尺貫法の単位ではなく、メートル法の単位を使うことになりました。度量衡の「度」とは長さを、「量」とは容積（かさ）を、「衡」とは重さを、それぞれ表します。

　1914年から1918年までの第一次世界大戦で、ヨーロッパは戦場になったため、戦場にならなかったアメリカと日本から、ヨーロッパへの輸出が大きく伸びました。しかし、海外に輸出する製品は、国際的に通用する規格に合わせてつくらなければなりません。そこで、メートル法を使うべきだとされたのです。

　この度量衡法という法律は、戦後は廃止され、代わって「計量法」が定められました。それによると、取引にはメートル法の単位以外を使ってはならないことになっています。ただし、伝統的な工法でつくられるものなどについては、例外があります。

尺貫法とメートル法の比較

● 長さ
1里＝36町＝約3.93km　　1町＝60間＝約109m
1間＝6尺＝約182cm　　　1尺＝10寸＝約30.3cm
1寸＝10分＝約3.03cm　　1分＝約3.03mm
※畳1畳の長い方の辺の長さが1間

● 面積
1町＝10反＝約9900㎡（約1ha）
1反＝10畝＝約990㎡
1畝＝30坪＝約99㎡（約1a）
1坪＝1間×1間（畳2畳分）＝約3.3㎡

● 容積
1石＝10斗＝約180L　　1斗＝10升＝約18L
1升＝10合＝約1.8L　　1合＝約0.18L＝約180mL
※1人が1日に2～3合の米を食べるとすると、1年間に約1000合、つまり約1石の米を食べることになる。つまり、大名の領地が「10万石」というのは、10万人が1年間食べられるだけの米がとれるということ。

● 重さ
1貫＝100両＝3.75kg
1斤＝16両＝600g（食パンの場合は340g）
1両＝10匁＝37.5g
1匁＝3.75g（五円玉の重さ）

国内のトピックス

「アスベスト」訴訟で最高裁判所が国の責任を認める

「アスベスト」の写真

「アスベスト」とは、非常に細長い繊維状の天然の鉱物で、「石綿」ともいいます。熱や摩擦に強く、しかも軽いことから、1970～90年代には断熱材として建物の壁や天井のほか、自動車、家庭用品などにも広く使われてきました。しかし、肺に吸いこむと十数年～数十年後に中皮腫（がんの一種）や肺がんを引き起こすことがわかったため、現在では使用禁止になっています。

しかし、危険なものとは思われていなかった時代が長く続いたため、過去にアスベストを扱う工場や建設現場などで働いていた人の中に、中皮腫や肺がんによる死者が多く出ていて、大きな社会問題になっています。2021年5月17日には、建設現場で働いていた元作業員やその遺族らが、健康被害を受けたとして国と建材メーカーに損害賠償の支払いを求めて訴えていた裁判の判決が最高裁判所でありました。「作業員に防塵マスクを着用させることを義務づけるなどの対策を怠った」として、国の責任を認め、損害賠償の支払いを命じる内容でした。これを受けて翌日、菅義偉首相（当時）は原告団代表に会い、謝罪しました。

6月には、国などに訴訟を起こしていない人やその遺族も救済するために、健康被害の程度に応じて1人当たり550万円から1300万円を支給するとした法律が成立しました。

「黒い雨」訴訟では、国が最高裁判所への上告を断念

「黒い雨」とは、1945年8月6日、広島に原子爆弾（原爆）が投下された直後に降った、放射性物質を含んだ雨のことです。原爆が投下されたとき広島市の中心部にいた人、または直後にそこに入った人は「被爆者」として認められ、国による救済の対象になっています。しかし、市内から離れていても「黒い雨」が降った地域はあります。そのため、「黒い雨」が1時間以上降り続いたとみられる、爆心地から北西の長さ約19km、幅約11kmの地域に住んでいた住民も、救済の対象とされました。ところが、この範囲から外れた地域の住民は被爆者とは認められず、救済の対象からもれていました。

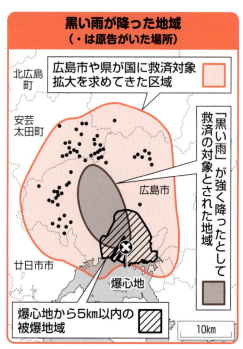

※原告弁護団の資料に基づく

2015年以降、そのような地域の住民84人が、国、広島県、広島市を相手に、自分たちも被爆者と認めて救済の対象とするよう求める裁判を広島地方裁判所に起こしました。2020年7月にあったその判決は、原告全員を被爆者と認めるという内容でした。直接雨を浴びていなくても、放射性物質で汚染された水や食品を体内に取りこんだことによる「内部被ばく」もあるため、地域による線引きには意味がないとしたのです。国、県、市は控訴しましたが、広島高等裁判所も2021年7月14日、原告全員を被爆者と認めるよう命じる判決を下しました。

この判決を受けて、菅首相（当時）は7月26日、今回の判決には法律上の重大な問題があるとしたうえで、最高裁判所に上告しないことを表明しました。被爆者の平均年齢は84歳近くになっており、一刻も早い救済が求められたからでもあります。これにより、高等裁判所の判決が確定し、原告らは救済の対象として「被爆者健康手帳」が交付されることになりました。

第2章
地球環境の危機と災害の脅威

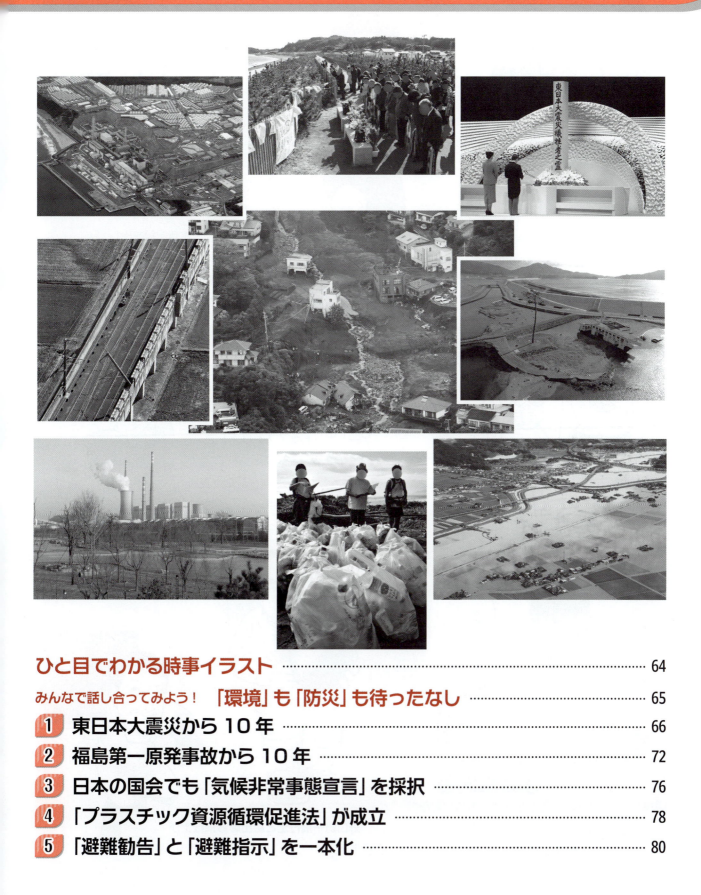

ひと目でわかる時事イラスト	64
みんなで話し合ってみよう！ 「環境」も「防災」も待ったなし	65
1 東日本大震災から10年	66
2 福島第一原発事故から10年	72
3 日本の国会でも「気候非常事態宣言」を採択	76
4 「プラスチック資源循環促進法」が成立	78
5 「避難勧告」と「避難指示」を一本化	80

ひと目でわかる 時事イラスト

その2 スポーツ・文化・科学編

メジャーリーグでも「二刀流」で大活躍
松井秀喜選手のホームラン記録を破る
オールスターにも出場した**大谷翔平選手**

男子100mで「9秒95」の日本新記録を出し、
東京オリンピック主将に
開会式では選手宣誓を務めた
山県亮太選手

マスターズで優勝、
内閣総理大臣顕彰を受けた
松山英樹選手

兄妹が同じ日に、同じ競技（柔道）で金メダル
阿部一二三選手、阿部詩選手

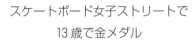

スケートボード女子ストリートで
13歳で金メダル
日本人の金メダル獲得最年少記録を更新
西矢椛選手

「棋聖」のタイトルを防衛し最年少で九段に昇段
「王位」も防衛、新たに「叡王」も奪取
藤井聡太三冠

野口聡一飛行士と星出彰彦飛行士が
国際宇宙ステーション（ISS）に同時に滞在

第 2 章　地球環境の危機と災害の脅威

みんなで話し合ってみよう！
「『環境』も『防災』も待ったなし」

感染症対策を意識した生活をしていると思うけど、それによってごみが増えているって知ってるかな。

深い海の底までごみだらけになっているというニュースにはびっくり。海洋プラスチックごみの問題は、これ以上悪化させるわけにはいきませんね。

ぼくはレジ袋をもらわないようにしています。2022年からは、プラスチックのスプーン、フォーク、ストローも有料になるかもしれないんですよね。

そうなの。プラスチックごみを減らすことは、温暖化を防ぐことにもなるよ。

ヒマラヤの氷河が崩落したというニュースもあったし、標高が3000m以上もあるグリーンランドの氷床の最高地点で、雪ではなく雨が降ったというニュースもあったね。やっぱり温暖化は進んでいるのかな。

日本でも、風水害や猛暑が年々ひどくなっていると思います。2021年のお盆休みは、滝のような雨が降ったりやんだりの繰り返し。異常気象でしょうか。

それが温暖化のためだとは、断定はできないけれど、未来の地球はどうなるのかと思わずにはいられないよね。

2021年は、東日本大震災と福島原発事故から10年でもありましたね。

そうね。2021年には原発処理水を海に流すことが決まり、ニュースになったけど、廃炉作業がまだまだ終わりそうもないこと自体が忘れられているよね。

わたしは地震そのもののほうが怖いです。南海トラフ地震が起こる確率は、30年以内に70〜80％といわれていますよね。

環境問題もエネルギー問題も防災も、どれも待ったなしということね。1つのニュースにばかり目を奪われず、視野を広く持たなければいけないよ。

1 東日本大震災から10年

小学生に知っておいてほしいニュースTOP20　第2位

今もなお約4万人が避難生活。地震活動が活発な状態も続き、震災は終わっていない

東日本大震災の津波で被災した宮城県の旧石巻市立大川小学校。2021年7月18日から、「震災遺構」としてその周辺の一般公開が始まった

2021年3月11日、関連死を含めれば**2万人以上もの死者・行方不明者**を出した**東日本大震災**から10年を迎え、各地で犠牲者を追悼する行事が行われました。しかし、被災地の復興はまだ道半ばで、今もなお約4万人が避難生活を続けています。震災を知らない世代の子どもたちも年々増える状況のなかで、「**震災遺構**」の見学などを通した被災体験の継承も課題です。また、より大きな被害が予想される「**南海トラフ地震**」「**首都直下地震**」に備えた防災体制の再構築も急務とされています。

どんな地震だったのか

2011年3月11日午後2時46分、岩手県沖から茨城県沖までの広い範囲を震源域として、**マグニチュード9.0**という国内での観測史上最大の超巨大地震が発生しました。これにより、宮城県栗原市では**震度7**の揺れを観測したほか、福島県、茨城県、栃木県では最大震度6強を、岩手県、群馬県、埼玉県、千葉県では最大震度6弱を、それぞれ観測しました。東京23区の震度は5弱～5強でした。

その直後から、東北地方から関東地方にかけての太平洋沿岸には巨大な**津波**が押し寄せ、多くの人や建物が流されました。また、東京電力の**福島第一原子力発電所**では、**大量の放射性物質が外部にもれる**という重大な事故が発生し、周辺の住民は住み慣れた地域から避難することを強いられました。

4月になって、政府はこの一連の災害を「**東日本大震災**」と呼ぶことに決めました。これはあくまでも、社会的な面を含む災害の名称であって、自然現象としての地震そのものの名称は「**東北地方太平洋沖地震**」です。

日本付近には、4つのプレートがあり、その重なりあ

ワンポイント解説

震度とマグニチュードの違い

震度とは、それぞれの地点での揺れの強さを「0」から「7」までの整数で表したもの。「5」と「6」は、それぞれ「弱」と「強」の2つに分かれるので、全部で10段階ということになる。震源までの距離が近いほど、震度や被害は大きくなることが多い。それに対して**マグニチュード**とは、地震そのものの規模の大きさを表したもので、1つの地震について1つの数値しかない。マグニチュードが大きい地震ほど、震度や被害は大きくなることが多い。マグニチュードが1大きくなるとエネルギーは約32倍になり、2大きくなると1000倍になる。0.2大きくなっただけでも約2倍になる。想定されている首都直下地震はマグニチュード7前後なので、東北地方太平洋沖地震は、その1000倍のエネルギーだったことになる。

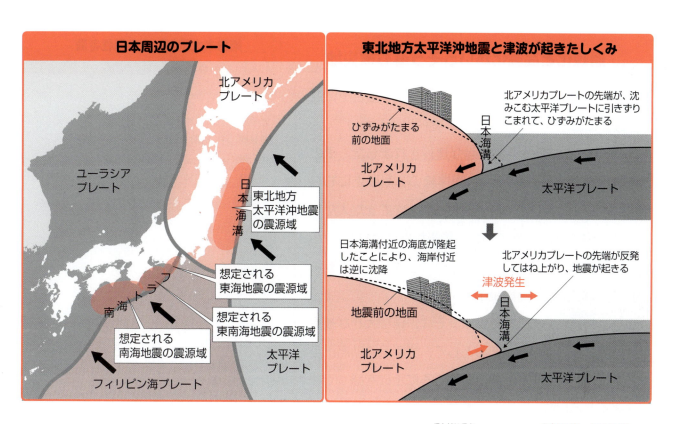

うところでは、地震が多く発生します。東北地方太平洋沖地震は、典型的な**プレート境界型（海溝型）**の巨大地震でした。東日本は**北アメリカ（北米）プレート**の上にあり、その東側の**日本海溝**から、**太平洋プレート**が沈みこんでいます。2011年の地震はその境目で起きました。

今もなお約4万人が避難生活

2021年は、この大災害から10年という節目の年でした。警察庁の調べでは、2021年3月10日現在の直接の死者は1万5899人、行方不明者は2526人に上っています。このほかに、過酷な避難生活で体調を崩して死亡した人も少なくありません。こうした「関連死」は復興庁によると、2021年3月31日現在で3774人ですが、そのうち原発事故のあった福島県が2319人を占めます。また、復興庁によると、2021年8月11日現在、避難者はまだ3万9816人いますが、そのうち2万7998人が、福島県から他の都道府県に避難している人です。

3月11日、その犠牲者をいたむ政府主催の追悼式が東京都千代田区の国立劇場で開かれました。新型コロナウイルス感染症で2020年は中止されたため、2年ぶりの開催でした。この追悼式で天皇陛下は、「被災地ではまださまざまな課題が残っている」「被災した地域の人々に末永く寄り添っていくことが大切」とのおことばを述べられました。政府は今回の追悼式を最後とする方針ですが、もちろん被災地では、今後も祈りが続けられていくでしょう。

東日本大震災から10年の追悼式でおことばを述べられる天皇陛下と皇后陛下（3月11日）

過疎化と高齢化がいっそう進む被災地

　被災した岩手・宮城・福島の3県では、今度こそ津波から確実に命と生活を守るため、1兆円以上をかけて、沿岸の約600か所に巨大な防潮堤が建設されました。その総延長は400km以上で、3県の海岸線の2割以上にもなります。しかし、これまで海とともに生きてきた人たちからは、「街が海とへだてられ、景観が損なわれた」「かえって油断のもとになり、いざというとき、避難が遅れる」といった厳しい意見も出ています。

　また、市街地の標高が低いままでは、再び大きな被害を受けてしまうおそれがあるとして、岩手県陸前高田市などでは、かつて市街地だったところに土砂を盛って標高を高くする「かさ上げ」も行われました。こうした工事が終わらないと、街を再建できないため、一面に更地が広がる状況が長期間続いたところもあります。その間にも住民は、県内の被災しなかった地域などに去っていってしまいました。そのため被災地では、過疎化と高齢化がいっそう進んでいます。

　また、仮設住宅の多くは海から離れた場所に建てられましたが、山が海に迫っていて平地の少ない三陸海岸の地域では、建てられる土地は非常に限られていました。ある地区の住民がまとまって同じ場所に移るというわけには、なかなかいきませんでした。地域の住民がばらばらになり、つながりが失われた結果、孤独死する人も出ています。追悼式での天皇陛下のおことばは、こうした状況を踏まえたものでした。

東日本大震災による犠牲者数

	死者	行方不明者	関連死
北海道	1	0	0
青森県	3	1	0
岩手県	4675	1111	470
宮城県	9543	1215	929
山形県	2	0	2
福島県	1614	196	2319
茨城県	24	1	42
栃木県	4	0	0
群馬県	1	0	0
埼玉県	0	0	1
千葉県	21	2	4
東京都	7	0	1
神奈川県	4	0	3
長野県	0	0	3
計	15899	2526	3774

死者、行方不明者は警察庁調べ、2021年3月10日現在
関連死は復興庁調べ、2021年3月31日現在
避難者数は復興庁によると2021年8月11日現在で39816人。県外避難者は福島県から27998人、宮城県から3463人、岩手県から807人

陸前高田市の海岸に築かれた、高さ12.5m、幅約50m、全長約2kmの防潮堤。中央に見えるのは高田松原に約7万本あった松のうち、1本だけ残った「奇跡の一本松」と、震災遺構として保存されることになった陸前高田ユースホステルの建物（2017年3月撮影）

被災体験の継承も課題

　また、被災地でも「震災を知らない世代」の子どもたちが育っています。被災体験をどう将来の世代に伝えていくかも、悲劇を繰り返さないためには重要なことです。そのため、各地で被災体験を伝承する施設が続々とオープンしています。たとえば、2019年9月には、岩手県陸前高田市に「東日本大震災津波伝承館」が開館しました。また、福島県双葉町には「東日本大震災・原子力災害伝承館」が2020年9月に開館しました。こうした施設では、「語り部」の被災者から直接話を聞くことができます。

第2章　地球環境の危機と災害の脅威

遠い過去の被災者の声に耳を傾けることも必要です。2019年、国土交通省の国土地理院は、新たに「自然災害伝承碑」の地図記号を制定しました。これは、過去の地震、津波、噴火、水害などで被災した人々が後世の人々にその事実を伝え、教訓にしてもらうために建てたものです。三陸沿岸にも、過去の津波で被災し、生き残った人々が「ここより下に家を建てるな」などと、後世の私たちを戒めている記念碑がいくつもあります。こうした戒めを守っていた地域では、東日本大震災の津波でも、被害が少なくて済みました。東日本大震災の被災者も各地で、後世の子孫に向けた記念碑を建てており、それらも地図に載り始めています。

自然災害伝承碑の地図記号

津波の恐ろしさを何よりも雄弁に語るのは、実際に被災した建物などの「震災遺構」だともいえます。これについては、そこで多くの人が亡くなったわけですから、「思い出したくない」ので解体してほしいという人もいます。各地で残すべきかどうか、議論が行われました。児童・教職員ら84人が犠牲になった宮城県の旧石巻市立大川小学校の校舎も、そのような震災遺構の1つとして保存されることになり、2021年7月18日からその周辺の一般公開が始まりました。

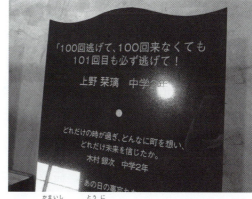
岩手県釜石市の唐丹地区に建てられた記念碑。地元の中学生は後世の子孫に向けて、こんなメッセージを刻んだ

10年後の現在も続く「余震」

東北地方から関東地方にかけての太平洋側では、今も地震活動が活発な状態が続いています。数百年に一度の巨大地震だったということは、発生から10年たったくらいでは、まだ「発生直後」だともいえます。「余震」が続くのは無理もないことです。

2021年2月13日には、福島県沖でマグニチュード7.3の地震が発生し、福島県と宮城県で最大震度6強を観測しました。この地震について、気象庁は「東日本大震災を引き起こした巨大地震の余震と考えられる」と発表しました。これを受けて、天皇陛下は3月11日に行われた政府主催の追悼式で、「この地震は東日本大震災の余震と考えられており、このことからも、震災を過去のこととしてではなく、現在も続いていることとしてとらえていく必要があると感じる」とのおことばを述べられました。

3月20日に宮城県沖でマグニチュード6.9の地震が発生し

2月13日の福島県沖を震源とする地震で損傷した東北新幹線の架線用の電柱（2月14日撮影）。東北新幹線は23日まで一部区間が運休となり、東北の受験生が首都圏の私立大学を受けることが困難になった

69

たときも、気象庁は「余震」だとしましたが、4月1日になって、気象庁は、これからは「東日本大震災の余震」という表現をやめると発表しました。そのため、5月1日に宮城県沖でマグニチュード6.8の地震が発生したときは、気象庁では「余震」という表現をしませんでした。

2021年は、2016年に発生した熊本地震から5年でもあります。このときは、まず4月14日午後9時26分に、マグニチュード6.5の地震が発生し、熊本市の東の益城町で震度7を観測しました。ところが、その約28時間後の16日午前1時25分には、より規模の大きいマグニチュード7.3の地震が発生し、益城町では再び震度7が観測されました。

「余震」ということばを使うと、「最初の地震より大きい地震は来ない」という印象を与え、油断につながるという問題点があります。熊本地震を教訓に、「余震」ということばは避けられるようになってきています。

「南海トラフ地震」の脅威

日本付近では、いつどこで大きな地震が起きてもおかしくありませんが、なかでも近い将来、発生する可能性が高いとして特に警戒されているのが「首都直下地震」と「南海トラフ地震」です。

「首都直下地震」というのは、東京都、神奈川県、千葉県、埼玉県に茨城県南部を加えた南関東のどこかを震源として発生する、マグニチュード7前後の地震のことです。その発生確率は、30年以内に70％程度ともいわれています。東京を直撃する地震の起こる確率が70％なのではありませんが、油断は禁物です。

もう一つの重大な脅威は「南海トラフ地震」です。西日本はユーラシアプレートの上にあり、その下に、北上するフィリピン海プレートが沈みこんでいます。そこで、東北地方太平洋沖地震と同じメカニズムで起こると考えられているのが「南海トラフ地震」です。当然、巨大な津

2021年に震度5弱以上を観測した地震の震央

2016年4月16日の「本震」で倒壊した熊本県益城町の住宅（2016年4月27日撮影）

波が発生することになります。

　このタイプの地震は、歴史上、90〜150年の間隔で、何度も繰り返し起きてきたことがわかっています。江戸時代末の1854年に起きた安政東海地震・安政南海地震から、昭和東南海地震（1944年）と昭和南海地震（1946年）までの間隔はおよそ90年でした。2030年代には、昭和東南海・南海地震から90年がたつことになるので、早ければ、このころに起こる可能性があります。

　南海トラフ地震は、人口や産業が集中した地域も襲うことになります。国の被害想定では、死者は32万人を超え、被害額は220兆円を超えるとされています。いずれも東日本大震災の10倍以上の規模です。しかも、震源が陸に近いため、地震が起きてから津波が襲ってくるまでの時間の余裕もないと考えられています。

　さらに、恐れるべきなのは南海トラフ地震そのものだけではありません。次の南海トラフ地震の時期が近づくと、プレートに強い力がかかってくるため、西日本でも、内陸の**活断層**による**直下型地震**が起こりやすくなるともいわれています。東日本大震災前にも、東北地方では2008年の岩手・宮城内陸地震など、内陸での地震が相次ぎました。こうした地震にも注意が必要です。

南海トラフ地震で津波による大きな被害が予想される地域では、このような「津波避難タワー」の整備が進められている（高知県高知市で）

岩手・宮城内陸地震で落下した、岩手県一関市内にある国道342号線の旧祭時大橋。これも「震災遺構」として保存されている

歴史上の「南海トラフ地震」

年	地震名	このころのできごと
684年	白鳳地震	このころ、富本銭がつくられる
887年	仁和地震	このころ、藤原基経が関白になる
1096年	永長東海地震	このころ、奥州藤原氏初代の藤原清衡が平泉に移る
1099年	康和南海地震	
1361年	正平地震（康安地震）	このころ、南北朝の争いが続いていた
1498年	明応地震	このころ、北条早雲が伊豆から関東に進出し、勢力を拡大していた
1605年	慶長地震	この年、徳川秀忠が江戸幕府の2代将軍になる
1707年	宝永地震	49日後に富士山が噴火。2年後、5代将軍徳川綱吉が死去
1854年	安政東海地震、安政南海地震	この年、ペリーが再来航し日米和親条約を結ぶ
1944年	昭和東南海地震	太平洋戦争中だったため、国内では地震が起きたこと自体、ほとんど報道されなかった
1946年	昭和南海地震	この年、日本国憲法が公布

福島第一原発事故から10年

現在も「帰還困難区域」が残り、廃炉作業も難航するなかで、処理水の海洋放出が決定

水素爆発を起こして吹き飛んだ福島第一原子力発電所の原子炉建屋。
右手前から4号機、3号機、2号機、1号機（2011年11月）

東日本大震災では、**福島第一原子力発電所**から大量の放射性物質が外部にもれるという重大な事故も発生しました。そのため、周辺住民は住み慣れた地域を離れて避難することを強いられました。周辺には現在も「**帰還困難区域**」が残り、原発の廃炉作業も、いつ終わるかわからないのが現状です。原発では、放射性物質に汚染された水が大量に発生しているため、それを処理した後の「**トリチウム水**」を海に放出する準備も始めることになりました。しかし、**風評被害**を恐れる漁業関係者や周辺諸国は反発しています。

福島第一原発では何が起きた？

　原子力発電といっても、水を熱して蒸気をつくって発電機を回すというしくみは、火力発電と変わりません。ただ、その熱を発生させる方法が違っているだけです。火力発電では化石燃料などを燃やすのに対して、**原子力発電では、ウランなどが核分裂するときに出る熱を利用**します。

　2011年3月11日、東北地方と関東地方の太平洋側では、4か所の原発（女川、福島第一、福島第二、東海第二）で合計11基の原子炉が稼働していました。地震の強い揺れを受け、そのすべてで原子炉は緊急停止しましたが、それだけでは安全にはなりません。高い熱を出している核燃料を冷やし続けなければならなかったのです。しかし、福島第一原発では、そのために必要な電源が津波ですべて断たれたため、核燃料を冷やせなくなってしまいました。そのため、3月11日午後7時3分に「原子力緊急事態宣言」が出されましたが、これは、現在も解除されてはいません。

　福島第一原発に6基あった原子炉のうち、稼働中だったのは1・2・3号機の3基です。核燃料の表面には「ジルコニウム」という金属がコーティングされていますが、これは非常に高温になると、水蒸気と反応して水素を発生させます。その水素が爆発して、1・3号機では建屋が吹き飛ばされました。さらに、原子炉が稼働していなかった4号機でも、隣の3号機から流入した水素により、建屋が吹き飛びました。こうして、大量の放射性物質が外部にもれました。2号機では、発生した水素が外部にもれたため、建屋が吹き飛ばされることはありませんでしたが、結果的には、他の号機より多くの放射性物質が放出されてしまったとみられます。

他の原発でも、大事故が発生する可能性はありました。福島第二原発では、福島第一原発よりやや遅れて、同じような事態が進行していましたが、外部電源の1つが生きていたため、重大な事故を免れました。宮城県の女川原発は、大津波がありうるという考えから、もともと高い場所につくられていたので、事故を免れました。原発の建物は頑丈にできているということで、近隣の住民は原発に避難していたほどです。茨城県東海村の東海第二原発は、2004年のスマトラ島沖地震によるインド洋大津波を教訓に、防潮堤の役割をする護岸をかさ上げしていたために事故を免れました。つまり、数百年に1回しかないような津波が来た場合のことを真剣に考えていたかどうかで、明暗が分かれたのです。

まだまだ遠い廃炉までの道のり

　福島県では、放射性物質に汚染された土などを取り除く「除染」が進んだとはいえ、今も県内の7市町村のそれぞれ一部が「帰還困難区域」とされ、住むことや泊まることが禁止されています。

　福島第一原発の敷地内でも除染が進み、防護服なしで活動できるエリアも増えました。しかし、1・2・3号機では核燃料が溶けて、圧力容器や格納容器の底に落ちてしまっています。これは強い放射線を出しているので、危険で人は近づけません。この核燃料（デブリ）を何とかして取り出し、安全を確保してから、最終的に原発そのものを解体するのが「廃炉」です。

　国と東京電力ではその作業に、最長で40年かかるとしています。つまり、まだあと30年かかるということですが、そのためには、ロボットなどの新しい技術をこれから開発しなければならず、本当に30年で終わるかどうかも不透明です。また、廃炉に伴って出る大量の放射性廃棄物をどう処分するかも大問題です。

　地元では、廃炉作業はまだまだ当分続くことを前提に、そのための新技術を開発する企業の進出を期待する動きもあるようです。

「トリチウム」を含む処理水を海に放出へ

　福島第一原発では、壊れた原子炉建屋に流れこんだ雨水や地下水が核燃料などに触れ、放射性物質で汚染された水が新たに発生し続けています。2020年は約5万1000トン、1日当たり140トンの汚染水が新たに発生しました。汚染水からは可能な限り放射性物質を取り除く処理をしますが、「トリチウム」は取り除くことができません。そのため、処理後の水は原発敷地内に設置したタンクにためて、外に出さ

ないようにしています。タンクの容量は、合計すると約136万8000トンですが、2021年9月16日時点で、すでに約128万トンの処理水がたまっています。今のペースで処理水が増え続けると、2023年春か夏ごろには、タンクはいっぱいになってしまいます。

しかし、タンクの増設は今後の廃炉作業にも影響を与えるため難しく、処理水の処分をせざるをえない状況になりました。そこで政府は2021年4月、トリチウムを含む処理水を環境や人体に影響がないレベルまで薄め、国際的な安全基準を満たしたうえで海に放出することにしました。そして、2年ほど後の放出開始をめどに準備することを東京電力に求めました。

処理水の貯蔵タンクが並ぶ福島第一原発の敷地内（6月22日撮影）

「トリチウム」とは「三重水素」のことです。水は水素と酸素が結びついてできていますが、水素には、構成する粒子の違いから、普通の水素の約2倍、約3倍の重さを持つものもあります。約2倍の重さの水素が「重水素」、約3倍の重さの水素が「三重水素（トリチウム）」で、そのような水素からできた水もあるのです。つまり、「トリチウム」という物質が水に溶けているのではなく、水を構成する水素そのものがトリチウムであるため、普通の方法では取り除けないのです。

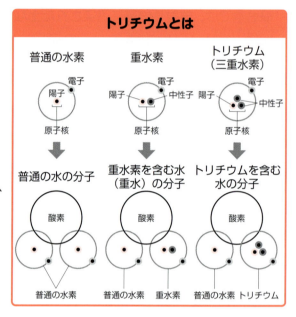

トリチウムは、原発から発生するだけではありません。普通の水素が宇宙線を浴びて重水素、三重水素に変わることもあります。コップ1杯の水にも、トリチウムは数百万個から1000万個ほど含まれています。体内にたまることもありません。こうしたことから政府は、安全だと強調しています。

それでも、一般の人はどうしても「危険」というイメージを持ってしまい、福島県沖などでとれた水産物は安全であっても売れなくなるおそれがあります。このように、実際は安全なものでも、「危険ではないか」という報道が繰り返されることで敬遠され、売れなくなることを「風評被害」といいますが、それを恐れる地元の漁業関係者は、強く反発しています。また、中国と韓国も日本を非難しましたが、日本政府は、中国や韓国の原発からもトリチウムは放出されていると反論しています。

東日本では「原発の稼働ゼロ」の状態に

原子力施設の安全性の監督は、以前は経済産業省の「原子力安全・保安院」が担当していました。しかし、経済産業省は全体としては、日本の産業を発展させることを目的としています。そのために原発が

必要だと判断したら、安全性のチェックが甘くなってしまうおそれがありました。そこで、2012年には環境省に「原子力規制委員会」が設置され、そこが原子力の安全にかかわる仕事を担当することになりました。

原発の原子炉は13か月ごとに止めて定期検査をすることになっています。福島第一原発の事故後、全国で稼働していた原子炉は、定期検査の時期を迎えたものから、順次停止されていきました。2012年5月には、稼働している原発が1つもない状態になりました。

その後は安全基準が以前よりはるかに厳しくなって、原子力規制委員会が行う安全審査に合格しなければ、再稼働は認められなくなりました。これまでに再稼働したことがあるのは福井県以西の原発だけです。東日本では、原発がまったく稼働していない状態が続いています。

原発をめぐる裁判も

原発をめぐる裁判も各地で進行中です。まず、福島県などからの避難者が、福島第一原発の事故について、国と東京電力の責任を問うものがあります。東京電力に責任があることは明らかですが、国にも責任があるかどうかについては、裁判所の判断は分かれています。これほどの大津波がありうることを事前に予測できたかどうかが争点になっています。

一方、他の原発について、その地域の住民などが運転差し止めを求める裁判も相次いでいます。2021年3月には、安全審査に合格して再稼働をめざしている東海第二原発について、水戸地方裁判所が、避難計画の不備を理由に運転差し止めを命じました。東海第二原発の周辺には、県庁所在地の水戸市のほか、日立市、ひたちなか市などがあり、30km圏内に住む人は、全国の原発の中で最も多い約94万人となっています。

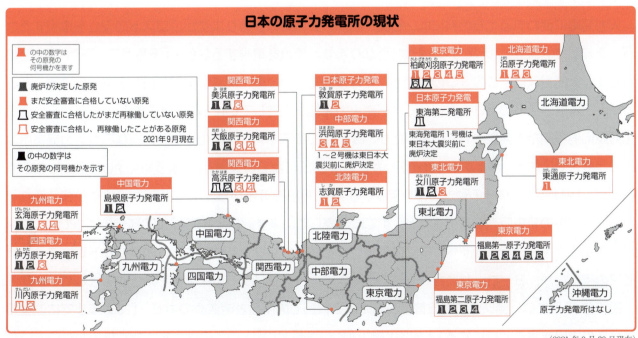

日本の原子力発電所の現状

（2021年9月30日現在）

小学生に知っておいてほしいニュース TOP20　第4位

3 日本の国会でも「気候非常事態宣言」を採択

「脱炭素社会」をめざし、2050年までに温室効果ガスの排出量を「実質ゼロ」に

煙をあげる中国・北京市内の石炭火力発電所（2021年2月）。地球温暖化だけでなく、深刻な大気汚染の原因にもなっているとみられる

2020年後半から、日本でも**地球温暖化対策**をさらに強化する動きがいくつかありました。世界の動きに合わせ、「**脱石炭火力**」「**脱ガソリン車**」にかじを切ったことなどです。2020年秋の臨時国会では、当時の菅義偉首相が「**2050年までに日本の温室効果ガス排出量を実質ゼロにする**」と宣言したほか、「**気候非常事態宣言**」も採択されました。また、2021年4月には、**2030年度の温室効果ガスの排出量を2013年度と比べて46%減らす**ことも宣言されました。従来の26%削減という目標が大幅に引き上げられたのです。

 ## 日本も「脱石炭火力」「脱ガソリン車」に

　2011年に**福島第一原子力発電所**で重大な事故が発生してから、日本では、原子力による発電の割合が大きくダウンしました。現在は、約8割が火力発電という状況で、地球温暖化防止のため、**二酸化炭素（CO_2）**をはじめとする**温室効果ガス**の排出量を大きく減らさなければならないという世界の流れに逆行してしまっています。

　火力発電に使われる**化石燃料**には、石炭、石油、天然ガスがありますが、コストの安さを重視するなら、優先順位は「石炭、天然ガス、石油」となります。環境を重視するなら、「天然ガス、石油、石炭」の順です。天然ガスは、この3つの中では、発電量当たりの二酸化炭素排出量が最も少ないのです。ところが、日本はコストの安さを重視して、石炭火力発電を推進していました。そのため、海外からは温暖化対策に消極的だと非難されていましたが、政府は2020年7月、老朽化した非効率な石炭火力発電所は、2030年度までに休止・廃止する方針を明らかにしました。「**脱石炭火力**」に、ようやくかじを切ったのです。

　また、「**脱ガソリン車**」の動きもあります。イギリスは2030年から、フランスは2040年から、それぞれガソリン車の新車販売を禁止すると、すでに発表しています。日本政府も2030年代半ばまでに、国内で販売する乗用車の新車をすべて**電気自動車**や、電気とガソリンを併用する**ハイブリッド車**にする方針を決めましたが、**ヨーロッパ連合（EU）**は2035年に、ハイブリッド車を含めて禁止するとしています。

　2020年10月には、当時の**菅義偉首相**が臨時国会冒頭での所信表明演説の中で、「**2050年までに温室効果ガスの排出を実質ゼロにする**」と表明しました。「実質ゼロ」というのは、まったく排出しないという

76

ことではありませんが、森林などによる吸収量以上には排出しないということです。このことを「カーボンニュートラル」といいます。

　この臨時国会中の11月、衆議院と参議院では「気候非常事態宣言」も採択されました。衆議院で採択された決議文では、まず、「近年、地球温暖化も要因として、世界各地を記録的な熱波が襲い、大規模な森林火災を引き起こすとともに、ハリケーンや洪水が未曽有の被害をもたらしている。我が国でも、災害級の猛暑や熱中症による搬送者・死亡者数の増加のほか、数十年に一度といわれる台風・豪雨が毎年のように発生し深刻な被害をもたらしている」という認識を示しました。パリ協定については、「各国が掲げている目標を達成しても必要な削減量には大きく不足」しているとして、この危機を克服するため、一日も早く「脱炭素社会」を実現させるとうたっています。

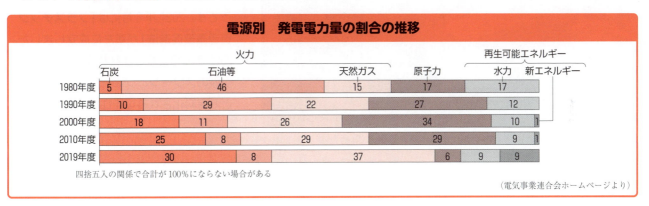

電源別　発電電力量の割合の推移
（電気事業連合会ホームページより）

火力発電所の休止・廃止で電力不足も

　パリ協定とは、2015年にフランスのパリで開かれた気候変動枠組み条約第21回締約国会議（COP21）で採択されたもので、「温室効果ガスの排出量が急増した18世紀の産業革命以降の気温上昇を2度未満に抑える、かつ1.5度未満をめざす」というものです。これにより、先進国か発展途上国かを問わず、各国が目標を決めて温室効果ガスの排出量削減に取り組むことになりました。

　そのためには、太陽光、風力、地熱、水力、バイオマスなどの自然エネルギーの利用を進めることも1つの方法です。これらは限りある資源である化石燃料とは異なり、使ってもなくならず、繰り返し利用できるため「再生可能エネルギー」ともいいます。しかし、日本は先進国の中でも、その導入が遅れている方だといわざるをえません。

　一方で、老朽化した火力発電所の休止・廃止が相次いでいるため、このところ、冷暖房の使用により電力消費量が増える夏・冬の電力供給に不安がある状態になっています。太陽光による発電量が少なくなる冬の方がむしろ厳しく、2021年1～2月も、実はぎりぎりでした。2021～22年の冬は、もっと厳しいとされ、このままでは停電の可能性もあります。

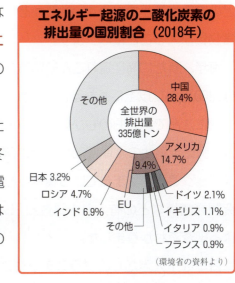

エネルギー起源の二酸化炭素の排出量の国別割合（2018年）
（環境省の資料より）

4 「プラスチック資源循環促進法」が成立

小学生に知っておいてほしいニュース TOP20　第7位

海の汚染や生物への被害を食い止めるには、プラスチックごみのさらなる削減が必要

海岸で特定非営利活動法人（NPO）のメンバーらが拾い集めたプラスチックごみ（2019年10月、神奈川県平塚市で）

最近では、プラスチックごみによる海の汚染が世界的に大きな問題になり、プラスチック製のレジ袋やストローを禁止したり有料化したりする動きが広がっています。日本でも2020年7月から、**レジ袋は希望者だけに有料で販売**されることになりましたが、これにより、レジ袋を断る人の割合が大幅に上がったようです。2021年6月には**「プラスチック資源循環促進法」**が新たに成立しました。2022年4月に施行されれば、プラスチック製のスプーン、フォーク、ストローなども有料化される可能性があります。

プラスチック製のスプーンやストローも有料化か

　石油からつくられたプラスチック製品は分解されにくいため、ごみとして捨てられると川などを経て、最終的には海に流れこみます。そのため、ごみをえさと間違えて食べてしまったり、ごみにからまったりして命を落とす海の生物が後を絶ちません。

　また、プラスチックが波や紫外線などで風化し、細かく砕かれて、大きさが5㎜以下の粒になったものを「マイクロプラスチック」といいます。これが世界中の海から検出されています。マイクロプラスチックそのものは、健康に大きな害はないとされていますが、発がん性のあるポリ塩化ビフェニル（PCB）などの有害物質がつきやすい性質があります。それを食べた魚介類を人間が食べると、人間の体内にも有害物質が入ることになります。

　毎年、新たに海に流れこんでいるプラスチックごみは、800万トン以上にもなるといわれています。深い海の底に沈んでいるものもかなりあるようです。たとえば、房総半島沖の水深6000m付近の深海底にも、プラスチックごみが集まっている場所があることが海洋研究開発機構などの有人潜水調査船「しんかい6500」による調査でわかりました。

　日本は1人当たりのプラスチックごみの排出量が、

捨てられたプラスチックごみのゆくえ

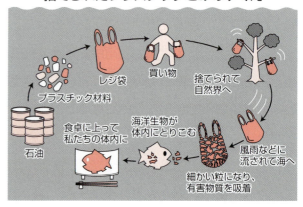

アメリカに次いで世界で2番目に多いといわれるほどのプラスチック大国です。しかし、使用済みのプラスチックを適切に処理するにはお金がかかります。そこで、これまでは、プラスチックごみを再利用できる資源だとして、中国や東南アジア諸国に「輸出」してきました。しかし、そのような国々でも廃プラスチックの輸入が規制されるようになったことに加え、2021年からは、有害廃棄物の国境を越える移動及び処分を規制するバーゼル条約で、新たに「汚れたプラスチックごみ」も規制の対象になりました。外国に押しつけることは、もはや許されなくなったのです。

こうした問題を解決するには、使い捨てにされがちなプラスチックの使用量そのものを減らすしかありません。そこで、容器包装リサイクル法の省令（各省が出す命令）が改正され、2020年7月1日から、全国でレジ袋の有料化が義務づけられたというわけです。ただし、繰り返し使える厚い袋、微生物のはたらきで分解される「海洋生分解性プラスチック」を使った袋、生物に由来するバイオマス素材を25%以上使った袋は例外として、無料で配ってもよいものとされています。

もっとも、日本で1年間に出るプラスチックごみ約900万トンのうち、レジ袋の占める割合は、約2%にすぎません。レジ袋の有料化は、プラスチックごみを減らすことが目的というよりは、まずは消費者に意識と行動を変えてもらうことがねらいだったともいえます。環境省が15～79歳の男女を対象にインターネットで調査した結果、最近1週間以内にレジ袋をもらったと答えた人は、2020年3月には約7割いましたが、2020年11月には約3割になっており、一定の効果はあったといえます。

さらに、2021年6月には「プラスチック資源循環促進法」が成立しました。市区町村に対しては、家庭から出る食品トレーやおもちゃなどのプラスチックごみをまとめて回収するよう求め、コンビニエンスストアや飲食店に対しては、プラスチック製のスプーン、フォーク、ストローを有料化するか、受け取りを断った人にポイントを還元するなどして、その使用を減らすように努力することを求めています。

マスクが海の生物をおびやかす？

新型コロナウイルス感染症が世界的に広がる直前には、各国でプラスチックのレジ袋やストローなどを使わないようにする動きが広がっていました。ところが、新型コロナウイルス感染症が広がると、海外では衛生上の理由から、エコバッグ（マイバッグ）を禁止して、レジ袋を復活させる動きもありました。また、外出の禁止・自粛により通信販売の利用が多くなった、飲食店内で食事するのではなく持ち帰って食べることが増えたなどの理由で、プラスチックの容器包装ごみも増加傾向にあるようです。

それに加えて、感染防止のためのマスクや手袋などもごみになっています。布製のマスクより、使い捨ての不織布のマスクが推奨されることが多いようですが、不織布というのは、ポリエチレンなどの石油由来の化学繊維からできています。つまり、プラスチックなのです。道端に捨てられたマスクが落ちているのを、よく見かけるようになりましたが、これらも海に流れこめば、マイクロプラスチックを増やすことにつながります。また、マスクにはひもがついているので、それがからまって命を落とす海の生物もいるようです。マスクがレジ袋と同じ問題を引き起こしているのです。

5 「避難勧告」と「避難指示」を一本化

小学生に知っておいてほしいニュース TOP20　第11位

「空振り」を恐れて慎重になりすぎると、避難指示のないまま重大な災害発生も

静岡県熱海市の伊豆山地区で発生し、多くの住宅を一瞬にしてのみこんだ土石流（7月5日撮影）

　これまでは、大雨などの災害のとき、市区町村が住民に避難を促すために出す情報には、「避難勧告」と「避難指示」とがありました。しかし、住民には違いがわかりにくく、逃げ遅れるケースがあったため、2021年5月20日からは「避難指示」に一本化されました。ところが、それから間もない7月3日には、静岡県熱海市で、避難指示が出ていなかったにもかかわらず土石流が発生し、多くの住民が巻きこまれて亡くなりました。新たな情報の出し方にも問題点があることがわかり、早くも課題を残したといえます。

 ## 高齢者等は「レベル3」でも避難

　住民がとるべき行動によって5段階の危険度に分類されている「大雨・洪水警戒レベル」が「レベル4」のときに、市区町村から出されていたのが「避難勧告」と「避難指示」です。より強く避難を促していたのは「避難指示」のほうでしたが、どう違うのか、どちらがより危険な状態なのか、一般の住民にも周知徹底されていたとはいえません。「避難指示」は2016年から、「避難指示（緊急）」というように、「緊急」をつけて発表されるようになりましたが、それでも逃げ遅れるケースがあったとして、2021年4月、災害対策基本法が改正されました。これにより5月20日から、「避難勧告」と「避難指示（緊急）」が「避難指示」に一本化されました。「避難指示」が出たら、危険な場所からは全員が避難しなければなりません。

　最近の災害では、死者の大半が65歳以上の高齢者であることが多く、こうした「災害弱者」をどう守るかが課題になっています。しかし、体の弱った高齢者や障害者は、避難するのに時間がかかり、避難指示が出てからでは間に合わないおそれもあります。そのため、災害が発生しそうなときは、一般の人より早い「レベル3」の段階で避難を始めるべきだとされています。その情報の表現も、これまでは「避難準備・高齢者等避難開始」だったのが、「高齢者等避難」という、より直接的なものに改められました。

　一方、避難指示が出る「レベル4」よりさらに危険度が高く、すでに災害が発生している可能性がある「レベル5」の場合の情報の名称も、「災害発生情報」から「緊急安全確保」に変更されました。この段階では、無理に避難所などに移動しようとするとかえって危険な場合もあるため、必ずしもそれがベストな選択肢とはいえません。まずは今いる場所で、命を守る行動をとることが求められます。同じ家の中で

大雨・洪水警戒レベルと各情報の対応

		市区町村が発表する情報の名称		住民がとるべき行動
		法改正前	法改正後	
↑高 危険度 低↓	警戒レベル5	災害発生情報	緊急安全確保	まだ避難できていない場合、その場で命を守るための最善の行動
	警戒レベル4	避難勧告、避難指示(緊急)	避難指示	危険な場所からは全員が避難
	警戒レベル3	避難準備・高齢者等避難開始	高齢者等避難	高齢者・障害者・乳幼児などとその支援者は避難、他の住民は避難準備
	警戒レベル2	―	―	ハザードマップなどを見て避難行動の確認
	警戒レベル1	―	―	情報を集め、心構えを高める

(内閣府や気象庁のホームページより作成)

あっても、「2階以上に上がる」「がけや急斜面とは離れた部屋に移動する」などです。

静岡県熱海市で土石流

　このところ、梅雨の後半の7月には、毎年のように大雨による重大な災害が発生しています。2021年には、長時間降り続いた雨の影響で、7月3日午前10時半ごろ、**静岡県熱海市**の中心より北側の伊豆山地区で**土石流**が発生しました。土石流は、住宅や車などを巻きこみながら、時速40kmほどの速さで流れ下り、東海道新幹線や東海道本線の高架の下を通って海にまで達しました。約130棟の建物が被害を受け、死者・行方不明者は27人に上っています。

　熱海市のあたりは、山が海の近くまでせまっており、その急傾斜地を開発して別荘などがつくられています。その山から流れ出す川は短く急流で、数kmで海に出てしまいます。そのような川の谷筋の1つで土石流は発生しましたが、その起点の近くには、大量の「盛り土」がされていました。崩れた約5万5000m³の土砂のほとんどが盛り土だったとみられますが、そうだとすれば「人災」の側面が強いといえます。

　しかし、土石流が発生したとき、熱海市から避難指示は出ていませんでした。雨が長時間降り続いてはいたものの、非常に激しい雨が短時間で降ったわけではなかったからです。そのため今回は、避難勧告と避難指示を一本化したことが裏目に出たのではないかという指摘もあります。これまで市区町村は、判断が難しいときは、とりあえず避難勧告を出しておいて、さらに危険になったら、避難指示に切り替えるという対応をしていました。それができなくなり、避難指示を出したら、もうあとがなくなったのです。

　避難指示を出しても、ほとんど被害がなかった「空振り」が繰り返されると、住民は避難指示が出ても避難しなくなります。だから、安易には出せず、慎重にならざるをえないのです。そんなこと

熱海市の位置と土石流の流れ

もあって市区町村が避難指示を出さずにいるうちに、重大な災害が発生してしまうということもありえます。

　だからこそ、自分の住んでいる地域の安全性については調べて、知識を持っておく必要があります。土砂災害は同じ場所で繰り返し発生します。過去に土石流が起こったことのある地域では、これからも起こる可能性があるということです。

　市区町村では、管内の浸水や土砂災害の危険性がある地域や避難場所などを示した「ハザードマップ」を作成し、住民に配るようになっています。ホームページで見ることができるところも多いので、一度は確認しておきましょう。

「特別警報」が出された日に、気象庁のホームページがつながりにくい状態に

　「○○注意報」「○○警報」などは、市区町村ではなく、気象庁から発表される情報です。2013年には、「警報」のさらに上に、「特別警報」が新設されました。その地域で数十年に一度しかないような極端な気象現象により、災害が発生する危険が迫っているときに出され、「ただちに命を守る行動をとってください」と呼びかけられます。大雨・洪水警戒レベルでは「レベル5」に相当するといえます。

　2021年には、8月中旬のお盆の期間に、南から暖かく湿った空気が流れこんで各地に「線状降水帯」が形成され、全国的に大雨が降りました。8月14日には、広島県、福岡県、佐賀県、長崎県の4県に「大雨特別警報」が出されましたが、その日の午後、気象庁のホームページが一時つながりにくくなるというできごとがありました。

　気象庁のホームページでわかることは、天気予報や注意報・警報発令の有無だけではありません。現在・過去の各地の天気、気温、降水量などのデータ、気象に関するさまざまな記録について、膨大な情報があります。最近の目立った気象現象について、気象庁はどういう見方をしているのか、異常気象ととらえているのかどうかもわかります。最も頼れる情報源で、いわば「命綱」といってもよいでしょう。

　ところが、この8月14日午後には、そんな気象庁ホームページを見ることが一時、難しくなったのです。非常に多くの人が情報を得ようとして、アクセスが集中したためとみられます。

　なお、この8月中旬の大雨について、気象庁は「地球温暖化の影響で大気中の水蒸気量が増え、これまでにない雨量が各地で観測される可能性が高まっている。真夏で太平洋高気圧におおわれていなければならない時期に梅雨後半のような大気の流れになったことは異常気象とみなせる」としています。

特別警報の種類と発表基準		
現象の種類	基　　準	
大雨	台風や集中豪雨により数十年に一度の降雨量となる大雨が予想される場合	
暴風	数十年に一度の強度の台風や同程度の温帯低気圧により	暴風が吹くと予想される場合
高潮		高潮になると予想される場合
波浪		高波になると予想される場合
暴風雪		雪を伴う暴風が吹くと予想される場合
大雪	数十年に一度の降雪量となる大雪が予想される場合	
津波	高いところで3メートルを超える津波が予想される場合〔大津波警報を特別警報に位置づける〕	
火山噴火	居住地域に重大な被害を及ぼす噴火が予想される場合〔噴火警報（居住地域）を特別警報に位置づける〕	
地震（地震動）	震度6弱以上の大きさの地震動が予想される場合〔緊急地震速報（震度6弱以上）を特別警報に位置づける〕	

（気象庁ホームページより）

第3章 国際社会の動き

ひと目でわかる時事イラスト	84
みんなで話し合ってみよう！ 世界で起きていることにも関心を持とう	85
1 中国とどうつきあうか？	86
2 アメリカでバイデン大統領が就任	90
3 イギリスがEUから完全に離脱	92
4 核兵器禁止条約が発効	94
5 ミャンマーで国軍がクーデター	96
もっと知りたい 国際社会のトピックス	98

ひと目でわかる 時事イラスト

その3 海外編

史上最高齢の78歳で就任
アメリカ　バイデン大統領

女性の副大統領も、白人でない副大統領も初めて
ハリス副大統領

新大統領の就任式にも出席せず、ホワイトハウスを去る
トランプ前大統領

北京での冬季オリンピック・パラリンピックをひかえた
中国　習近平国家主席

EUから完全離脱　TPPへの参加を申請
G7サミットを対面で開催
新型コロナによる経済活動の規制をなくす
イギリス　ジョンソン首相

2022年の大統領選挙で再選をめざす
フランス　マクロン大統領

7月には西部で大雨による洪水
9月に総選挙、16年ぶりに首相交代へ
ドイツ　メルケル首相

東京でも国としてのオリンピック・パラリンピック参加が認められず
バイデン大統領と首脳会談
ロシア　プーチン大統領

2022年からの5年間も引き続き務めることが決定
グテレス国連事務総長

世界保健機関（WHO）テドロス事務局長

ミャンマーで国軍がクーデター
アウンサンスーチー国家顧問らを拘束

第3章　国際社会の動き

みんなで話し合ってみよう！
「世界で起きていることにも関心を持とう」

最近の日本人は「内向き」になっているともいわれているけれど、君たちは、外国で起きていることにも関心を持っているかな。例えば、権力者が国民の自由の制限を強化しつつある国もあるようだけど、どう思う？

民主主義がしっかり守られている国のほうが、むしろ少ないと知ってショックでした。

身の安全のためには、言いたいことが言えなかったり、逆に心にもないことを言わなければならなかったりする国もあるようですね。

それが世界の現実で、目をそむけたくなるけれど、そういう国とも付き合っていかなければならないのだから、何も知らなくていいということはないよ。自分の頭で考え、判断するための材料は集めておくべきじゃないかな。世界で起きているできごとに関心を持っていなければ、例えば、子どもを酷使する児童労働でつくられた製品を、それと知らずに買ってしまうかもしれないよね。

いつの間にか自分も加害者の一人になっているということね。

地球の環境に大きな負担をかけてつくられている製品も多いよ。選択の余地があるならば、そうでない製品を選んだほうがいいかもしれないね。

そんなちょっとしたことの積み重ねで、世界は良くもなれば、悪くもなるということですね。でも、どういう基準で自分の行動を決めればいいのか、知識がないとまったくわからない……。

だからこそ、ぼくたちは学び続けなければならないんですね。

その通り。それに学ぶ目的は、知識を増やすためだけじゃないよ。世の中の多数派の意見にただ流されるだけになったり、他人の意見を認めず、自分の意見を一方的に押しつけたりしない人間になるためでもあるよ。

世界には、いろいろな考えの人がいますからね。このごろよく聞くのは「多様性」を尊重することが大事ってことかな。

いいことを言うね。君たちは将来、性別、国籍、人種、言語、宗教などが異なる人と一緒に仕事をすることも多くなる。それができる人間になるには、今のうちから、自分とは違ったタイプの人とも接するようにすべきじゃないかな。

1 中国とどうつきあうか？

小学生に知っておいてほしいニュース TOP20　第18位

少数民族を抑圧し、香港の「一国二制度」を骨抜きに。欧米諸国は非難を強めている

政府の批判を続けてきた香港の日刊新聞「リンゴ日報」は、幹部の逮捕などにより廃刊に追い込まれた。その最後の号を買うために列を作る人々（6月24日）

中華人民共和国（中国）は、現在ではアメリカに次いで、**世界で2番目の経済力**を誇る国になっています。しかし、政治的には**中国共産党による事実上の一党独裁体制**が続き、**ウイグル族**などの少数民族を抑圧しているほか、香港の「**一国二制度**」も形だけのものにしてしまいました。こうした動きを受けて、欧米諸国は中国に対し、人権や自由を尊重して、世界のルールを守るよう強く求めていますが、中国は反発しています。そんな中国と、これからどうつきあっていけばいいのかを考えることは、日本にとっても、最も重要な課題の1つです。

ウイグル族などの少数民族を抑圧

人口が約14億人の中国には、56の民族があるとされていますが、圧倒的に多いのは**漢族**で、90％以上を占めます。残り55の少数民族の中でも比較的数が多いのは、**チベット族、ウイグル族、モンゴル族**などです。このうちウイグル族は、おもに北西部の**新疆ウイグル自治区**に住んでいます。自治区の面積は160万km²を超え、日本の4倍以上もありますが、大部分がタクラマカン砂漠などの乾燥地帯です。そのため人口は、日本の約5分の1の2500万人ほどです。

ウイグル族は、トルコ語に似たウイグル語を話し、ほとんどが**イスラム教徒**です。しかし、近年では漢族の新疆ウイグル自治区への移住が進んでいるので、ウイグル族と漢族の住民が、同じくらいの数になっています。また、中国政府は、ウイグル族を施設に収容して「再教育」をするなどして、民族の文化や宗教を捨てさせようともしています。そのような施設では、ウイグル族が強制的に働かされている疑いもあります。

新疆ウイグル自治区などの位置

86

アメリカやヨーロッパ諸国は、これは一種の「ジェノサイド」ではないかと強く非難しています。ジェノサイドとは、ある民族を絶滅させようとすることで、第二次世界大戦中、ナチス・ドイツがユダヤ人に対して行ったことはジェノサイドの例です。しかし、直接殺すことだけがジェノサイドではありません。「他の地域に強制的に移住させて、同じ民族どうしで結婚させないようにする」ことなども、国際的に認められた「ジェノサイド」の定義に当てはまります。新疆ウイグル自治区では、こうしたことが行われている疑いがあるのです。

抑圧されているのはウイグル族だけではありません。チベット自治区などに住むチベット族は、ほとんどがチベット仏教を信じていますが、宗教活動が厳しく制限されています。そのため、チベット仏教のトップであるダライ・ラマ14世は1959年にインドに逃れ、現在に至っています。

さらに、内モンゴル自治区に住むモンゴル族への抑圧も強まっています。たとえば、モンゴル語での教育が禁止され、中国語を使うよう強制されているといわれています。

「新疆綿」はもう使えない？

新疆ウイグル自治区でさかんな産業に、綿花の栽培があります。世界の綿花の約2割が中国産ですが、そのほとんどが新疆ウイグル自治区で生産されている「新疆綿」だといわれています。つまり、中国製の衣類の中には、ウイグル族を強制的に働かせて生産されたものが含まれている可能性があるということです。

それでも新疆綿を使い続ける企業は、欧米諸国からは、ウイグル族の抑圧に加担しているとみなされて制裁の対象になり、欧米に商品を輸出することはできなくなる可能性があります。そうかといって、新疆綿を使うのをやめれば、中国から制裁され、中国での販売が不可能になるおそれがあります。企業は板挟みになって、難しい判断を迫られています。

香港の「一国二制度」は形だけのものに

イギリスの植民地だった香港は、1997年に中国に返還され、「特別行政区」になりました。その際、香港では返還後も50年間は中国本土のような社会主義を行わず、資本主義を維持するとされました。1つの国の中に2つの異なる制度があるということで、これを「一国二制度」といいます。また、香港人自身が香港を統治するとされました。中国本土では、言論の自由や集会の自由が制限されていますが、香港では、それまで通りの自由を認めるとも約束しました。

ところが、中国政府は50年も待たずに、香港の自由を少しずつ奪い、締めつけを強めていきました。2020年には、香港国家安全維持法が制定され、施行されました。香港でもそれ以外の場所でも、また、香港人であってもそうでなくても、中国政府や中国共産党を批判したり、香港の独立を主張したりすると、この法律に触れることになるようです。外国人であっても、香港の独立運動などを支援する活動をしていた人物は、中国に入国すると逮捕されるおそれがあります。

2021年には、香港の選挙制度が変更されることが決まりました。香港の立法議会自体がなくなるわけではありませんが、その立候補者が「愛国的」な人物であるかどうかを事前に審査し、愛国的でないとわかった場合は立候補を認めないというものです。「愛国的」というのは、中国政府と中国共産党を批判しない、逆らわないということにほかなりません。これで、「一国二制度」は完全に形だけのものになってしまったといえます。現に、2021年6月には、中国に批判的な記事を載せていた新聞社の幹部らが香港国家安全維持法違反で逮捕され、新聞は発行できなくなりました。

　こうした新疆ウイグル自治区と香港での人権侵害に対して、2021年4月に菅首相(当時)とバイデン大統領が話し合った日米首脳会談では、「深刻な懸念を共有する」と共同声明に明記しました。6月にイギリスで開かれた**主要7か国首脳会議(G7サミット)**でも、中国に対し、新疆ウイグル自治区と香港で人権と自由を尊重することを求めました。

「台湾海峡の平和と安定」の重要性を確認

　中華人民共和国は現在も、中国共産党による事実上の一党独裁体制です。国民は選挙で政権を選ぶことができません。共産党という組織の中で出世し、トップに上り詰めた人物が、国のトップである国家主席(大統領に当たる)になります。**習近平氏**もこうして国家主席になりました。

　かつては、中国も経済的に豊かになれば、政治的にもいずれは民主化されるだろうと、楽観的に考えられていましたが、そうはなりませんでした。中国は2010年に、国内総生産(GDP)が日本を抜いて、世界第2位になりました。現時点では、日本の3倍近くにもなっており、2030年ごろまでにはアメリカも抜いて、世界一になるとみられます。それに見合うだけの軍事力も強化されつつあります。

2021年7月1日に北京で行われた中国共産党創立100周年祝賀大会で演説する習近平国家主席

　中国は台湾に対しても「一国二制度」による統一を呼びかけていますが、台湾側は拒否しています。中華人民共和国と台湾とは、「中国」という1つの国の枠組みの中に、2つの政権があって、どちらが正統な政府であるかを争っている状態といえます。その台湾でも、以前は国民党による独裁政治が行われていましたが、現在は民主化され、選挙による政権交代が起こるようになりました。現在の総統(大統領に当たる)は民主進歩党の**蔡英文氏**です。民主進歩党は国民党に比べると、中国本土とは距離を置こうとする傾向にあるため、国民党政権時代より、中国政府との関係は悪化しています。

　こうした状況なので、アメリカは、中国と台湾との武力紛争が発生することがありうると危機感をつのらせています。このため、2021年4月

2021年1月1日、新年にあたっての演説を行った台湾の蔡英文総統

の日米首脳会談でも、また、6月のG7サミットでも、「台湾海峡の平和と安定」の重要性が、繰り返し確認され、合意文書に明記されました。中国が、事実上独立した台湾の現在の状態を変更することは許さないという強いメッセージを送ったのです。

中国の海洋進出にも警戒

中国は、最近では海洋への進出を強めています。中国が面している海は、東が黄海と東シナ海、南が南シナ海です。このうち南シナ海については、その全体が中国のものだと主張し、他の沿岸国と摩擦を起こしています。特に南沙諸島の領有権をめぐっては、ベトナム、フィリピンなどと激しく対立しています。南沙諸島には、干潮のときも海面に姿を現すことのない暗礁が多くありますが、中国はそんな暗礁のうちのいくつかを埋め立てて、飛行機が発着できる人工島もつくってしまいました。しかし、そのような人工島は国際法上、中国の領土だとは認められません。

中国は東シナ海にも進出しています。沖縄県石垣市に属する日本の領土である尖閣諸島付近の日本の領海には、毎日のように中国の船が侵入している状態です。

地図を見ると、台湾は南シナ海と東シナ海をつなぐ要の位置にあることがわかります。だからこそ中国は、ぜひとも手に入れたいのです。もしそれが現実になれば、中国の海洋進出はさらに加速するでしょう。このままでは、インド洋や太平洋は中国の支配する海になり、中国と対立する国は自由に航行することも難しくなるかもしれません。そんな危機感から、日本、アメリカ、オーストラリア、インドの4か国は、「自由で開かれたインド太平洋」ということばを使って、それを守り抜こうとしています。この4か国は「クアッド」といわれますが、「クアッド」とは「4つの」という意味です。2021年9月24日には、その首脳会議がアメリカのホワイトハウスで対面で開かれました。

インドを含めるのは、中国とは異なり、選挙による政権交代がありうる国だからです。価値観を共有できる民主主義国家が団結して、中国の思い通りにはさせない、「力による現状変更」は許さないという姿勢を見せているのです。この「クアッド」にはイギリスやフランスも、空母を派遣するなどして協力しています。インド洋や太平洋には、今もイギリス領、フランス領の島があり、地域に利害関係を持つ国だからです。

2 アメリカでバイデン大統領が就任

小学生に知っておいてほしいニュース TOP20　第6位

民主党が政権を奪回。副大統領には女性として初めて、カマラ・ハリス氏が就任

1月20日、連邦議会議事堂前で就任演説をするバイデン大統領（左）とハリス副大統領（右）

2020年11月3日、**アメリカ大統領選挙**の一般国民による投票が行われました。**ジョー・バイデン氏（民主党）**が、再選をめざしていた現職の**ドナルド・トランプ氏（共和党）**を破ったと思われましたが、まれにみる大接戦だったため、トランプ氏は選挙に不正があったとして、なかなか敗北を認めませんでした。それでも2021年1月6～7日、連邦議会議事堂での上下両院合同会議で、バイデン氏が当選したという結果が確定し、1月20日、**バイデン氏が大統領に、カマラ・ハリス氏が副大統領に**、それぞれ就任しました。

就任初日にパリ協定への復帰を表明

　アメリカの二大政党は民主党と共和党です。他にも政党はありますが、大統領選挙は事実上、この二大政党の候補者の一騎打ちになります。民主党は人権を重視し、税金などの負担を多少重くしても、福祉を充実させようとする傾向があります。そのため、民主党支持者には白人以外の有色人種が多いのです。一方、共和党は、政府に干渉されない自由や、伝統的な価値観をより重視する傾向があります。北東部や西海岸の都市部では民主党が強く、それ以外の地域では共和党が強いといえます。

　2020年11月3日に行われた一般有権者による投票では、バイデン氏とトランプ氏のどちらが勝ったのかわかるまでに、かなりの時間がかかるほどの大接戦になった州がいくつもありました。そのような州の結果が少し変わっただけでも、全体の結果がひっくり返る可能性があったため、トランプ氏は選挙に不正があったと主張して、負けを認めようとしませんでした。

　実は、当選者は一般の有権者の投票結果で決まるのではありません。一般有権者の投票は、あくまでも「大統領を選挙する人」を選ぶためのもので、12月14日には、その大統領選挙人による投票が各州で行われました。

　そして、2021年1月6日には、首都のワシントンD.C.にある連邦議会議事堂で、バイデン氏が当選したという、大統領選挙人による投票結果を確定させるための上下両院合同会議が開かれました。ところが、この会議にトランプ氏の支持者らが乱入し、議事が長時間中断しました。アメリカ民主主義の歴史を傷つけたともいえます。

第3章 国際社会の動き

トランプ前大統領はアメリカの利害を最優先する「アメリカ・ファースト」をかかげ、温暖化防止をはじめとする国際的な取り組みには非協力的でした。2020年には、パリ協定から脱退したほか、世界保健機関（WHO）からも脱退すると表明しました。しかし、国際協調路線をとるバイデン大統領は1月20日の就任初日にパリ協定への復帰を表明し、世界保健機関（WHO）からの脱退も取り消しました。パリ協定には、その30日後の2月19日に正式に復帰しました。

2020年のアメリカ大統領選挙の最終結果

	ジョー・バイデン（民主党）	ドナルド・トランプ（共和党）
一般有権者の得票数	約8128万票	約7422万票
獲得選挙人数	306	232
勝利した主な州	カリフォルニア州（選挙人数55） ニューヨーク州（選挙人数29）	テキサス州（選挙人数38） フロリダ州（選挙人数29）

結果は一般有権者の得票数によってではなく、獲得選挙人数によって決まる。州別の選挙人数はその州の人口によって異なる。ある州で1票でも多くの票を獲得した方が、その州の選挙人をすべて獲得する（メーン州とネブラスカ州を除く）。

たとえば、カリフォルニア州では、1票差で勝っても大差で圧勝しても、獲得選挙人数は55で変わらない。ということは、大差で圧勝した州がいくら多くても、わずかな票の差で敗れた州も多ければ、一般有権者の得票数では上回っても、獲得選挙人数では下回り、敗れることがありうる。

カリフォルニア州やニューヨーク州では民主党が強いが、テキサス州では共和党が強い。フロリダ州では両党の勢力が同じくらいで、このような州（スイング・ステート）でどちらが勝つかによって全体の結果が左右される。

副大統領には女性のカマラ・ハリス氏

バイデン氏は1942年生まれです。上院議員を36年間も務め、オバマ大統領（在職2009～17年）の時代には副大統領を務めていました。政治家としての経験がまったくなかったトランプ氏とは異なり、半世紀近くものキャリアがありますが、それだけに高齢です。歴代のアメリカ大統領の中で、1期目の就任時に最も高齢だったのは、これまではトランプ氏の70歳でしたが、バイデン氏はそれを大きく上回る78歳での就任となりました。

アメリカ大統領の任期は4年で、再選されれば、2期8年まで務めることができますが、3選は認められません。しかし、バイデン氏の場合は、1期目を無事に終えられるか、健康面での不安があるのも事実です。もし大統領が任期途中で死亡・辞職したときは、副大統領が昇格して大統領になります。

今回、副大統領に就任したのは、女性のカマラ・ハリス氏です。民主党や共和党が女性の副大統領候補者を立てたことは以前にもありましたが、就任したのは初めてです。また、ハリス副大統領の父はカリブ海の島国ジャマイカからの移民でアフリカ系、母はインドからの移民です。白人ではない副大統領も初めてです。

大統領選挙で一般の有権者は、「大統領候補者と副大統領候補者のペア」に投票するともいえます。民主党・共和党の大統領・副大統領候補者はそれぞれの党大会で選ばれますが、副大統領候補者は、事実上は大統領候補者が決めます。大統領候補者は、自分にない要素を持っている人物、たとえば出身地などが異なる人物を選ぼうとする傾向にあります。そうした方がより幅広い層の票を集められるからです。バイデン氏は自分とは性別、人種とも異なる人物を選んだということです。

3 イギリスがEUから完全に離脱

TPP11への参加を申請し、アジア太平洋の国々との結びつきを再び強めようとしている

2020年12月31日の「移行期間」終了直前、ドーバー海峡をイギリス側からフランス側に渡るフェリーに「かけこみ」で乗船しようとする大型トラックの列が続いた

2020年1月31日、**イギリスはヨーロッパ連合（EU）からついに離脱**しました。その後は、これまでの両者の関係を大きくは変えない「移行期間」となりましたが、それも2020年12月31日に終わりました。2021年1月1日からは、日本とイギリスとの間で**関税**を引き下げ、貿易の自由化を進める**経済連携協定（EPA）**が発効しました。そして2月1日、イギリスは日本など太平洋を取り巻く11か国が参加するEPAの一種である**「環太平洋パートナーシップ協定（TPP11）」**への参加を正式に申請しました。

国民投票で「離脱」を選択

　EUというのは、小さな国が集まっているヨーロッパを経済的に1つの国のようにするための組織です。加盟国どうしの間では、人、物、お金の移動は原則として自由であり、他の加盟国と貿易をしても**関税**はかからないなど、さまざまなメリットがありますが、デメリットもあります。たとえば、他の加盟国からの**移民**を拒否することはできません。そのためイギリスの労働者は、東ヨーロッパ諸国などからの移民に自分たちの仕事が奪われるという不満をつのらせていました。また、何でもEU共通のルールにしばられ、自国のことが自分たちで決められないという不満もありました。

　こうした不満を抑えるため、当時のキャメロン首相は2016年6月に国民投票を実施して「残留」という結論を出そうとしましたが、「離脱」が約52％という思いがけない結果が出てしまい、本当にEUから離脱しなければならなくなったのです。その後も、たとえ離脱してもそれまで通りEU諸国と関税なしで貿易ができるような協定を結ぶか

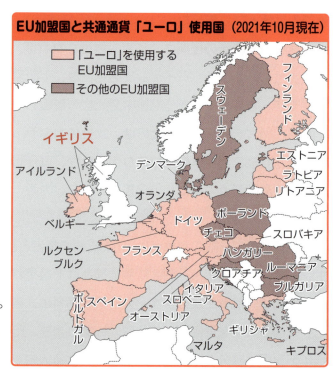

EU加盟国と共通通貨「ユーロ」使用国（2021年10月現在）

どうかをめぐって、イギリス国内で対立があったため、イギリス政府がEUとの間で合意した、離脱後の両者の関係のあり方を定めた「離脱協定案」は下院で何度も否決されました。双方が合意した離脱協定がないまま「合意なき離脱」をしてしまうと大混乱が予想されたため、予定されていた離脱の時期は何度か延期されました。2019年12月の総選挙の結果、ジョンソン首相の与党の保守党が勝利して、下院で離脱協定が可決されたため、2020年1月31日、ようやく離脱が実現したのです。12月31日に移行期間が終了した後は、イギリスとEU加盟国との間を行き来する物もチェックされるようになりました。

イギリスがTPP11への参加を申請

日本とEUとのEPAは2019年2月に発効しましたが、イギリスのEU離脱後は当然、イギリスには適用されなくなります。そのため、日本とイギリスとのEPAが必要になりました。その協定は2020年10月に署名され、2021年1月1日に発効しました。日本から輸出する自動車の関税を引き下げていき、数年後にはゼロにするなど、EUとのEPAと、ほぼ同じような内容です。

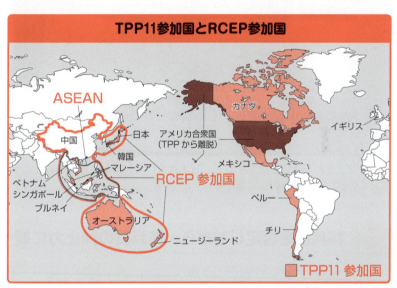

イギリスにとっては、EUから離脱した後、世界のどのグループにも入れず、孤立することは避けなければなりませんでした。そこで、目を向けたのが、かつてイギリスの植民地だった国々です。ヨーロッパの国であるイギリスが、太平洋を取り巻く国のグループであるTPP11に入ることを希望するのは、意外な感じがしますが、TPP11の11か国のうち、6か国（マレーシア、シンガポール、ブルネイ、カナダ、オーストラリア、ニュージーランド）はイギリスの植民地や自治領だった歴史があるということを考えると、イギリスそのものが入っても、それほど不自然ではないともいえます。

イギリスが加われば、TPP参加国の人口の合計は約5億7000万人になります。EU加盟国の人口の合計は、イギリスを含めて約5億人だったので、それを上回ることになります。また、国内総生産（GDP）の合計は約14兆ドル（世界の約13％）になり、これもEUの約15兆ドル（世界の約16％）に迫る規模です。

なお、2021年9月には、中国と台湾が相次いでTPP11への参加を申請したと発表しました。しかし、国有企業を優遇することはTPPのルールに反するため、現状では中国の参加は難しいとみられます。

一方で、中国を含む枠組みもあります。2020年11月には、**日本、中国、韓国、東南アジア諸国連合（ASEAN）の10か国、オーストラリア、ニュージーランドが参加する「地域的な包括的経済連携（RCEP）」**協定の署名式が行われました。中国に匹敵する人口大国のインドは最終的に交渉から離脱しましたが、それでも世界の人口とGDPのそれぞれ約3割を占める巨大な経済圏になります。

4 核兵器禁止条約が発効

小学生に知っておいてほしいニュース TOP20 第15位

核保有国やその同盟国は参加せず。唯一の戦争被爆国である日本も不参加

2017年7月、国際連合(国連)総会では、**核兵器の開発・製造・保有・使用**はもちろん、使うぞという脅しも禁止した「**核兵器禁止条約**」が採択されました。2020年10月24日には、この条約を批准(最終的に認めること)した国が50か国に達したため、90日後の2021年1月22日に発効しました。しかし、**アメリカ、ロシア、イギリス、フランス、中国の5つの核保有国**や、事実上の核保有国とされる**北朝鮮、インド、パキスタン、イスラエル**は参加していません。さらに、**日本を含め、核保有国の同盟国も不参加**です。

核兵器禁止条約が発効した1月22日、日本政府に対し、条約を批准するよう求めてデモを行う被爆者ら(広島市で)

核兵器を否定しながら、核兵器の抑止力に頼っている日本

太平洋戦争でアメリカに、広島と長崎に原子爆弾を落とされた日本は、**唯一の戦争被爆国**です(核実験による被ばく国は多数ある)。そのため、核兵器を「**持たず、つくらず、持ちこませず**」の**非核三原則**を堅持するというのが政府の公式な立場です。それにもかかわらず、日本はこの条約の交渉に参加せず、

核兵器の歴史

1945年	アメリカが初の核実験。広島市と長崎市に原子爆弾(原爆)を投下
1949年	ソビエト連邦(ソ連)が初の核実験
1952年	イギリスが初の核実験
1954年	ビキニ環礁でのアメリカの水素爆弾(水爆)実験により、日本の漁船「**第五福竜丸**」が被ばく
1960年	フランスが初の核実験
1963年	アメリカ、ソ連、イギリスが**部分的核実験禁止条約**に調印。大気圏内、宇宙空間、水中での核実験を禁止したが、地下での核実験は禁止せず
1964年	中国が初の核実験(東京オリンピックの期間中だった)
1967年	佐藤栄作首相が、核兵器を「**持たず、つくらず、持ちこませず**」という**非核三原則**を表明する
1968年	**核拡散防止条約(NPT)**が調印(1970年発効)。アメリカ、ソ連(現在はロシア)、イギリス、フランス、中国以外の核兵器保有を禁止
1974年	インドが初の核実験
1996年	**包括的核実験禁止条約(CTBT)**を国連総会で採択(未発効)。地下での核実験を含め、核爆発をともなうすべての核実験を禁止
1998年	インドとパキスタンが核実験
2006年	北朝鮮が初の核実験
2009年	アメリカのオバマ大統領がチェコの首都プラハで「核兵器を戦争で使用したことのある唯一の国であるアメリカは、核兵器を廃絶するために行動する道義的な責任がある」と演説
2016年	**オバマ大統領が広島市を訪問**。アメリカの現職大統領の被爆地訪問は史上初めて
2017年	**核兵器禁止条約**を国連総会で採択(2021年発効)。核兵器そのものを禁止する条約は初めて

現在も批准していません。政府はその理由として「核保有国と非保有国の対立を助長すること」「アメリカによる核抑止力の正当性を損なうこと」を挙げています。

もしどこかの国が日本を攻撃したら、その同盟国であるアメリカに反撃されることになるでしょう。核兵器で攻撃したら、核兵器で反撃されることも覚悟しなければなりません。だからどの国も、簡単には核攻撃をすることができないので、日本の安全が守られるという考え方を「核の傘」といいます。実際、日本と同じようにアメリカの同盟国である韓国や、アメリカを含む軍事同盟である北大西洋条約機構(NATO)に加盟しているヨーロッパ諸国、カナダなども、この条約には参加していません。

しかし、何らかの行き違いから本当に核兵器が使われてしまうおそれはあります。そのような可能性を完全になくすには、「核兵器で脅し、相手に使わせないようにする」という発想を捨て、核兵器そのものをなくすしかないと、被爆者は主張しています。広島、長崎での平和記念(祈念)式典で市長が発表する平和宣言も、ここ数年は、政府に条約への参加を求める内容になっています。ところが、内閣総理大臣のあいさつでは、条約について触れないということが続いており、このことに被爆者は強い不満と危機感を抱いています。

一方、東南アジア、アフリカ、中南米、オセアニアなどの国々は、核兵器の持ちこみも核実験も認めない「非核地帯」を宣言しています。核兵器禁止条約は、このような地域の国々が中心になってつくられました。また、各国の非政府組織(NGO)の連合体である核兵器廃絶国際キャンペーン(ICAN)も大きな役割を果たしました。ICANは2017年のノーベル平和賞を受賞していますが、授賞式では、ベアトリス・フィン事務局長とともに、広島での被爆者のサーロー節子さんも演説しました。

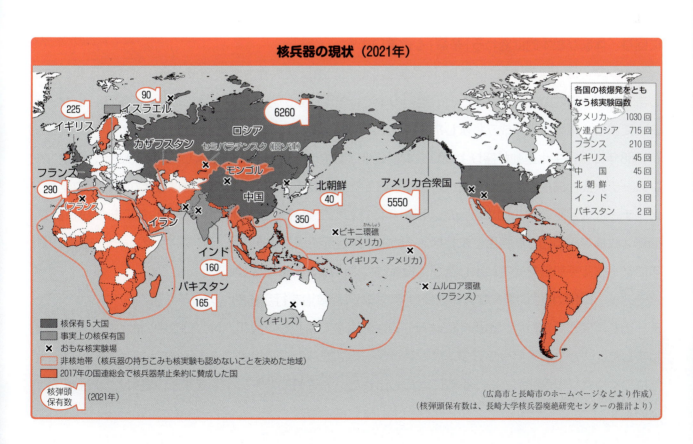

(広島市と長崎市のホームページなどより作成)
(核弾頭保有数は、長崎大学核兵器廃絶研究センターの推計より)

⑤ ミャンマーで国軍がクーデター

アウンサンスーチー国家顧問らを拘束。民主化はストップし、軍事政権に逆戻り

「独裁への抵抗」を表すとされる3本指のサインを示しながら、軍事政権に対する抗議デモを行うミャンマーの人々（6月13日、ヤンゴンで）

2021年2月1日、**ミャンマーの国軍**が**クーデター**を起こして、**アウンサンスーチー国家顧問**らの身柄を拘束し、全面的に権力を握りました。ミャンマーでは長い間、軍事政権が続き、民主化を唱えるアウンサンスーチー氏は自宅軟禁されてきましたが、近年では、民主化が進められつつありました。それが軍事政権に戻ってしまったということです。民主化を支持していた国民は、デモなどで抵抗を続けていますが、国軍はそれを武力で弾圧し、多数の死者が出ています。そのため、**難民**として国外に逃れる人もいます。

ミャンマーのあゆみ

　クーデターというのは、ある程度の権力を持ってはいても、主流派にはなれずにいた勢力が、武力で主流派を排除して、全面的に権力を握ることです。これまで支配されていた人たちが、逆に支配する側に回り、体制が根本的に変わる「革命」とは違います。

　ミャンマーは、以前は「ビルマ」という国名でした。第二次世界大戦後の1948年、イギリスから独立しましたが、国内の少数民族などとの戦いの中で、国軍が強い力を持つようになり、1962年にはクーデターにより、軍事政権が成立しました。

　1988年には民主化運動が盛り上がり、軍事政権は総選挙の実施を約束しました。このとき、アウンサンスーチー氏が**国民民主連盟（NLD）**という政党を結成しましたが、軍事政権は翌年から、アウンサンスーチー氏を自宅軟禁し始めました。1990年に行われた総選挙ではNLDが圧勝したにもかかわらず、国軍は政権を譲ることを拒否しました。そのような状況で民主化を訴えたアウンサンスーチー氏は1991年に**ノーベル平和賞**を受賞しましたが、授賞式には出席できませんでした。

　その後、軍事政権は国際的な非難を受けて、民間人が政治を行う体制への改革を図り、アウンサンスーチー氏も解放されました。2015年にはNLDが総選挙で勝利し、翌年、NLDを中心とした政権が発足しました。夫が外国人だったアウンサンスーチー氏は憲法の規定により、大統領にはなれないので、新たにつくった「国家顧問」という役職に就任しました。大統領にアドバイスをする、事実上の首脳になったのです。

しかし、国軍は完全に権力を手放したわけではありませんでした。憲法によれば、議会のうち一定の議席は選挙の結果に関係なく、国軍が指名した議員に割り当てられるようになっています。このため、NLDは憲法改正をしようとしていましたが、それが実現すると、国軍は完全に権力を失うおそれがあったので、クーデターに踏み切ったとみられています。

人々はデモなどで抵抗

これに対してミャンマーの人々は、かつては首都だった最大の都市のヤンゴン、第二の都市マンダレーなどで、デモによる抵抗を続けていますが、そのたびに国軍により弾圧され、これまでに1000人以上の死者が出ています。日本に住むミャンマー人も、日本政府に対して、「軍事政権を認めないでほしい」「アウンサンスーチー国家顧問らを解放するよう、軍事政権に圧力をかけてほしい」という主張をかかげ、東京などでデモを実施しました。

ミャンマーのアウンサンスーチー国家顧問（2018年12月撮影）

東南アジアでは、ベトナムの経済発展が注目されていますが、それに続くのはミャンマーではないかと期待されていました。しかし、今回のクーデターによって、ミャンマーに進出していた日本を含む各国の企業は、動きがとれなくなり、事態の推移を見守らざるをえなくなりました。撤退を決めたところもあります。深刻な人権侵害が行われていることを知りながら、見て見ぬふりをして予定通りに事業を続けると、人権侵害に加担することになりかねないからです。問題の本質は、新疆ウイグル自治区の場合と同じといえます。

世界の難民・国内避難民は8000万人以上

こうした状況なので、ミャンマーから国外に逃れる難民も少なくありません。難民とは、人種、宗教、国籍、特定の集団に属していること、政治的な意見の違いなどの理由により、国内にとどまっていては迫害されるおそれがあるため、国外に逃れた人のことです。このような人を、出身国に送り返すことは許されないというのが世界のルールです。

国連難民高等弁務官事務所（UNHCR）の発表によると、紛争や迫害などにより居住地を追われた難民や、国内の他の場所に逃れた避難民などは、2020年末の時点で約8240万人と、過去最多になったとのことです。これは、ほぼドイツの人口に匹敵する数です。この10年で約2倍に増えました。

 もっと知りたい **国際社会のトピックス**

小学生に知っておいてほしい ニュース TOP 20　**第3位**

アフガニスタンで「タリバン」が首都を制圧

　2021年4月、アメリカの<u>バイデン大統領</u>は、<u>2011年9月11日の「アメリカ同時多発テロ」</u>から20年を迎える2021年9月までに、<u>アフガニスタン</u>からアメリカ軍を完全に撤退させると発表しました。その期限が間近に迫った8月15日、反政府武装勢力の<u>「タリバン」</u>が首都のカブールを制圧したため、ガニ大統領は国外に脱出し、政権は崩壊しました。

　アフガニスタンでは1978年、ソビエト社会主義共和国連邦（ソ連）の影響を受けて社会主義政権ができました。1979年には、その政権をゲリラから守るため、ソ連軍そのものがアフガニスタンに侵攻してきました。当時のアメリカにとって、最大の敵はソ連だったので、アメリカはゲリラを支援しましたが、その中には、外国からやってきたイスラム過激派も含まれていました。結果的に、アメリカがテロリストを育ててしまったわけです。

　ソ連軍は1989年に撤退しましたが、アフガニスタンでの戦いは終わりませんでした。ゲリラのさまざまなグループが入り乱れて争いを続けるなかで、台頭してきたのが「タリバン」です。1996年には首都カブールを制圧したため、「タリバン政権」ともいわれました。「タリバン」とは「（神学校の）学生」という意味で、イスラム教の教えを極端に解釈するのが特徴です。<u>女性を家に閉じこめて、教育を受けることを禁止</u>したほか、音楽や映画などの娯楽も禁止しました。

　2001年9月11日、アメリカでは4機の旅客機がイスラム過激派の「アルカイダ」のテロリストにより乗っ取られ、ニューヨークの世界貿易センタービルや、首都のワシントンD.C.の郊外にある国防総省の建物に衝突させられました。これにより、約3000人の死者が出ました。アルカイダはタリバンに保護され、アフガニスタンを拠点としていたため、アメリカは、タリバンもテロリストの仲間とみなして攻撃し、その政権を崩壊させました。それ以来、アメリカは<u>「テロとの戦い」</u>のためだとして、アフガニスタンに軍隊を駐留させてきました。アメリカ軍などの保護のもとで選挙が実施され、新しい政権がつくられましたが、その政権も首都から離れた地方をおさえることはできておらず、タリバンを含む武装勢力どうしの争いが相変わらず続いていました。

　隣国のパキスタンにも「パキスタン・タリバン運動」という組織があり、女子校を襲撃する事件などを起こしていました。2012年には、「女子にも教育を受ける権利がある」と主張していた当時15歳の<u>マララ・ユスフザイさん</u>が、そのメンバーに銃撃され、重傷を負いました。イギリスで治療を受け、そのまま移住しましたが、勇気ある発言と行動が評価され、2014年、17歳で<u>ノーベル平和賞</u>を受賞しました。そのマララさんも、今回のニュースには「衝撃を受けた」と言っています。

　これでアフガニスタンは、20年前と同じ状態に戻ってしまったということです。タリバンは今後、国外でのテロはひかえ、女子の教育を全面禁止するというような極端なことはしないかもしれません。しかし、アメリカ軍に協力していた現地の人たちは、報復を受け、迫害される危険があります。そのため、首都制圧前後には、何とかして国外に脱出しようという人がアメリカ軍の飛行機などに殺到し、大混乱になりました。今後は、これまで以上に多くの難民が発生するおそれがあります。

何とかして国外に脱出しようと、アメリカの飛行機に殺到するカブールの人々（8月16日）

第4章 理科ニュース

©JAXA/NASA

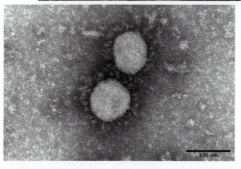

1	新型コロナウイルスとワクチンの特徴	100
2	3機の探査機が火星に到着	104
3	宇宙開発で成果を挙げる日本	106
4	2021年は2回の月食を観測	108
5	各地で大雨による災害が相次ぐ	110
もっと知りたい	その他の理科のトピックス	112

新型コロナウイルスとワクチンの特徴

コロナウイルスにはどんな特徴があるのか。ワクチンのしくみとは

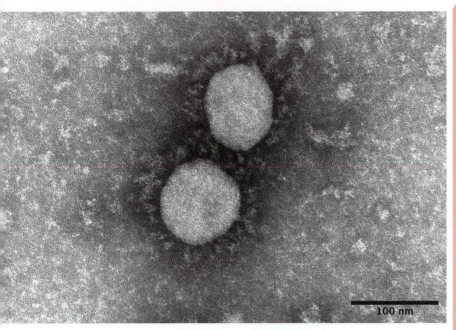

新型コロナウイルス（デルタ株）の電子顕微鏡写真
（出典：国立感染症研究所ホームページ）

新型コロナウイルス感染症（COVID-19）は、2019年12月に中国湖北省武漢市で初めて確認されました。

それから、わずか3か月あまり後の2020年3月11日には、**世界保健機関（WHO）**が「**パンデミック（世界的大流行）**」の状態にあると宣言しました。

それ以来、世界中でPCR検査の新規陽性者数が増減を繰り返す状況が続いています。**ワクチン**が急きょ開発され、その接種が進められていますが、より感染力が強いとされる変異株が次々と出現しており、収束の見通しはたっていません。

増減を繰り返す新規陽性者数

日本国内では2020年1月15日に一例目の感染者が見つかった後、全国の新規陽性者数には、2020年4月に1回目のピークが、8月に2回目のピークがありました。年が明けた2021年1月には3回目のピークがあり、5月の4回目のピーク時には、1日当たりの新規陽性者数が7000人を上回っていました。これは、従来のウイルスよりも感染力が強いとされる「アルファ株」と呼ばれる変異株が広がったからだと考えられています。このいわゆる「第4波」が収まりきらないまま、7月から再び新規陽性者数が増加し始めました。いわゆる「第5波」です。8月には全国の陽性者数の累計が100万人を超えました。1日当たりの新規陽性者数は全国で2万人を超え、東京都だけで5000人を超えた日もありました。その原因は、「アルファ株」よりもさらに感染力が強いとされる「デルタ株」と呼ばれる変異株が感染の中心となったことではないかと考えられています。

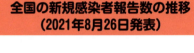

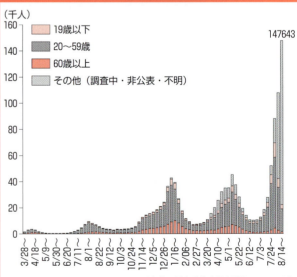

（出典：国立感染症研究所ホームページ）

「新型コロナウイルス感染症の直近の感染状況等（2021年8月25日現在）」（国立感染症研究所）（https://www.niid.go.jp/niid/ja/2019-ncov/10597-covid19-ab49th.html）の評価グラフ（全国_① 新規感染者報告数の推移）を加工して作成

新型コロナウイルス感染症（COVID-19）とは

　新型コロナウイルス感染症（COVID-19）は、新型コロナウイルス（SARS-CoV-2）を原因とする疾患で、せき、のどの痛み、息苦しさなどの呼吸器症状や、発熱、頭痛、体のだるさ（倦怠感）といった風邪に似た症状が現れます。人によっては、味やにおいを感じなくなることもあります。急速に悪化して、高熱や呼吸困難などの肺炎症状を引き起こし、死に至る場合もあります。このような患者の多くは高齢者や、心臓病・糖尿病のような基礎疾患を持っていた人でした。

コロナウイルスの特徴

　「コロナ(corona)」とはギリシャ語で「王冠」の意味です。コロナウイルスを電子顕微鏡で観察すると、球形の表面に多数の突起が見られ、王冠のような姿をしているため、そう名づけられました。太陽の「コロナ」も同じ由来です。コロナウイルスは、直径が約0.1マイクロメートル（1万分の1mm）ほどの大きさなので、電子顕微鏡でしか見ることができません。脂質でできた膜の中にはRNAという遺伝情報を含む1本の鎖状の物質が入っていて、脂質の膜の表面にはスパイクタンパクと呼ばれている突起があります。

　新型コロナウイルスに限らず、**ウイルスには単独で自己複製をする能力がありません**。その点においては、**ウイルスは生物ではない**と考えられます。

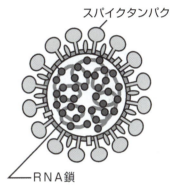

（出典：国立感染症研究所ホームページ）

「コロナウイルスとは」（国立感染症研究所）（https://www.niid.go.jp/niid/ja/from-idsc/2482-corona/9303-coronavirus.html）を加工して作成

　ウイルスによる感染症は、ウイルスが体内で増殖することで発症します。自己複製の能力を持たないウイルスは、ヒトなどの生物（宿主という）の体内に入りこみ、侵入した宿主の細胞に自分の複製を「作らせて」増殖します。コロナウイルスの場合には、ウイルスのスパイクタンパクが宿主の細胞の表面にあるタンパク質と結合し、それをきっかけにして細胞内へ侵入していきます。

ウイルスの感染経路

　ウイルスなどの病原体がヒトの体内に侵入・感染するには、いくつかの経路があります。主なものとしては、**空気感染・飛沫感染・接触感染**などがあります。

　結核・麻疹などでは、感染者から出された直径が4マイクロメートル以下の非常に小さい飛沫核が空気中を長時間漂います。その飛沫核を直接吸いこむことで感染するのが「空気感染」です。インフルエンザなどは、せきやくしゃみ、会話などで感染者から飛び散った飛沫を吸いこむか、粘膜に付着することで感染します。これが「飛沫感染」です。飛沫は重いので、届くのは普通2m程度といわれています。ノロウイルス感染症やインフルエンザでは、病原体のついたドアノブなどに触れた手で自分の口や鼻に触

れることで感染します。これが「接触感染」です。

　以上より感染症対策には、マスクを着用する、手洗いをする、**「3密」を避ける**、**ソーシャルディスタンス**をとることなどが重要であるとわかります。

遺伝情報を構成するもの

　細胞内にあり、遺伝情報が含まれている**DNAやRNA**の鎖には、それぞれ塩基と呼ばれる構成単位が数万〜数億個並んでいます。DNAやRNAを構成する塩基は、アデニン・チミン（RNAではウラシル）・シトシン・グアニンの4種類しかありません。これらの塩基は、3個が1つのセットとして特定のアミノ酸を表しており、DNAやRNAの塩基配列に基づいてタンパク質が合成されます。したがって、その塩基配列は生物の「設計図」であり、塩基は設計方法を記した「文字」と考えることができます。

DNA複製のしくみ

　生物が増殖するために細胞の数を増やすときは、DNAの塩基配列を正確に複製する必要があります。

　DNAは、塩基の鎖2本が対になって結びついた**「二重らせん構造」**をとっています。この2本の鎖は、お互いの塩基どうしが結びついています。塩基どうしが結びつくときの組み合わせは決まっているため、鎖の結びつきをほどいて、それぞれの鎖に並ぶ塩基に対応する塩基を並べていけば、元の鎖とまったく同じ塩基配列を作ることができます。

　ほどいた鎖に対応する塩基を結びつける複製過程は、ポリメラーゼという酵素の働きによって進められます。このようにしてできた2つのDNAは、二重らせんの一方が元のDNA由来の鎖で、もう一方が新たにつくられた鎖ということになります。

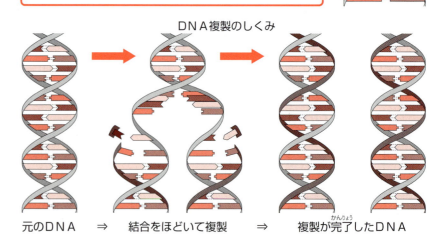

ウイルスの感染を確認する方法

　新型コロナウイルスは、おもに感染したヒトの気道粘膜に多く存在します。したがって、気道粘膜中のウイルスの有無を調べることが感染確認の方法となります。それには、PCR法という方法が使われ

ます。PCRとはポリメラーゼ連鎖反応のことで、PCR検査とは、検出したいウイルスなどが特有に持つ遺伝子の特定部分をポリメラーゼによって人工的に増やすPCR法を利用して、ウイルスの存在を確認するものです。PCR検査でウイルスが持つ遺伝子の特定部分の増幅が確認されたとき、その検体が採取されたヒトは「陽性」と判断されます。

ウイルス感染症に対抗する手段となるワクチン

ヒトの体には「免疫」というシステムが備わっています。これは、体内に侵入した異物の特定の目印（抗原）に結合する抗体というタンパク質を作り出し、その抗体ごと、侵入したウイルスなどの異物を排除する働きです。一度獲得した免疫は体内で記憶されているため、次に同じ病原体が侵入したときには抗体が迅速に作られ、発症や重症化を防ぐことができます。

ワクチンとは、健康な状態のときに接種して免疫を獲得することを目的とした薬剤です。従来のワクチンの抗原にはあらかじめ弱毒化、または不活化したウイルスなどの病原体が使われてきましたが、COVID-19に対するワクチンの主流は、ウイルスの遺伝情報をもとにして、体内で細胞に作らせたウイルスのタンパク質の一部を抗原として免疫を得るというしくみのものです。ウイルスそのものを弱毒化して体内に入れるのではありません。このようなワクチンには「mRNAワクチン」があります。ウイルスのタンパク質を作るもとになる情報の一部であるメッセンジャーRNA（mRNA）という物質を注射すると、体内でウイルスのものに似たタンパク質の一部が作られ、それに対する抗体ができるというわけです。しかし、個人差はあるものの、ワクチンの接種後に頭痛や発熱といった副反応が現れることがあります。まれには、アレルギー反応が現れることもあります。

変異するコロナウイルス

ウイルスが生物に感染しながら増殖を繰り返していると、RNAの塩基配列にコピーミスが起こり、従来のものより強い感染力や毒性を持ったものが現れることがあります。このようなコピーミスを「変異」といい、変異によって新たに現れたウイルスを「変異株」といいます。新型コロナウイルスの中で、感染力や重症化の危険度が増した、ワクチンの効果が弱くなったなど、性質が変化した可能性のある次

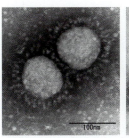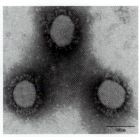

新型コロナウイルスの電子顕微鏡写真
（左：アルファ株　右：ガンマ株）
（出典：国立感染症研究所ホームページ）

表の株は、「懸念されている変異株」に分類されています。日本でいわゆる「第5波」の中心となったデルタ株は、ヒトの免疫システムの攻撃から逃れやすい、細胞との結合能力が高い、感染した人が出すウイルスの数が多いなどの特徴があるとされるため、非常に強い感染力があると考えられています。

WHOの命名	アルファ株	ベータ株	ガンマ株	デルタ株
最初の検出	2020年9月 イギリス	2020年5月 南アフリカ共和国	2020年11月 ブラジル	2020年10月 インド

2 3機の探査機が火星に到着

アメリカと中国の探査車は表面を移動しながら、生命の痕跡を見つけようとしている

火星表面を移動しながら探査を行うＮＡＳＡの探査車「パーシビアランス」のイメージ図

2020年7月に打ち上げられたアラブ首長国連邦（ＵＡＥ）の「ＨＯＰＥ」、中国の「天問1号」、アメリカ航空宇宙局（ＮＡＳＡ）の「パーシビアランス」の3機の探査機が、2021年2月に相次いで**火星**に到着しました。このうち「パーシビアランス」は2月に、「天問1号」の探査車は5月に、それぞれ火星に着陸し、表面を移動しながら、生命の痕跡を探しています。また、「パーシビアランス」に積まれていた小型ヘリコプター「**インジェニュイティ**」は、火星のきわめて薄い大気のなかで、動力飛行することにも初めて成功しています。

3機のうち2機は火星表面に着陸

　アメリカの探査車「パーシビアランス」が2月に着陸したのは「ジェゼロ・クレーター」で、中国の探査車「祝融」が5月に着陸したのは「ユートピア平原」です。ＵＡＥの探査機「ＨＯＰＥ」は着陸しておらず、火星を周回しながら観測を続けています。なお、この「ＨＯＰＥ」は日本のＨ－ⅡＡロケット42号機によって種子島宇宙センターから打ち上げられており、これでＨ－ⅡＢロケットと合わせ、通算45機連続の打ち上げ成功となりました。日本の高い技術と信頼性が証明されたといえます。

日本のＨ－ⅡＡロケット42号機によるアラブ首長国連邦の火星探査機「ＨＯＰＥ」の打ち上げ（2020年7月20日、種子島宇宙センター）

（画像提供：三菱重工）

ＮＡＳＡ独特の着陸方法「スカイクレーン」

　火星の大気に突入する直前の宇宙船の速度は、時速20000km近く（秒速5km以上）です。大気への突入を開始してから地表に到着するまでのわずか7分間で、速度をほぼ0にしなければ、地表に激突してしまいます。しかし、火星の大気は非常に薄いため空気抵抗が小さく、地球のようにパラシュートを使うだけでは十分な減速ができず、燃料を逆噴射することが不可欠です。

　そこでＮＡＳＡは、重量が約1トンもある探査車を安全に着陸させるために「**スカイクレーン**」という方法を採用しました。右ページの図のように、降下船から探査車をクレーンでつり下げた状態で降ろし

ていくのです。パラシュートで時速約320kmにまで減速した降下船と探査車は、背面の外殻ごとパラシュートを切り離し、降下船の逆噴射によって、時速約2.7kmにまで減速します。高度が約20mのところで、長さ6.4mのケーブルで探査車をつるした降下船はゆっくりと降下していき、探査車の着地とともにケーブルを切り離します。その後、降下船は安全な場所まで飛び去ります。

降下船からスカイクレーンでつり下げられた「パーシビアランス」が着地する瞬間のイメージ図 ©NASA/JPL-CALTECH

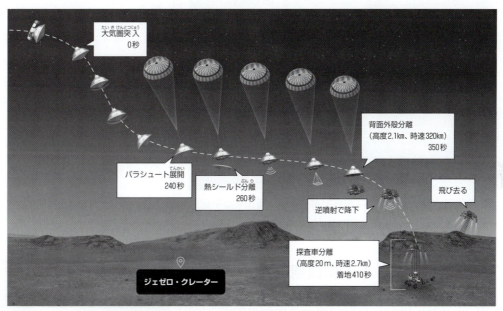

「スカイクレーン」による着陸方法のイメージ図　　（NASA/JPL-CALTECH 提供の画像を加工して作成）

「パーシビアランス」の活動内容

　「パーシビアランス」は、2012年に着陸した探査車「キュリオシティ」に比べて行動範囲が広くなっています。自立走行のプログラムを改良したため、1日に約200m動くことが可能で、しかも、搭載していた小型ヘリコプター**「インジェニュイティ」**の撮影した画像をもとに、安全な進路を選択できるからです。「インジェニュイティ」は、地球での重さが1.8kg、翼の長さが1.2mで、太陽光発電パネルとバッテリー、カメラ、センサーを搭載しています。2021年4月に地球以外の惑星での動力飛行に初めて成功してから10回以上も飛行しています。

　「パーシビアランス」の活動目標は、過去に微生物が生きられる環境があったことを証明すること、過去に微生物が存在した可能性の兆候を探すこと、火星の岩石サンプルを採集すること、火星の大気から酸素を生成することなどです。これらのうち、酸素については、2021年4月に、ヒトが約10分間呼吸できる量（5.4g）を生成することに成功しています。また、9月には岩石のサンプル採集にも成功しました。採集したサンプルは、NASAとヨーロッパ宇宙機関（ESA）が2026年に打ち上げを予定している探査機によって回収される予定です。パーシビアランスが着陸したジェゼロ・クレーターはかつて湖だったと考えられており、サンプルの分析により、生物の痕跡が見つかることが期待されています。

宇宙開発で成果を挙げる日本

2人の日本人宇宙飛行士がISSに長期滞在。小惑星探査機「はやぶさ2」も大成功

4月26日、国際宇宙ステーション（ISS）から記者会見する星出彰彦宇宙飛行士（左）と野口聡一宇宙飛行士（右）

2020年11月、**野口聡一宇宙飛行士**はアメリカの民間企業が開発した宇宙船「**クルードラゴン**」で**国際宇宙ステーション（ISS）**に行き、2021年5月まで滞在しました。その直前の4月には、**星出彰彦宇宙飛行士**もISSに行き、日本人としては2人目の「船長」に就任しました。野口宇宙飛行士が帰還するまでの間、2人の日本人が宇宙に同時滞在したことになります。また、2020年12月に地球に帰還した日本の小惑星探査機「**はやぶさ2**」は、小惑星「**リュウグウ**」の物質を持ち帰ることに成功しました。

野口宇宙飛行士がISSに長期滞在

2020年11月にISSに向かった**野口聡一宇宙飛行士**は、2021年5月までの約半年間にわたってISSに滞在しながら、**日本の実験棟「きぼう」**において、ライフサイエンスや医学の実験など、さまざまなミッションを遂行しました。今回は、野口宇宙飛行士にとって3回目の宇宙飛行でした。宇宙船は、2005年の1回目がスペースシャトル（アメリカ）、2009～10年の2回目がソユーズ（ロシア）、そして今回がアメリカの**クルードラゴン**（運用初号機）でした。これで、異なる3種類の宇宙船に搭乗したことになります。

野口聡一宇宙飛行士
©JAXA/NASA

たすきをつなぐ日本人宇宙飛行士

一方、2021年4月には、**星出彰彦宇宙飛行士**らが搭乗したクルードラゴン運用2号機がISSに到着しました。今回で3回目の宇宙飛行となった星出宇宙飛行士も、野口宇宙飛行士と同じく、スペースシャトル・ソユーズ・クルードラゴンの3種類の宇宙船に搭乗したことになります。ミッションを終えた野

口宇宙飛行士は、星出彰彦宇宙飛行士と入れ替わりに、無事に地球に帰還しました。

今回、星出宇宙飛行士は、ISSに到着した直後に、日本人としては2人目となるISSの「コマンダー（船長）」に就任し、滞在クルーの安全とISSの機能維持のため、全体を統括して指揮を執るという重要な任務を10月初めまで担いました。地球への帰還は11月ごろの予定です。

なお、地球を周回する軌道上の宇宙船に日本人宇宙飛行士2人が同時に滞在するのは、2010年4月に、野口宇宙飛行士と山崎直子宇宙飛行士がISSに同時滞在して以来、11年ぶりのことになります。

星出彰彦宇宙飛行士
©JAXA/NASA

「はやぶさ2」の「お土産」は5.4g

2014年12月に種子島宇宙センターから打ち上げられた日本の小惑星探査機「はやぶさ2」は、2018年6月、3年半の旅の末に、目的地である小惑星「リュウグウ」の上空20kmの位置に到着しました。2019年2月と7月には、リュウグウ表面への「タッチダウン」を行い、岩石のサンプルを採取することに成功しました。また、2回目に採取したサンプルは、2019年4月に「はやぶさ2」が「リュウグウ」の表面に銅板を高速で衝突させてつくった人工クレーター（「おむすびころりん」と命名）周辺の岩石であることから、小惑星

「リュウグウ」のサンプル回収容器内C室の光学顕微鏡写真。最大1cm近い小石がいくつも入っている。人工物は「はやぶさ2」の一部とみられる
©JAXA

内部の物質が含まれている可能性が高いと考えられています。2019年11月にリュウグウを出発した「はやぶさ2」は、2020年12月に地球に帰還し、地球から約22万kmの距離で岩石のサンプルが入ったカプセルを分離しました。そのカプセルは無事にオーストラリアの砂漠で回収されましたが、重量を調べた結果、カプセル内には目標だった0.1gを大きく上回る約5.4gのサンプルが採取されていることがわかりました。そのサンプルは研究機関で分析が進められており、2021年6月には、大量の水と有機物の存在を示すデータが見つかりました。今後、地球の水の起源が明らかにされることが期待されます。

地球にカプセルを届けた「はやぶさ2」は、次の拡張ミッションとして小惑星「1998 KY 26」に接近して観測を行うことが決まりました。「1998 KY 26」は主に地球と火星の間を通る軌道で太陽のまわりを公転している小惑星で、直径は約30mです。10.7分という短い周期で自転しているのが特徴です。到着は2031年7月の予定です。

4 2021年は2回の月食を観測

5月の月食は皆既月食だったが、11月の月食は皆既月食に限りなく近い部分月食

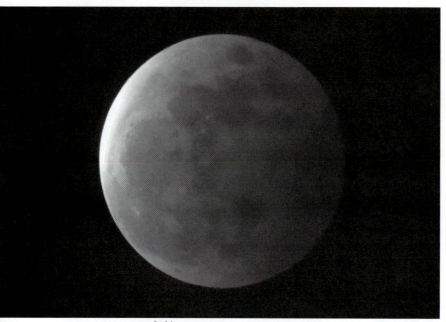

5月26日、沖縄県北谷町で観測された皆既月食

2021年5月26日、日本では2018年7月以来約3年ぶりに**皆既月食**が見られました。ただ、この日は天気に恵まれず、好条件で観測できたのは沖縄など一部の地域に限られていました。2021年はもう1回、日本で観測できる月食が11月19日にあります。この月食では月の直径のうち97.8％が地球の本影に入りますが、完全には入らないため、皆既月食に限りなく近いとはいえ**部分月食**です。そのため、**赤銅色**の月を見ることはできません。次に皆既月食が日本で見られるのは、2022年11月8日です。

月食はなぜ起こる？

　月食とは、「太陽─地球─月」がこの順に一直線上に並ぶ満月のとき、地球の影のうち「本影」に月が入ることで、月が欠けて見える天文現象です。ただし、地球の公転面に対して月の公転面は約5度傾いているため、満月のたびに必ず月食が起こるわけではありません。本影に月の一部が入ると月が欠け始め、完全に入ると**皆既月食**になります。月が本影の中心近くを通過するほど、皆既月食が続く時間は長くなります。月が本影に完全に入らない場合は**部分月食**になります。

　皆既月食中の月は完全に見えなくなるわけではなく、暗い**赤銅色**に見えます。これは、太陽光線が地球の大気を通過するとき、波長の短い青色の光は散乱してしまい、波長の長い赤色の光が屈折して月面に当たり反射するためです。

月食の起こるしくみ

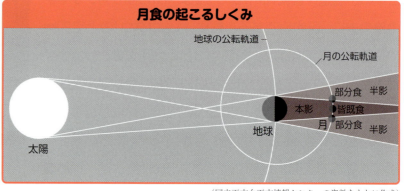

（国立天文台天文情報センターの資料をもとに作成）

皆既月食中の月が赤く見える理由

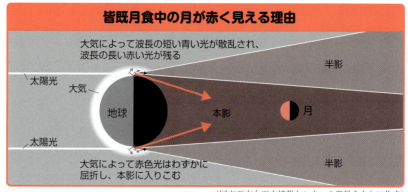

（国立天文台天文情報センターの資料をもとに作成）

5月に皆既月食、11月に部分月食

2021年に、日本から観測できた（できる）月食は2回です。

1回目は5月26日で、部分食の始まりは18時44分、終わりは21時52分でした。皆既食となったのは、日の入りから少し経った20時09分から20時28分までで、皆既の状態の継続時間が20分に満たないほど短いものでした。このような、皆既の状態の継続時間が30分に満たないほど短い月食は2015年4月4日以来で、このときの継続時間は約12分でした。ただし、月自体は2021年で最も地球に近づいていたため、見かけの大きさが最大となる「スーパームーン」での月食でした。当日は、日本の各地では天候に恵まれず、皆既食の継続時間が短かったこともあり、観測が困難だった地点が多くありました。

2回目は11月19日で、16時18分に始まり19時47分に終わる部分月食です。約3.5時間継続するので、皆既食の時間を含めても5月の月食に比べて長くなりますが、実際の観察時間は、部分月食の開始時刻が月の出の時刻（東京は16時27分）より早く、北日本を除き、月が欠けた状態で昇ってくるため少しだけ短くなります。

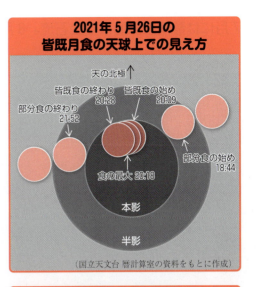

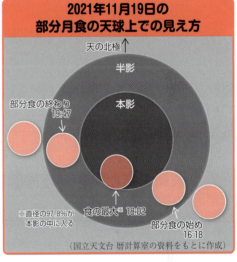

月の見かけの大きさは変化する

月は地球のまわりを、完全な円軌道ではなく、だ円軌道をえがいて公転しています。そのため、地球から見た月の大きさは変化します。地球と月との平均距離は約38万kmですが、満月のときの地球の中心から月の中心までの距離は、最も近くて約35万6000km、最も遠くて約40万6000kmです。最大の満月は最小の満月より、視直径（見た目の直径）が14%大きく、また30%明るく見えます。2021年の満月の日で、

月と地球との距離が最も近かったのは皆既月食が起こった5月26日でした。また、最も遠くなるのは12月19日なので、部分月食となる11月19日の満月は、5月26日の満月に比べて約12%小さく見えることになります。

5 各地で大雨による災害が相次ぐ

小学生に知っておいてほしいニュースTOP20　第11位

7月には静岡県熱海市で土石流。8月中旬にも梅雨の後期のような大雨

7月3日に静岡県熱海市で発生した土石流の被害状況（7月6日撮影）
©アジア航測（株）・朝日航洋（株）

2021年の夏も各地で大雨による被害が続出しました。7月3日には、静岡県熱海市で大規模な土石流が発生したほか、本来なら太平洋高気圧に覆われているはずの8月中旬にも、日本周辺の大気の状態が梅雨の後期に似たものになり、南から暖かく湿った空気が流れこんで、各地で線状降水帯が形成されたため、一時は特別警報が出されるほどの大雨が降りました。こうした危険から身を守るために、気象庁では、雨量の予測データから算出した危険度を地図上に色分けして示す防災情報として「キキクル」の発表を始めました。

東海地方と関東地方南部で大雨

2021年6月末から梅雨前線が北上し、7月1日から3日にかけて九州地方から関東地方に停滞しました。この前線に向かって、太平洋高気圧から吹き出した南からの暖かく湿った空気が流れこみ、大気の状態が不安定になったため、前線の活動が活発になり、東海地方から関東地方南部を中心に記録的な大雨が降りました。これにより、静岡県では熱海市の逢初川で大規模な土石流が発生しました。また、沼津市と清水町をつなぐ黄瀬川大橋が崩落する被害もありました。

7月3日9時の気象衛星からの画像

（画像提供・気象庁）

南九州3県に相次いで特別警報

7月10日未明からは、活発な梅雨前線の影響で鹿児島県・宮崎県・熊本県などに記録的な大雨が降りました。このときは鹿児島県北部に線状降水帯が発生しており、5時30分には鹿児島県、5時55分には宮崎県、6時10分には熊本県のそれぞれ一部に対して、2021年の梅雨では全国初となる大雨特別警報が発表されました。この大雨により、宮崎県から鹿児島県北西部を流れる川内川の支流があふれ、鹿児島県薩摩川内市では、道路の冠水や住宅の浸水などの被害が生じました。

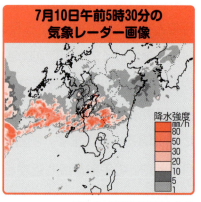

7月10日午前5時30分の気象レーダー画像

（気象庁の報道発表資料より作成）

8月中旬は広い範囲で記録的な大雨

　8月11日から19日にかけても、九州から関東にかけての広い範囲で大雨が降りました。特に12日から14日にかけては、西日本で記録的な大雨となり、13日には広島県広島市、14日には佐賀県・長崎県・福岡県・広島県を対象に大雨特別警報が発表されました。8月中旬に全国にあるアメダスに降った雨の量は、1地点あたりに換算すると229.1mmにもなりました。これは2018年の西日本豪雨を上回るほどの量です。

　この記録的な大雨は、日本付近の大気の状態が梅雨の後期に似ていたことが原因でした。上空の**偏西風**が北へ蛇行することで**オホーツク海高気圧**の勢力が強まり、北海道の西の日本海側まで張り出していたのです。一方、**太平洋高気圧**は例年よりも南に位置しており、さらに西側への張り出しが強くなっていました。その結果、九州から関東にかけて停滞前線が形成されたのです。大気の流れに注目すると、オホーツク海高気圧からは寒気が、南側と大陸側からは、太平洋高気圧のへりに沿って暖かく湿った空気が、前線に向かって流れこみました。そのため、大気の状態が不安定になり、西日本を中心に前線の活動が活発になって、持続的に大雨の降る状態が生じたのです。

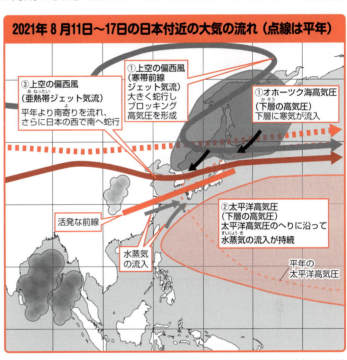

（気象庁の報道発表資料より作成）

大雨の危険から身を守る新情報

　こうした危険から身を守ってもらうため、気象庁では2021年から、「大雨・洪水警戒レベル4（81ページ参照）」相当以上の状況を補足する情報として、「顕著な大雨に関する情報」を発表するようになりました。この情報は、大雨による災害発生の危険度が急激に高まっているときに、非常に激しい雨が同じ場所で降り続いている状況を「線状降水帯」というキーワードを使って解説するものです。

　また、雨量の予測データから算出した危険度を地図上に色分けして表示する防災情報である**「キキクル（危険度分布）」**の発表も開始されました。これは雨量の予報を災害の予報に翻訳して地図上に視覚化したもので、「土砂災害（土砂キキクル）」「浸水害（浸水キキクル）」「洪水（洪水キキクル）」の3種類の情報が示されます。表示される色は危険度の低い順に「黄→赤→うす紫→濃い紫」となっており、うす紫は「警戒レベル4」に相当します。濃い紫は、災害がすでに発生していてもおかしくない状況を示しています。この「キキクル」は気象庁のホームページ上で見ることができます。

もっと知りたい その他の理科のトピックス

「富岳」が3期連続で世界一になる

2021年6月、兵庫県神戸市のポートアイランドにある、理化学研究所計算科学研究センターの**スーパーコンピュータ「富岳」**が、半年ごとに発表される世界のスーパーコンピュータに関するランキングで、2020年6月と11月に続いて、3期連続の4冠を達成しました。「富岳」とは富士山のことで、その高さが性能の高さを、その裾野の広がりが利用者の拡がりを、それぞれ意味しています。

スーパーコンピュータ「富岳」

今回、「富岳」が制したのは、演算速度の性能である「TOP 500」、シミュレーションの処理性能である「HPCG」、**人工知能(AI)**の学習性能である「HPL-AI」、**ビッグデータ**の解析性能である「Graph500」の4部門で、2位との差はTOP 500で約3倍、HPCGで約5.5倍もありました。今後も「富岳」が創薬などに活用され、安全で安心できる社会の実現に貢献することが期待されています。

上野動物園で双子のパンダが誕生

2021年6月に、東京の上野動物園で双子のジャイアントパンダが誕生しました。父親はリーリー、母親はシンシンで、どちらも16歳(双子が生まれた時点では15歳)です。上野動物園でのパンダの誕生は、2017年6月にシャンシャンが誕生して以来4年ぶりのことです。2頭はオスとメスで、それぞれ「シャオシャオ」「レイレイ」と命名されました。母親は2頭の世話を同時にすることは難しいとされているため、飼育係が1頭ずつ交互に入れ替えながら飼育をしています。

2021年6月に上野動物園で生まれた双子のパンダ
(画像提供:(公財)東京動物園協会)

「奄美・沖縄」が世界自然遺産に登録

2021年7月に**国連教育科学文化機関(ユネスコ)**の**世界遺産**委員会は、「**奄美大島、徳之島、沖縄島北部及び西表島**」を**世界自然遺産**に登録することを決定しました。これらの4島には、世界的にも貴重な希少種や、世界でもここにしかいない**固有種**が多く、その**生物多様性**の保全に重要な地域であることが評価されました。奄美大島と徳之島にはアマミノクロウサギ、奄美大島にはアマミイシカワガエル、沖縄島北部(やんばる)にはヤンバルクイナ、西表島にはイリオモテヤマネコなどの絶滅が危惧されている動物が生息しています。

西表島に生息するイリオモテヤマネコ
(画像提供:環境省)

上皇さまがハゼの新種2種を発見

　2021年5月に、上皇さまが退位後では初となる論文を発表されました。沖縄県の座間味島や西表島などで採集されたオキナワハゼ属の2種が新種であるとする内容で、それぞれ上皇さまにより「アワユキフタスジハゼ」「セボシフタスジハゼ」と命名されました。ハゼの分類に使われる、頭部にある感覚器官の穴の個数や配列を調べて形態的な違いを分析する方法は、約50年前に上皇さまが確立して、世界の標準となったものだそうです。

上皇さまが発表された新種の「アワユキフタスジハゼ」　　（画像提供：宮内庁）

カブトムシは本当に夜行性？

　2021年4月に「外来植物がカブトムシの概日活動パターン（いわゆる体内時計）を変化させる」という論文が、アメリカの生態学専門誌「Ecology」に掲載されました。

　この論文は、埼玉県に住む現在小学6年生の柴田亮さんと山口大学の小島渉講師が共同で調査をした結果、台湾などが原産のシマトネリコという外来植物に集まるカブトムシは昼間も活動を続けることが明らかになったというもので、カブトムシは夜行性であるという常識を覆す発見でした。

　観察は2019年と2020年の2年間で合計67日間行われ、2020年に162個体を追跡調査したところ、多くの個体は夜間にシマトネリコに飛来して、日中もそのまま留まることが分かりました。シマトネリコを利用する台湾のカブトムシは夜間に活動していることから、日本のカブトムシが利用する植物種によって活動パターンを変化させたと考えられます。

「熱中症警戒アラート」が全国で運用開始

　2020年は関東甲信地方に限定して運用された「熱中症警戒アラート」の全国での運用が、2021年4月より開始されました。この「熱中症警戒アラート」とは、気象庁と環境省が暑さへの「気づき」を呼びかけるために新たに提供するようになった情報です。国民に対して、熱中症を予防するための行動をより効果的に促すため、熱中症の危険性が極めて高い暑熱環境が予測される場合に、報道機関や民間気象会社などを通じて発表されます。

（出典：環境省熱中症予防情報サイト https://www.wbgt.env.go.jp/wbgt_lp.php）
「暑さ指数（WBGT）について学ぼう」（環境省）https://www.wbgt.env.go.jp/wbgt_lp.php を加工して作成）

　「熱中症警戒アラート」の発表基準としては、人体に対する熱の影響が大きい「気温・湿度・輻射熱」の3つの要素を取り入れた指標である「暑さ指数（WBGT）」が使われます。「暑さ指数」の単位は℃で、28℃以上になると熱中症の危険度が増すと考えられており、翌日または当日にこれが33℃以上になることが予想される場合に「熱中症警戒アラート」が発表されます。発表内容には、暑さ指数の予測値や予想最高気温の値だけでなく、エアコンの使用や水分補給など、具体的に取るべき熱中症予防のための行動例も含まれていることが特徴です。

地球温暖化が「赤信号」

　世界各国の政府から認められた科学者たちのグループである国連の「気候変動に関する政府間パネル（IPCC）」は2021年8月に、温暖化に関する新たな報告書を発表しました。その特徴は、「人間の影響で大気、海洋、陸地の温暖化が進んだことは疑う余地がない」と初めて断定表現を使ったことです。

　IPCCは、今後10年間で猛烈な熱波や干ばつ、洪水などがさらに増えると警告しています。世界の気温は、これまでの想定よりもかなり早く、おそらく2034年中ごろに産業革命の前と比べて1.5℃上昇するとも述べられています。しかしながら、世界が迅速に動きを見せて、温室効果ガスの排出量を大幅に削減すれば、気温の上昇にブレーキがかかり、大災害が回避できると科学者たちは考えています。

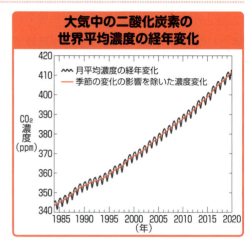

大気中の二酸化炭素の世界平均濃度の経年変化

1ppmは100万分の1を意味する

（気象庁の資料より作成）

変則的な進路をとった台風

　台風の上陸数の平年値は3.0個ですが、2020年は、それが2008年以来12年ぶりにゼロでした。しかし、2021年は7月に台風8号が宮城県に、8月に台風9号が鹿児島県に、9月に台風14号が福岡県に、それぞれ上陸したため、9月末の時点で、上陸数は平年値と同数の3個となりました。

　このうち台風8号は、7月28日の午前6時前に太平洋側から宮城県石巻市付近に上陸した後、本州を南東から北西に横断して日本海へ抜け、温帯低気圧に変わりました。このように、東北地方に太平洋側から上陸（再上陸を除く）した台風は、岩手県大船渡市付近に上陸した2016年の台風10号と今回の台風8号のみで、宮城県への上陸は統計史上初でした。また、一時は猛烈な強さにまで発達した台風14号は、9月12日から台湾付近を北上した後、14日から15日にかけて東シナ海上でわずかに南下し、16日まで九州の西側でしばらく停滞していました。16日午後からは偏西風に乗って東進し始め、17日の午後7時前に福岡県福津市付近に上陸しました。福岡県に直接上陸したのも統計史上初でした。その後、東進を続けた台風14号は四国と紀伊半島にも上陸して、18日午後に、静岡県の沖で温帯低気圧に変わりました。

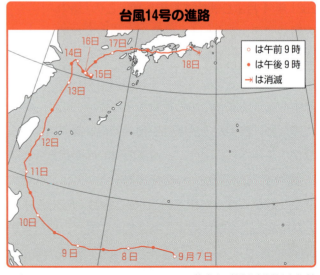

（気象庁の報道発表資料より作成）

2022年中学入試

予想問題

　次のページからは、サピックス小学部作成の「入試予想問題」となっています。記号選択や語句記入の問題もあれば、記述問題もあります。さまざまなタイプの問題に挑戦して、学習の総仕上げをしてください。

政治・経済・社会	116
世界遺産・農業など	125
国　際	134
理　科	140
解　答	170

（代々木ゼミナールの書籍案内ページにも同じものがあります。）

解答用紙と解説はサピックス小学部HPにあるよ！

アクセス
サピックス小学部HP
https://www.sapientica.com/application/activities/gravenews/
代々木ゼミナールの書籍案内
https://www.yozemi.ac.jp/books/

↳ ダウンロード → プリントアウト

※予想問題に取り組むときは、解答用紙をダウンロードしてご利用ください。

予想問題
政治・経済・社会

解答用紙と解説は
サピックス小学部
ＨＰにあるよ！

解答は170〜171ページにあります。

1 次の文章を読んで、あとの問いに答えなさい。

　2021年の通常国会では①さまざまな法律が成立しました。その中のひとつは医療制度改革関連法です。現在は、75歳以上の後期高齢者の大半は、かかった医療費の（　あ　）割を窓口で負担しますが、その割合が、一定の所得のある人については（　い　）割に引き上げられることになりました。現役世代なみの所得がある後期高齢者は、すでに現役世代と同じ（　う　）割負担となっていますが、そのような後期高齢者は全体の7％ほどしかいません。後期高齢者の所得に応じて自己負担割合を（　う　）段階にすることによって、現役世代の負担を減らすねらいがありますが、効果は限定的との意見もあります。

　改正医療法も興味深い内容です。これは病院の勤務医などの②長時間労働が深刻になっていることを受け、勤務と勤務の間に一定の休憩時間を設ける、医師による面接指導を行うなど、健康を確保するための措置をとることを医療機関に義務づけるものです。特に勤務終了後、次の勤務に就くまでに9〜11時間あけることを義務づける勤務間（　え　）は、医療関係者や多くの労働者の生活時間や睡眠時間を確保し、仕事と生活の調和を意味する（　お　）を向上させるためのしくみです。

　また、少子高齢化が進行し、今後ますます③労働者の不足が予想されることに対応するため、改正国家公務員法も成立しました。この法律では、現在は60歳である公務員の定年を2023年度から2年ごとに1歳ずつ引き上げていき、2031年度には65歳とすることが決められました。④国家公務員の給与やボーナス、労働環境は民間への影響も大きいと考えられているので、そう遠くない将来に⑤成人となるみなさんも今後の動きに注目しましょう。

　今国会で大きな税制改革はありませんでしたが、⑥経済的に大きな打撃を受けている産業や、労働者の働き方そのものの変革を強いられている産業もあります。また、低所得者層の負担を軽減するとともに、景気対策として⑦消費税の減税や、⑧2020年に給付された特別定額給付金の再給付を求める声もあります。⑨新型コロナウイルス感染症の流行が繰り返される現状において、さまざまな社会のしくみやこれまでの⑩生活様式の見直しが迫られていますが、⑪私たち一人ひとりが幸せに暮らせる明るい未来を築き上げていきたいものです。

問1　文章中の空らん（　あ　）〜（　う　）に当てはまる**算用数字**をそれぞれ答えなさい。また、空らん（　え　）・（　お　）に当てはまる語句を、それぞれ**カタカナ**で答えなさい。

問2　下線部①について、次の(1)〜(7)の各問いに答えなさい。

《5月：改正少年法の成立》

(1)　これまで少年法による報道規制は20歳未満が対象でしたが、今回の法改正により、18歳と19歳は「特定少年」とされ、報道規制が外されることになりました。報道がどう規制されていたのかを明らかにしながら、少年犯罪についての報道が規制される理由を説明しなさい。

116

《5月：デジタル改革関連法の成立》

(2) 2021年9月1日に内閣に設置されたデジタル庁が推進する「デジタルトランスフォーメーション（DX）」の考え方を説明した文として最もふさわしくないものを、次のア〜エから1つ選び、記号で答えなさい。

ア 情報を生かしてビジネス環境の変化に対応し、国際的な競争力をつけていく。
イ デジタル技術を利用してビッグデータを分析し、さまざまな社会問題の解決につなげる。
ウ 企業の組織のあり方やその文化、意思決定のしくみなどを変革し、新しい産業をおこす。
エ 紙の保存性の高さを再認識し、行き過ぎたペーパーレス社会を見直していく。

(3) デジタル庁は行政をこれまで以上に効率化するため、日本国内に居住するすべての人に割り振られた12けたの番号を積極的に活用することをめざしています。この番号を何といいますか。**カタカナ**で答えなさい。

(4) 現在、(3)で答えた番号が記載されたカードでできることとして最もふさわしくないものを、次のア〜エから1つ選び、記号で答えなさい。

ア 国政選挙や住民投票で投票所の入場券として利用できる。
イ コンビニエンスストアで住民票の写しを入手できる。
ウ 身分証明書や本人確認書類として利用できる。
エ 子育てや介護に関する申請手続きがオンラインでできる。

《6月：改正国民投票法の成立》

(5) 憲法改正の賛否を問う国民投票の投票権が得られる年齢は何歳以上となっているか答えなさい。

(6) 憲法改正を国会が発議する要件を答えなさい。

(7) 今回成立した改正国民投票法について説明した文として最もふさわしいものを、次のア〜エから1つ選び、記号で答えなさい。

ア 国民の判断を左右するので、賛成または反対のどちらかに投票することを呼びかける広告やCMは禁止となった。
イ 駅の構内やショッピングセンターなどに、その自治体の有権者ならだれでも投票できる共通投票所を設けることが可能になった。
ウ 航海の危険や投票システムの複雑さを避けるため、船員たちが船の上で投票できる「洋上投票」の制度は廃止となった。
エ 今回の改正で、投票率が一定の割合を下回ったら投票そのものを無効にするという最低投票率の規定が明確に設けられた。

問3　下線部②について、下の条文中の法律の名前を漢字で答えなさい。

> （日本国憲法：第27条・第2項）
> 　　賃金、就業時間、休息その他の勤労条件に関する基準は、法律でこれを定める。

問4　下線部③について、現在、日本では労働者の不足に対応するために多くの外国人技能実習生を受け入れています。これに関して、次の(1)・(2)の各問いに答えなさい。

(1)　右のグラフは、日本が外国人技能実習生として受け入れている人数の多い国を示したものです。A〜Cに当てはまる国の組み合わせとして最もふさわしいものを、次のア〜エから1つ選び、記号で答えなさい。

ア　A　中国　　　B　ベトナム　　C　インドネシア
イ　A　中国　　　B　インドネシア　C　ベトナム
ウ　A　ベトナム　B　中国　　　　C　インドネシア
エ　A　ベトナム　B　インドネシア　C　中国

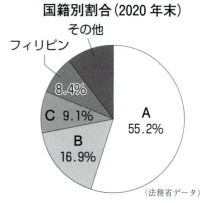

(2)　外国人技能実習生について説明した次のⅠ〜Ⅲの文の正誤の組み合わせとして最もふさわしいものを、あとのア〜クから1つ選び、記号で答えなさい。

Ⅰ：この制度の本来の目的は、外国人が日本人に技能を教えることなので、医療関係や教育関係での就労者が多くなっている。
Ⅱ：日本に来る技能実習生は高度な専門知識を持ち、語学力も優れた人が多いため、一般的に日本人労働者より賃金は高くなる。
Ⅲ：外国人は技能実習生の受け入れに慣れていない職場で働くことも多く、外国人と日本人とのコミュニケーションには不安もある。

	ア	イ	ウ	エ	オ	カ	キ	ク
Ⅰ	正	正	正	正	誤	誤	誤	誤
Ⅱ	正	正	誤	誤	正	誤	正	誤
Ⅲ	正	誤	誤	正	正	正	誤	誤

お詫びと訂正

　「２０２２年中学入試用サピックス重大ニュース」に以下のような誤りがありました。深くお詫びし、訂正いたします。

１．１１９ページ「予想問題　政治・経済・社会１　問６」の解答（１７０ページ）

　　（誤）　ア・イ・エ・オ　［順不同・完答］
　　（正）　ア・イ・オ　［順不同・完答］

　エの「裁判員裁判に参加する年齢」について、裁判員法では、裁判員は「衆議院議員の選挙権を有する者の中から選任する」とされています。２０１６年６月、選挙権が得られる年齢を「２０歳以上」から「１８歳以上」とした改正公職選挙法が施行されましたが、その後も公職選挙法の附則により、裁判員の選任資格は「２０歳以上」のままとされていました。
　２０２１年５月には改正少年法が成立しましたが、このときの改正内容には、公職選挙法の附則の削除も含まれていました。これにより、２０２２年４月からは裁判員の選任資格が「１８歳以上」になるため、エは正解ではありません。

サピックス小学部

問5 下線部④について、公務員の給与や労働環境を改善することによる社会全体への利点を2つ答えなさい。

問6 下線部⑤について、2022年4月1日から改正民法が施行されます。施行後も現在と変わらないこととしてふさわしいものを、次のア～カからすべて選び、記号で答えなさい。

ア 男性が結婚できる年齢　　　　　　　イ 国民年金に加入する義務が生じる年齢
ウ 女性が結婚できる年齢　　　　　　　エ 裁判員裁判に参加する年齢
オ 普通自動車免許を取得できる年齢　　カ 成人年齢

問7 下線部⑥について、新型コロナウイルスの感染拡大により景気は悪化しました。そこからの回復は重要な課題ですが、日本は「K字型」の回復になっていると指摘する意見があります。「K字型」の意味を、下の【ヒント】を参考にして説明しなさい。

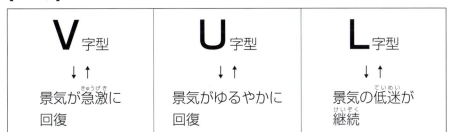

問8 下線部⑦について、次の(1)～(3)の各問いに答えなさい。

(1) 1989年に税率（　D　）％で導入された消費税は、徐々に税率が引き上げられていき、1997年には（　E　）％、2014年には（　F　）％、2019年には10％になりました。この（　D　）～（　F　）に当てはまる数字とそれぞれ同じになる数字として最もふさわしいものを、次のア～カから1つずつ選び、記号で答えなさい。

ア 室町時代に山城国で自治が行われた足かけの年数
イ 三重県と陸地で接する府県の数
ウ 県庁所在都市より人口が多い都市がある県の数
エ 古代における畿内を除く全国の令制国の数
オ 中部地方の政令指定都市の数
カ 47都道府県の中での茨城県の農業産出額の順位（2019年）

(2) 2021年4月1日から、商品の価格表示は本体価格に消費税を含めた「総額表示」とすることが義務化されています。では、商品の本体価格が980円の場合に認められる表示を1つ考えて答えなさい。

(3) (2)でみなさんが答えた「総額表示」における、《消費者側の利点》と《小売店側の不安》はそれぞれどのようなものか、**40字以内**で答えなさい。

問9 下線部⑧について、次の(1)・(2)の各問いに答えなさい。

(1) 1人につき、一律にいくら給付されたか答えなさい。

(2) 国民の最低限の生活を保障するために、政府が全国民に定期的に現金を給付する（　　　　　）を導入してはどうかという考え方があります。（　　　　　）に当てはまる語句を、**カタカナ9字**で答えなさい。

問10 下線部⑨について、新型コロナウイルスの感染拡大に伴い、保健所の役割が注目されました。これに関して、次の(1)・(2)の各問いに答えなさい。

(1) 保健所を表す地図記号をかきなさい。また、下の文中の空らん（　**G**　）～（　**J**　）に当てはまる語句や人物名をそれぞれ答えなさい。ただし、2か所以上ある（　**G**　）・（　**J**　）にはそれぞれ同じ語句や人物名が入ります。

> 保健所を表す地図記号は（　**G**　）のマークに由来します。（　**G**　）のマークは国際（　**G**　）を創設し、1901年に第1回（　**H**　）賞を受賞した（　**I**　）の母国である（　**J**　）に敬意を表すために、（　**J**　）国旗の配色を反転させたものがもとになっています。

(2) 保健所の業務や現状について説明した文としてふさわしくないものを、次の**ア～オ**から**2つ**選び、記号で答えなさい。

ア　食品の衛生を管理するため、食品の製造場所や飲食店などに対する営業許可を出す。
イ　令和3年における全国の保健所の数は、平成元年の2倍以上になっている。
ウ　保健所で働いている職員は一般的に、採用試験に合格した公務員である。
エ　上水道施設の立ち入り検査や、河川・井戸・プールなどの水質検査を行う。
オ　保健所は国民の健康や公衆衛生を支える機関なので、国が直接設置することになっている。

問11 下線部⑩について、下のイラストは結婚式でよく目にする受付の様子です。これに関する次の会話文を読んで、あとの(1)・(2)の各問いに答えなさい。

さぴお：受付の人にご（　か　）袋を渡しているね。中にはお祝いのお金が入っているんだろうけど、受付の人は管理が大変だろうね。

さぴこ：そうだよね。でも今は、お金をやり取りする方法もいろいろあるし、コロナも怖いから（　き　）こともあるみたいだよ。このやり方だと、なんだかお祝いをしている感じじゃない気もするけど…。

さぴお：せっかくきれいな格好をしているのに、マスクを着けるのも違和感が…。どうせだったら、お祝い用のかっこいいマスクを着けたいなあ。

さぴこ：予防効果があまりないマスクもあるみたいだから…。

(1) 空らん（　か　）に当てはまる語句を、**ひらがな4字**で答えなさい。

(2) 空らん（　き　）に当てはまる文を考え、**15字以内**で答えなさい。

問12 下線部⑪について、次の(1)～(3)の各問いに答えなさい。

(1) 2021年3月、埼玉県では全国で初めてとなる内容の条例が成立しました。右の写真をふまえて、利用者にどうすることを求めている条例なのか考えて答えなさい。

(2) 2021年6月、最高裁判所は「夫婦別姓」を認めない民法の規定は「合憲」とする判断を下しました。これについて説明した文として最もふさわしいものを、次のア～エから1つ選び、記号で答えなさい。

ア　最高裁判所が民法のこの規定を合憲と判断したのは、今回が初めてである。
イ　日本を含むアジアの多くの国では、夫婦同姓を法律で義務づけている。
ウ　最高裁判所の裁判官9人のうち、6人は合憲としたが、3人は違憲との意見を述べた。
エ　日本政府は、国連の女性差別撤廃委員会から制度を改善するよう勧告を受けたことがある。

(3) 2015年の国連総会で、地球上の「だれひとり取り残さない」という考えのもと、2030年までに持続可能な未来社会を実現するための17の目標（持続可能な開発目標：SDGs）が定められました。2021年6月現在、日本の達成度が高いと思われる目標として最もふさわしくないものを、次のア～エから1つ選び、記号で答えなさい。

ア 「質の高い教育をみんなに」　　イ 「産業と技術革新の基盤をつくろう」
ウ 「平和と公正をすべての人に」　エ 「気候変動に具体的な対策を」

2 次の3つの川柳を読んで、あとの問いに答えなさい。

　　コロナ禍で　家ナカ増えて　ごみ増えて

問1　外出を控えて自宅での生活を楽しんだり充実させたりするための消費は増えていますが、一方で、（　　　　）消費は激減しています。右のグラフを参考にして、（　　　　）に当てはまる語句を**カタカナ6字**で答えなさい。

（日本政府観光局[JNTO]の資料より）

問2　最近、右の【写真1】のようなラベルのついていないPETボトル飲料の販売が増えてきていますが、通常のラベルつきのものと比べたときの利点を説明しなさい。

問3　現在、さまざまな業種の企業が右の【写真2】のような構造の箱を自動販売機の近くに設置しています。企業がこのような取り組みを行う目的を、**問2**で答えたことと関連づけて説明しなさい。

【写真1】　【写真2】

（全国清涼飲料連合会提供）

顔マスク　スマホ片手に　みな出社

問4　マスクについて説明した次のⅠ・Ⅱの文の正誤の組み合わせとして最もふさわしいものを、あとのア～エから1つ選び、記号で答えなさい。

Ⅰ：地方公共団体の多くは、使い捨ての不織布マスクを「燃えるごみ」ではなく「資源ごみ」として回収している。
Ⅱ：消費者が一定の性能を満たしたマスクを安心して使えるように、政府はマスクに関する日本産業規格（JIS）を制定した。

　　ア　Ⅰ：正　Ⅱ：正　　イ　Ⅰ：正　Ⅱ：誤　　ウ　Ⅰ：誤　Ⅱ：正　　エ　Ⅰ：誤　Ⅱ：誤

問5　上のような川柳がよまれる一方で、働き方も多様化してきています。これに関して、次の(1)・(2)の各問いに答えなさい。

(1) 最近、耳にすることがある「ワーケーション」とはどういう意味ですか。右の【写真3】と下の【ヒント】を参考にして、30字以内で答えなさい。

【ヒント】
※　ワーク（work）… 仕事
※　バケーション（vacation）… 休暇

(2) (1)の働き方や在宅勤務を行う際、勤務時間外に会社からの連絡や業務対応を拒否できる「つながらない権利」が注目される理由を、上の【写真3】も参考にして、30字以内で答えなさい。

ワクチンか　コロナ解散　切り札か

問6　新型コロナウイルス感染症のワクチンについて説明した次のⅠ・Ⅱの文の正誤の組み合わせとして最もふさわしいものを、あとのア～エから1つ選び、記号で答えなさい。

Ⅰ：ワクチンの接種は法律で「努力義務」とされているが、接種の有無による差別や偏見も問題視されている。
Ⅱ：日本は製薬会社の研究費を国が支援しているので、国産ワクチンの開発は欧米諸国に比べてかなり進んでいる。

　　ア　Ⅰ：正　Ⅱ：正　　イ　Ⅰ：正　Ⅱ：誤　　ウ　Ⅰ：誤　Ⅱ：正　　エ　Ⅰ：誤　Ⅱ：誤

問7 右の表は、2005年以降の衆議院解散時の内閣総理大臣と、衆議院議員の残り任期を示しています。これに関して、次の(1)〜(4)の各問いに答えなさい。

年	内閣総理大臣	残り任期
2005年	小泉純一郎	822日
2009年	麻生太郎	51日
2012年	野田佳彦	286日
2014年	（　　　）	755日
2017年	安倍晋三	441日
2021年	岸田文雄	※7日

※10月14日に解散した場合

(1) 表中の内閣総理大臣のうち、所属政党が異なる人物が1人います。その人物と、空らん（　　　）に当てはまる人物を、それぞれ漢字で答えなさい。

(2) 表の内容に関連した文として最もふさわしいものを、次のア〜エから1つ選び、記号で答えなさい。

ア　衆議院が解散されると参議院も同時に解散となり、衆参同日選挙が行われる。
イ　参議院や地方議会においては、選挙時の残り任期は必ず「0日」となる。
ウ　表中において、衆議院議員の平均在職期間は約1200日と考えられる。
エ　残り任期が「0日」になったのは、日本国憲法が施行されてから2020年までに1回だけある。

(3) 選挙の投票日の朝、投票所で最初に投票することになったあなたのお父さんは選挙の公正さを保つために「ある役割」を担うことになりました。右の【写真4】を参考にして、「ある役割」とは何か答えなさい。

【写真4】

(4) 私たちが衆議院議員総選挙で投じる一票が「政権を選択する」ことにつながると考えられる理由を、下の【語句】をすべて使ってわかりやすく説明しなさい。

【語句】

主権者	優越	議院内閣制	指名	行政権

★自習コーナー★

あなたは将来、内閣総理大臣になるとします。今年度版の『サピックス重大ニュース』の中から自由にテーマを選んで、自分が実現したい政策を考えてまとめてみましょう。ご家族と話し合ってみるのもよいでしょう。

世界遺産・農業など

予想問題

解答用紙と解説はサピックス小学部HPにあるよ！

解答は171ページにあります。

1 次の文章を読んで、あとの問いに答えなさい。

　2021年7月、オンラインで開かれた（　ア　）の世界遺産委員会は、日本国内の候補地2件を新たに世界遺産として登録することを決定しました。日本で同じ年に複数の世界遺産が登録されたのは①2011年以来のことで、これにより、②日本国内の世界遺産は25件となりました。

　先に登録が決まったのは自然遺産の「奄美大島、徳之島、沖縄島北部及び西表島」で、③これらの島々は鹿児島県と沖縄県の2県にまたがっています。近年は新規の登録が絞りこまれるようになってきていることから、国内で最後の自然遺産になるともいわれています。登録された地域の大部分は森林です。大陸から切り離されて現在の島々が形成されていく過程で動植物が独自に進化してきたため、希少生物の宝庫で、絶滅が危惧される固有種も数多く生息しており、その（　イ　）性が評価されました。しかし、それと同時に④いくつかの課題も指摘されており、日本政府は今後、（　ア　）に対応状況を報告することになっています。

　次に登録が決まったのは文化遺産の「北海道・北東北の⑤縄文遺跡群」で、⑥三内丸山遺跡や、円を描くように石を配置したストーンサークルで知られる大湯環状列石をはじめ、（　ウ　）海峡をはさんだ4つの道県に点在する17の縄文遺跡からなります。縄文遺跡は全国にありますが、当時の北海道・北東北の人々は（　⑦　）生活でありながら何百年も同じ場所に定住しており、これは世界的にみてもとても珍しいといえます。また、定住することによって知恵や知識が蓄えられ、文化も成熟していたとみられます。⑧そうした価値は、他の有名な世界遺産に比べてわかりにくい部分があるかもしれませんが、登録を機会に人々がその価値に気づき、誇りに思うようになれば、遺跡が守られることにもつながっていくのではないでしょうか。

問1　文章中の空らん（　ア　）～（　ウ　）に当てはまる語句を、それぞれ**漢字**で答えなさい。なお、2つある（　ア　）には共通した語句が入ります。

問2　下線部①について、次のア～ウの項目の数値を2011年と2021年とで比べてみたとき、上がったものをすべて選び、記号で答えなさい。

　ア　人工林の森林蓄積（㎥）
　イ　太陽光発電の電力量（kW）
　ウ　新幹線の旅客営業キロ（km）

問3　下線部②について、国内の世界遺産の内訳を示した次の式の○と●に当てはまる**算用数字**を、それぞれ答えなさい。

　自然遺産の登録件数＝○　　文化遺産の登録件数 ＝ ●　　➡　　○ ＋ ● ＝ 25件

問4 下線部③について、次の地図を見て、あとの(1)・(2)の各問いに答えなさい。なお、今回自然遺産に登録された地域には色がついています。

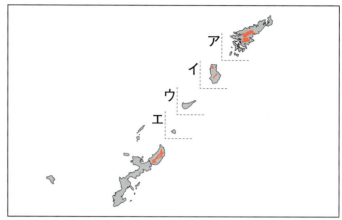

(1) これらの島々に関する説明のうち、最もふさわしくないものを次のア〜エから1つ選び、記号で答えなさい。
　ア　4つの島はいずれも、サンフランシスコ平和条約の発効後もアメリカに統治された。
　イ　4つの島は、異なる3つの国立公園のいずれかに属している。
　ウ　沖縄島と奄美大島の面積は、四大島を除けば国内5位までに含まれる。
　エ　西表島を除いた3つの島の全域は、東京を中心とする半径1500kmの円内に入る。

(2) 鹿児島県と沖縄県の県境として最もふさわしいものを、上の地図中のア〜エから1つ選び、記号で答えなさい。

問5 下線部④について、次の(1)・(2)の各問いに答えなさい。

(1) 西表島では、将来的に年間の入島人数を33万人ほどに制限しようとしています。これは、何と呼ばれる問題への対策ですか。**カタカナ9字**で答えなさい。

(2) 沖縄島北部の道路に、次のイラストのような設備がみられる理由を説明しなさい。

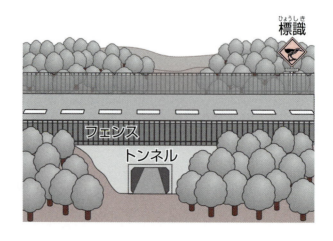

問6 下線部⑤について、縄文時代のおよその期間に最も近いものを次の図中のア～エから1つ選び、記号で答えなさい。

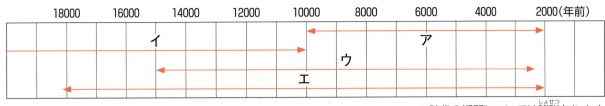

※時代の期間については諸説あります。

問7 下線部⑥について、三内丸山遺跡を説明した次のX・Yの文の正誤の組み合わせとして最もふさわしいものを、あとのア～エから1つ選び、記号で答えなさい。

X 大型竪穴住居跡や大型掘立柱建物跡が、濠をめぐらせた集落の内部で発見された。
Y 遠隔地との交易が行われていたことを証明する黒曜石やひすいが出土している。

ア X：正 Y：正　　イ X：正 Y：誤　　ウ X：誤 Y：正　　エ X：誤 Y：誤

問8 文章中の空らん（　⑦　）に当てはまる文を10字以内で書きなさい。

問9 下線部⑧について、次の(1)・(2)の各問いに答えなさい。

(1) その理由を、それぞれ世界遺産の構成資産である次の【写真1】【写真2】を比べながら説明しなさい。

入江貝塚（北海道）
（出典：JOMON ARCHIVES）

ギザのピラミッドと
スフィンクス（エジプト）

(2) 北海道や北東北の遺跡では、次のA・Bのような新しい技術を活用することも注目されています。遺跡を訪れた人は、こうした技術によってどのようなことが可能になるでしょうか。あとの説明の空らんに当てはまる文を書きなさい。

A　　　　　　　　　　B

A：アプリを使って、（　　　　　　　　　　　）ができる。
B：機器を装着して、（　　　　　　　　　　　）ができる。

問10 2021年に登録された世界遺産の構成資産がある、北海道・青森県・岩手県・秋田県・鹿児島県・沖縄県の6つの道県について、次の(1)・(2)の各問いに答えなさい。

(1) 岩手県と鹿児島県は、今回の登録によって、異なる3つの世界遺産登録地を持つ県となりました。このほかに、異なる3つの世界遺産登録地を持つ県を**漢字**で答えなさい。

(2) 次の表は、6つの道県に関する統計を示したものです。表中の**B・E**に当てはまる道県を、あとの**ア～カ**から1つずつ選び、それぞれ記号で答えなさい。

	人口50万人以上の都市の数	人口に占める65歳以上の割合(2019年/%)	乳用牛の飼育頭数(2020年/頭)	海面漁業の漁獲量(2018年/t)
A	0	33.1	41600	90087
B	1	32.0	13800	63560
C	1	31.9	820900	876625
D	0	22.2	4250	15555
E	0	33.3	11800	90344
F	0	37.2	3960	6193

（「県勢2021」より）

ア 北海道 イ 青森県 ウ 岩手県 エ 秋田県 オ 鹿児島県 カ 沖縄県

2 次のⅠ・Ⅱの文章を読んで、あとの問いに答えなさい。

Ⅰ いわゆるコロナ禍での生活が続くにつれ、「（ ① ）需要（消費）」という言葉が聞かれるようになりました。私たち消費者の行動は、以前とは大きく変わったといえるでしょう。いくつかの調査によれば、月によっては②食費の支出が増えたと感じる人が多かったようです。食料供給に目を向けると、日本は、③米の90%以上が国産である一方で、小麦の80%以上を輸入している国でもあります。2020年には一部の穀物輸出国が自国を優先するために輸出を規制する動きもみられましたが、幸いなことに国民生活に影響は出ませんでした。飲食店の営業自粛などで販路を失った④生産者も、さまざまな努力をしています。このような厳しい状況のなかにあっても、2020年は⑤日本の農林水産物・食品の輸出額が8年連続で過去最多を更新したという明るいニュースもありました。海外においても（ ① ）需要が伸びていたことが、背景の1つといえます。

問1 文章中に2つある（ ① ）には、「自宅での消費活動や過ごし方」を意味する「□●●●」という語句が共通して入ります。□を**漢字**、●を**ひらがな**で、それぞれ文字数に合わせて答えなさい。

予想問題 世界遺産・農業など

問2　下線部②について、家計の消費支出に占める食料費の割合を「エンゲル係数」といいますが、2020年は34年ぶりに高い水準となりました。一般的には、エンゲル係数が上昇すると「家計に経済的なゆとりがなくなった」とされますが、2020年についてはそうは言い切れない理由を、次の表を参考にして説明しなさい。

家計の消費支出の内訳（2020年／二人以上の世帯）

費用の項目	月平均額（円）	名目増減率(%)	実質増減率※(%)
消費支出全体	277926	−5.3	−5.3
食料	80198	−0.3	−1.7
外食	10811	−26.7	−28.2
住居	17374	1.6	−0.2
光熱・水道	21836	−0.5	1.9
家具・家事用品	12708	8.5	6.1
被服及び履物	9175	−18.9	−19.8
保健医療	14296	2.0	1.7
交通・通信	39972	−8.8	−8.6
交通	3125	−48.8	−49.8
教育	10293	−10.5	−2.9
教養娯楽	24987	−18.6	−18.1
教養娯楽サービス	12240	−32.5	−30.8
その他の消費支出	47088	−7.4	−7.4

※名目増減率から物価の変動の影響を取り除いたもの。　　　　　　（総務省「家計調査報告（家計収支編）」2020年より）

問3　下線部③について、次の【文章】と【資料】を見て、あとの(1)・(2)の各問いに答えなさい。

【文章】

　　日本で消費される食料のうちどの程度が国産なのかを示す指標には、いくつかの種類があります。下の【資料】のAやCの自給率なら、みなさんも知っているのではないでしょうか。しかし、多くの国では食料自給率といえばBを指すことが多いのです。2020年からは、新たにDやEの指標も発表されるようになりました。1つの指標だけで判断するのではなく、さまざまな指標を見比べて、それぞれが何を重視して算出されたのかを考えてみるといいかもしれません。

【資料】　日本の自給率（2019年度）

	指標の種類	%
A	総合食料自給率	38
B	総合食料自給率	66
C	品目別自給率	
	（例）米	97
	小麦	16
D	食料国産率	47
E	食料国産率	69

（農林水産省ホームページ、「日本国勢図会 2021/22 年版」などより）

A・B：輸入飼料を与えられた家畜は、国産として扱われない。

D・E：輸入飼料を与えても、実際に国内で育てられた家畜は国産として扱われる。

C：単純に食べ物の「重さ」をもとに自給率を算出している。

※輸入飼料のことを考慮して算出すれば、自給率はもっと下がる。

(1) A・B・D・Eのうち、食べ物の「カロリー」をもとに算出している指標はどれですか。【文章】や右のグラフ中の□に当てはまる品目にも注目して、2つ答えなさい。なお、残った2つは、食べ物の「生産額」をもとに算出した指標です。

(2) 食料自給率だけでなく、食料国産率も発表されることの利点を、【資料】中の下線部を参考にして説明しなさい。

問4 下線部④について、次の(1)・(2)の各問いに答えなさい。

(1) 近年、農産物などを扱うオンライン直売所が成長しています。食材の納入先を失った農家などへの「応援消費」のほかに、どのような理由が考えられますか。次の図を参考にして、消費者・生産者それぞれにとってのメリットを説明しなさい。

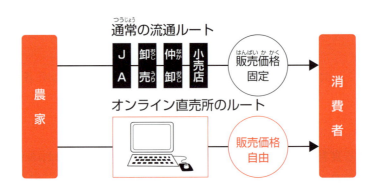

(2) ある農園では、甘みを出すために水やりを抑えたことで右の写真のようになったトマトを「闇落ちトマト」と名づけたところ、大人気となりました。こうした黒い部分はたいへん甘いのですが、これまでは見た目で敬遠されてきたのです。このほか、農産物には斑点があらわれたころが食べごろとされるものもあります。次の【ヒント】①～③を参考にして、その農産物をカタカナで答えなさい。

(「曽我農園」提供)

【ヒント】

① 北緯30度から南緯30度までの間がこの農産物の主要生産地域とされている。
② アフリカ中央部や東部では主食としている地域もある。
③ 世界で最も多く生産している国はインド、最も多く輸出している国はエクアドルである。

問5 下線部⑤について、2020年に「種苗法」が改正されました。次の【資料1】【資料2】を参考にして、種苗法が改正された背景と目的を説明しなさい。

【資料1】

種苗法（2020年改正）の内容
・種苗の開発者が、その農産物の輸出国や国内での栽培地域を指定することができる。
・種苗を指定された国以外に故意に持ち出した場合は、10年以下の懲役または1000万円以下の罰金。
・農家が収穫物から種苗を取って自家増殖させる場合は、開発者の許可が必要。

【資料2】

HK＄＝香港ドル

Ⅱ　2021年の夏について振り返ってみましょう。
　7月上旬は、梅雨前線の停滞によって日本列島の広い範囲で大雨となり、静岡県の熱海市では土石流によって大きな被害が発生しました。また、⑥住民に避難情報を発表した市町村が複数ありました。一転して、7月下旬は各地で猛暑となり、⑦気象庁や環境省は「熱中症警戒アラート」を発表して注意を呼びかけました。
　こうしたなか、「東京オリンピック2020」が7月23日から8月8日にかけて開催されました。ほとんどの競技が無観客で行われるという異例の大会でしたが、開会式の⑧ピクトグラムのパフォーマンス、日本人選手の⑨メダルラッシュ、ボランティアの仕事ぶりなどは話題を集めました。また、⑩ＳＮＳによる情報の発信が定着した大会だったともいえるでしょう。しかし、オリンピックが⑪新型コロナウイルスの感染拡大につながると考えて開催に反対する意見や、終了した後も感染拡大の原因になったので開催すべきではなかったという意見があり、開催すること自体に賛否のあった大会として人々の記憶に残ることになるかもしれません。

問6　下線部⑥について、市町村が発表する避難情報は2021年5月20日から次のように変更されています。以前の避難情報にはどのような課題があったと考えられますか。簡単に説明しなさい。

変更前

警戒レベル	避難情報
5	災害発生情報
4	避難勧告・避難指示（緊急）
3	避難準備・高齢者等避難開始
2	
1	

変更後

警戒レベル	避難情報
5	緊急安全確保
4	避難指示
3	高齢者等避難
2	
1	

※レベルは5段階でも、2・1に当たる避難情報はありません。

問7　下線部⑦について、あとの(1)・(2)の各問いに答えなさい。

(1)　気象庁は何という省の外局にあたりますか。その省の正式名称を、解答らんに合うように漢字で答えなさい。

(2)　気象庁は、気象や災害に関するさまざまな情報を国民に提供しており、ホームページの年間閲覧数は約79億回といわれています。右の写真は気象庁ホームページの一部で、□□□のスペースには2020年から「あるもの」が掲載されるようになっています。下の【グラフ】を参考に、その背景と、それに対して批判的な意見がある理由を説明しなさい。ただし、「あるもの」が何であるかを明らかにすること。

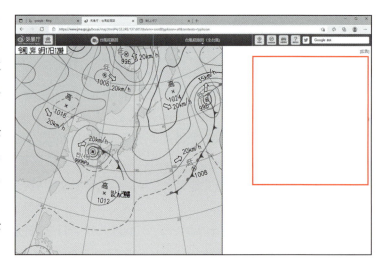

【グラフ】

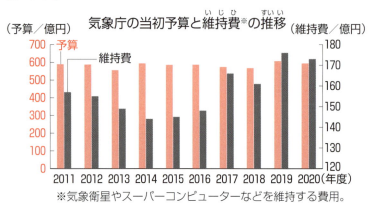

※気象衛星やスーパーコンピューターなどを維持する費用。

問8 下線部⑧について、ピクトグラムは「できるだけ多くの人に使いやすく、わかりやすいようにする」という考え方がもとになっています。この考え方を意味する語句を**カタカナ**で答えなさい。

問9 下線部⑨について、次の(1)・(2)の各問いに答えなさい。

順位	国名	メダル合計（うち金）
1	アメリカ	113 (39)
2	中国	88 (38)
3	日本	58 (27)
4	イギリス	65 (22)
5	ロシアオリンピック委員会（ROC）	71 (20)

※順位は金メダルが多い順

(1) 右の表は、今回のオリンピックでのメダル獲得数を示しています。表中の1・2・4位の国からの日本の輸入品としてふさわしいものを、次の**ア〜オ**から1つずつ選び、それぞれ記号で答えなさい。

	ア	イ	ウ	エ	オ
1位	医薬品	機械類	機械類	機械類	機械類
2位	機械類	衣類	医薬品	医薬品	医薬品
3位	ぶどう酒	金属製品	自動車	自動車	肉類
4位	航空機類	家具	有機化合物	科学光学機器	科学光学機器
5位	バッグ類	プラスチック製品	科学光学機器	ウイスキー	液化石油ガス

（2020年、「日本国勢図会2021/22年版」より）

(2) 今回のオリンピックやパラリンピックのメダルは「都市鉱山」からつくられたことが知られていますが、実際に回収された金属の量は右のようになりました。1〜3位に当てはまる金属を、それぞれ**金・銀・銅**で答えなさい。

問10 下線部⑩について、今回のオリンピックではSNSの功罪が浮き彫りになったともいえますが、それぞれどのようなことでしょうか。次の説明の空らんに当てはまる文を書きなさい。

> 功：選手がSNSからさまざまな情報を発信してオリンピックの魅力を拡散したことで、ほぼ無観客での開催でも、多くの人が楽しめたこと。
> 罪：オリンピックが国の威信をかけた場であったことから、（　　　　　　　　　　　）こと。

問11 下線部⑪について、新型コロナウイルスの変異株の呼び方が次のように変更された理由を説明しなさい。

予 想 問 題

国 際

解答は172ページにあります。

1 次の文章を読んで、あとの問いに答えなさい。

　2021年の国際社会では、権力のあり方について考えさせられるさまざまなできごとがありました。権力は国家の運営上、不可欠ではありますが、①使い方を誤ると国民の権利を奪いかねないものでもあることは、社会科の学習をしてきたみなさんにもわかるのではないでしょうか。

　2020年6月、中国政府が「A香港国家安全維持法」を定め、施行したことが大きく報道されました。この法律は、国を分裂させようとしたり、政権をくつがえそうとしたり、外国勢力と協力して国の安全をおびやかしたりする行為などを取り締まりの対象としています。②香港にはいわゆる「一国二制度」が適用され、中国本土より幅広い自由が認められるはずだったのですが、このような法律はその方針と矛盾しているのではないかと非難の声を上げる国もあります。この法律に違反したとして2021年6月末までに逮捕された人々は100人以上に上りました。また、香港の警察は2020年11月に、この法律に触れる行為について香港市民からの通報を受け付ける窓口を開設しており、約半年間で10万件以上の通報が寄せられたとのことです。ここからは、③人々の相互監視によって締め付けを強化したいという政府の思惑が読み取れます。このような中国政府の方針に対し、④香港には戸惑いを隠せない人も少なくないようです。

　中国では、B新疆ウイグル自治区においても人権が侵害されているといわれています。この自治区に住むウイグル族の多くは（　あ　）教徒ですが、中国政府による強制労働や強制収容が行われている疑いがあるとして、多くの国々が非難を表明しています。2021年8月現在、⑤G7（主要7か国）の中で中国に対する制裁を発動していないのは日本だけという状況です。ただ、民間には動きがあり、⑥食品製造・販売を手掛ける日本の大手企業の中には、この人権侵害を一つの理由として、新疆産のトマトの輸入を停止すると発表したところもあります。

　Cミャンマーでも、権力のあり方について議論を呼ぶできごとが起こっています。長年、軍事独裁政権に反対して民主化運動を行ってきた（　い　）氏は、1990年代から2000年代にかけて20年近く、断続的に自宅に軟禁されていましたが、2011年の民政移管後、2016年には「国家顧問」に就任し、事実上の首脳として国政に携わってきました。しかし、2021年2月にミャンマー軍は彼女の身柄を拘束したのです。一般的に非権力者が権力者を倒して政権を握ることを「革命」というのに対し、今回のミャンマーで起きたような、一部であれ権力を握っていた者が他者の権力を奪って政治の主導権を握ることを「（　う　）」といいます。軍は反発する市民のデモを武力で弾圧しているほか、⑦インターネットの遮断なども行い、8月には「暫定政府」を発足させました。

　非権力者からの批判を受けた権力者が、「力ずくで黙らせる」という手段をとることはよくありますが、他にも選択肢はあるはずです。2021年、オーストラリアでは国歌の歌詞の一部が、「we are young and free（わたしたちは、若くて自由だ）」から、「we are one and free（わたしたちは、ひとつで自由だ）」に変更されました。⑧国内には「young（若い）」という部分に否定的な感情を持つ人が大勢いたため、首相が変更に踏み切ったのです。国歌の歌詞ひとつからも、政府が国民に対してどのようなまなざしを向けているかを察することができます。

問1　文章中の空らん（　あ　）～（　う　）に当てはまる語句をそれぞれ**カタカナ**で答えなさい。

問2　波線部A～Cの位置としてふさわしいものを、右の地図中のア～カから1つずつ選び、それぞれ記号で答えなさい。

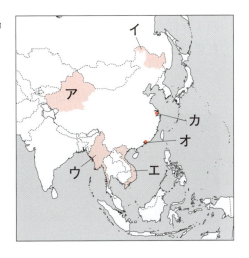

問3　下線部①について、次の(1)・(2)の各問いに答えなさい。

(1)　憲法によって国家の権力を制限しようとする考え方を何というか、解答らんに合うように**漢字**で答えなさい。

(2)　権力のあり方を述べた次の3つの文のうち、ふさわしいものはいくつありますか。0～3の**算用数字**で答えなさい。

・フランスの思想家であるモンテスキューは、『法の精神』において三権分立を説いた。
・イギリスの憲法には、王（女王）は「君臨すれども統治せず」と明記されている。
・イタリアの国家元首は、国内に位置するバチカン市国の主権を保持している。

問4　下線部②について、次の【写真A】は中国本土を走るバスを、【写真B】は香港を走るバスを示しています。なぜこのような違いがあるのか、香港の歴史とバスのドアに注目して説明しなさい。

【写真A】　　　　　　　　　　【写真B】

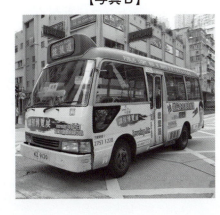

問5　下線部③について、日本でも歴史上、同様の政策が行われたことがありました。その例を1つ挙げて説明しなさい。

問6　下線部④について、香港では近年、【写真C】のように民主化などを訴える市民がその思いを書いた付せんを持ち寄って、街頭や喫茶店などに貼る様子が見られましたが、2020年ごろから【写真D】のように変わってきています。【写真D】のような行動には、人々のどのような思いがこめられていると思いますか。あなたの考えを書きなさい。

【写真C】

【写真D】

問7　下線部⑤について、2021年に主要7か国首脳会議（G7サミット）が行われた国の説明として最もふさわしいものを、次のア～エから1つ選び、記号で答えなさい。

　　ア　一時はパリ協定から離脱していたが、2021年2月に正式に復帰した。
　　イ　カタルーニャ州で行われた州議会議員選挙において、同州の独立賛成派が過半数を維持した。
　　ウ　メルケル首相の後継者が誰になるかを占う連邦議会議員の総選挙が行われた。
　　エ　2021年3月に貨物船の座礁事故で一時通航不能になったスエズ運河は、かつてこの国の管理下にあった。

問8　下線部⑥について、企業がこのような行動を取ることによって、事態がどのように改善される可能性があるか説明しなさい。

問9　下線部⑦について、ミャンマー軍がインターネットを遮断した理由として考えられることを説明しなさい。

問10　下線部⑧について、どんな人々がどのような理由で「young（若い）」という語句に否定的な感情を持ったのだと考えられますか。オーストラリアの民族構成をふまえて説明しなさい。

予想問題　国際

❷ 次の文章を読んで、あとの問いに答えなさい。

　2021年A7月23日から始まった第32回夏季オリンピック東京大会は、B8月8日に閉会式を迎えました。さまざまな意味で異例ずくめの大会だったといってよいでしょう。

　開会に至るまでには、まず①新国立競技場について、建設費用が非常に高額となったことにより、当初案が見直され、改めて「（　あ　）のスタジアム」というコンセプトで、多くの木材を活用して建設されることになりました。また、大会の公式エンブレムのデザインをめぐってトラブルがあり、最終的には日本の伝統的なデザインである（　い　）模様をモチーフにした別のデザインを採用することになりました。そして何より、新型コロナウイルスの感染拡大によって、大会そのものが延期されることになりました。②これまで近代オリンピックの大会が中止されたことはありましたが、延期して開催されたのは初めてです。

　開会式ではさまざまなセレモニーがありましたが、会場アナウンスは最初は（　う　）語で、次に英語で、最後に日本語で行われました。これは（　う　）語が国際オリンピック委員会（ＩＯＣ）の第一公用語となっているからです。また、オリンピックに参加する国・地域の入場順は、最初が（　え　）共和国で、それ以降は国・地域名をその国の言語・文字で表記したときの順番に従い、最後に開催国が入場するのが通例です。今大会では、最初が（　え　）共和国、2番目が（　お　）選手団で、それ以降は③国・地域名を日本語で表記したときの五十音順で入場しました。ただし、次回と次々回の夏季オリンピックの開催都市のある国々は、それぞれ日本の直前に入場しました。

　猛暑の中で行われたのも今大会の特徴で、あまりの暑さと湿度の高さに、④一部の競技では時間帯が急きょ変更されました。急な時間変更があると、体のリズムを整えたり、チームメイトの選手たちと話し合ったりするタイミングの調整にも影響するため、選手たちにとってはマイナスとなる部分もあると考えられます。それでも選手たちの安全を考慮すると、今後は競技の時間帯や、⑤大会そのものの開催期間を見直す必要があるのかもしれません。

　今大会が始まる直前、ＩＯＣは近代オリンピックのモットーである「より速く、より高く、より強く」の後に、「共に」を追加すると発表しました。⑥この新しいモットーが追加された背景には、さまざまなことがあると考えられます。今後もオリンピックは人々の連帯を深める役割を果たしていけるのか、問われ続けることになるでしょう。

問1　文章中の空らん（　あ　）～（　お　）に当てはまる語句を答えなさい。ただし、2か所ある（　う　）・（　え　）にはそれぞれ同じ語句が入ります。

問2　波線部A・Bについて、次の(1)・(2)の各問いに答えなさい。

(1)　これらは2021年に限り祝日とされました。それぞれ何の日とされたか、解答らんに合うように答えなさい。

(2)　2021年は、開会式の前日と閉会式の翌日も、祝日または休日となるよう調整されました。この理由を説明しなさい。

問3 下線部①について、この競技場に直線距離で最も近い建築物を、次のア〜エから1つ選び、記号で答えなさい。

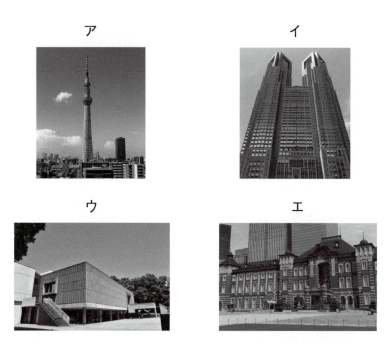

問4 下線部②について、右の表は、開催が決まっていたものの、ある共通の事情で中止となった夏季オリンピックの大会を示したものです。共通の事情とは何か、文章をよく読んだうえで説明しなさい。

回	開催予定都市
第6回	ベルリン（ドイツ）
第12回	東京（日本） ⇒ヘルシンキ（フィンランド）
第13回	ロンドン（イギリス）

問5 下線部③について、この部分を参考にして、次のア〜オの国旗の国を開会式で早く入場した順に並べかえなさい。ただし、これらの国は連続して入場したとは限りません。

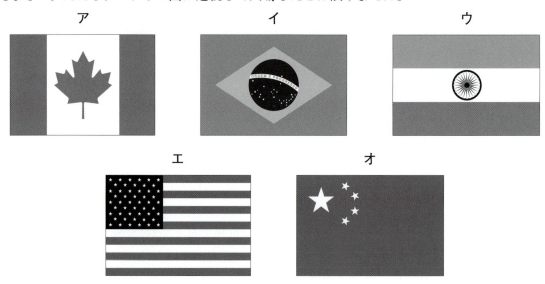

問6 下線部④について、この対応が「今大会だからこそ可能だった」とすれば、その根拠は何だと考えられますか。説明しなさい。

問7 下線部⑤について、夏季オリンピックの開催時期を大きくずらすことは現実的には難しいと考えられています。その理由を、次の【資料1】・【資料2】をふまえた上で説明しなさい。

【資料1：IOCの収益の推移】

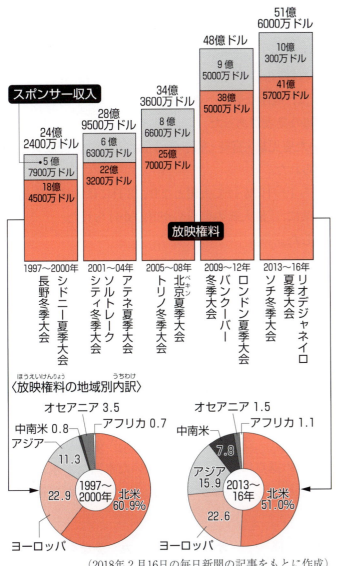

（2018年2月16日の毎日新聞の記事をもとに作成）

【資料2：アメリカの4大プロスポーツの実施時期】

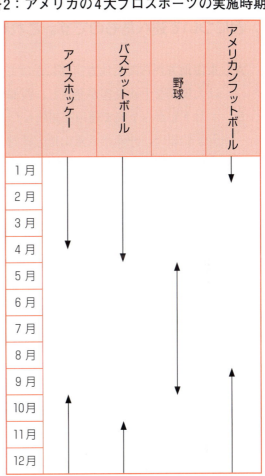

問8 下線部⑥について、現在、世界各地においてさまざまな形の「分断」が起きています。人類が「共に」立ち向かわなくてはならない問題として、みなさんはどのようなことを思い浮かべますか。3つ挙げなさい。

予想問題 理科

解答用紙はサピックス小学部HPにあるよ！

解答は173ページにあります。

1 次のA〜Eの文は、2021年の5月から8月までに起きた、おもな気象に関するできごとについて述べたものです。これを読んで、あとの問いに答えなさい。

A　東海地方から関東地方南部にかけて大雨が降り続いた。静岡県の伊豆半島東側にある熱海市では大規模な土砂災害が発生し、西側の沼津市では隣の清水町とをつなぐ橋が崩落した。

B　4月下旬から全国で運用を開始した [　　　] は、危険な暑さへの注意を呼びかけて予防行動を促す情報で、沖縄県八重山地方に対して全国初の発表があった。

C　これまでに経験したことがない大雨が降り続いた鹿児島・宮崎・熊本の3県に対して、警戒レベル5に相当する「最大級の警戒」が呼びかけられた。

D　活動が活発になった停滞前線の影響で11日から19日にかけて大雨となり、13日には広島県広島市に、14日には佐賀・長崎・福岡・広島の4県に、「最大級の警戒」が呼びかけられた。

E　台風8号が宮城県に、太平洋側から直接上陸した。

問1　A〜Eのできごとを、起きた順に並べ替えなさい。

問2　2021年も日本各地で大雨による被害が発生しました。大雨をもたらす原因の1つとして、台風のときなどに発達する積乱雲があります。これについて、次の(1)〜(3)の各問いに答えなさい。

(1)　下の文章は、暖かく湿った空気が積乱雲を発達させるしくみについて説明したものです。文章中の空らん ① 〜 ④ に当てはまる語句をあとのア〜カからそれぞれ1つ選び、記号で答えなさい。

　　周囲と比べて暖かい空気は密度が ① いため、② 気流となる。② した空気が冷やされると飽和水蒸気量が ③ なるため露点に達し、含まれていた水蒸気が水滴となる。水蒸気の多い湿った空気は、熱エネルギーを ④ 持っているため、積乱雲が発達しやすくなる。

ア　大き　　イ　小さ　　ウ　上昇　　エ　下降　　オ　多く　　カ　少なく

(2)　短時間に局地的な大雨を降らせる積乱雲は「大気の状態が不安定」なときに発達しやすくなります。

　①　「大気の状態が不安定」とはどのような状態ですか。正しいものを次のア〜エから1つ選び、記号で答えなさい。

　　ア　地表付近にも上空にも暖かく湿った空気がある状態。
　　イ　地表付近には暖かく湿った空気があり、上空には冷たい空気がある状態。
　　ウ　地表付近には冷たい空気があり、上空には暖かく湿った空気がある状態。
　　エ　地表付近にも上空にも冷たい空気がある状態。

　②　「大気の状態が不安定」なときに積乱雲が発達しやすくなる理由を、**50字以内**で説明しなさい。

(3)　数年に一度程度しか発生しないような短時間の大雨を観測したり解析したりしたときに、大雨を観測した観測点名や市町村などを明記して、各地の気象台が発表する情報を何といいますか。**漢字10字**で答えなさい。

問3　Aの文中にある土砂災害は、山腹や川底などにあった石や土砂が、水と一体となって熱海市の逢初川を一気に流れることで発生しました。このような現象を何といいますか。

問4　Bの文中の空らん ☐ に当てはまる語句を答えなさい。

問5　Cの文中で、この大雨に対して気象庁が鹿児島・宮崎・熊本の3県に発令した下線部の「最大級の警戒」を何といいますか。**漢字6字**で答えなさい。

問6　CやDの大雨の原因は、次々と発生する発達した積乱雲が列をつくることにより、数時間にわたってほぼ同じ場所に強い雨を降らせたことです。このような、細長くのびる長さ50〜300km程度、幅20〜50km程度の強い降水をともなう雨域を何といいますか。**漢字5字**で答えなさい。

問7　右の図は月別の台風の典型的な進路です。Eの台風が発生した月の進路を表しているものを図中のア〜オから1つ選び、記号で答えなさい。

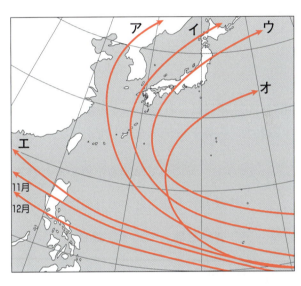

問8　右の図は、ある台風の進路予想図です。これについて、次の(1)〜(4)の各問いに答えなさい。

(1)　図のXとYについて説明した下の文章中の空らん ① 〜 ④ に当てはまる語句や数値をそれぞれ答えなさい。

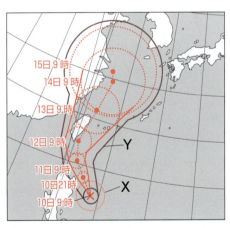

> 円Xは ① 域で、秒速 ② m以上の風が吹いている範囲を示している。また、Yの領域は ③ 域といい、今後台風が予報円で示された進路を進んだときに秒速 ④ m以上の風が吹くおそれのある範囲を示している。

(2)　一般に、台風の進行方向の右側では風が強くなる傾向があります。その理由を簡単に説明しなさい。

(3)　台風が日本に上陸すると、勢力が一時的におとろえると考えられます。台風が上陸すると勢力がおとろえる理由を簡単に説明しなさい。

(4)　台風は被害をもたらすだけでなく、私たちの生活に役立つこともあります。どのような点で役立つことがあるのかを簡単に説明しなさい。

2 2021年の太陽系の天体に関することがらについて、あとの問いに答えなさい。ただし、図の大きさや距離の関係などは正確ではありません。

I 地球から天体を観測していると、手前にある天体が後方にある天体を隠してしまう現象が起こることがあります。また、ある天体がつくる影の部分に、別の天体が入ることがあります。このような現象を「食」といいます。

【図1】

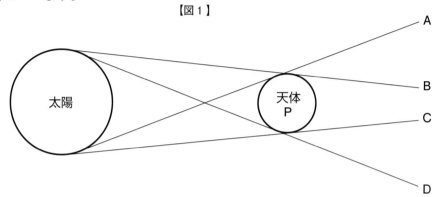

問1 2021年には、月食という現象が1年間に2回ありました。この月食という現象を【図1】で説明するとき、天体Pは地球を表しています。これについて、次の(1)～(3)の各問いに答えなさい。

(1) 次の①・②に当てはまる位置をあとのア～オからすべて選び、記号で答えなさい。

① 皆既月食となるときの月の位置　　　② 部分月食となるときの月の位置

　ア　A～B間　　イ　線B上　　ウ　B～C間　　エ　線C上　　オ　C～D間

(2) 皆既月食が起こった月を次のア～オから1つ選び、記号で答えなさい。

　ア　1月　　イ　3月　　ウ　5月　　エ　7月　　オ　9月

(3) 皆既月食が起こっているとき、月面上から地球の方向を見ると地球や太陽がどのように見えるか説明しなさい。

問2 いろいろな日食や月食を観察した記録のうち、月食に関するものを次のア～オからすべて選び、記号で答えなさい。
　ア　欠け始めは西側から欠けていった。
　イ　欠けている部分の輪郭が少しぼやけていた。
　ウ　欠けた状態のまま地平線の下へ沈んでいった。
　エ　完全に欠けたときには、周囲が白く輝いて見える。
　オ　完全に欠けたとき、欠けている部分が赤銅色に見える。

問3 太陽・地球・月が一直線上に並ぶ新月や満月の日に、毎回必ず日食や月食が起こるわけではありません。その理由として正しいものを次のア～エから1つ選び、記号で答えなさい。
　ア　月の公転周期と満ち欠けの周期が異なっているから。
　イ　月の公転面と地球の公転面には傾きがあるから。
　ウ　月の公転軌道より地球の公転軌道の方が円に近いから。
　エ　地球が地軸を傾けたまま公転しているから。

Ⅱ 2021年には、地球に近い天体である火星や小惑星に関する話題がありました。

問4 2021年2月には、3機の探査機が火星に到着しました。これについて、次の(1)〜(3)の各問いに答えなさい。

(1) 地球の公転周期を1年、火星の公転周期を1.8年とします。火星が1年間に太陽のまわりを公転する角度はどのくらいですか。**整数**で答えなさい。

(2) (1)のとき、地球と火星が最も近づいてから、次に最も近づくまでに何か月かかりますか。**整数**で答えなさい。

(3) 2020年10月6日に地球と火星が最接近しました。(2)から、3機の火星探査機が打ち上げられた直前の、2020年7月上旬における火星のおよその位置関係を、【図2】の1〜10から1つ選び、記号で答えなさい。ただし、図は地球の北極側から見たものです。

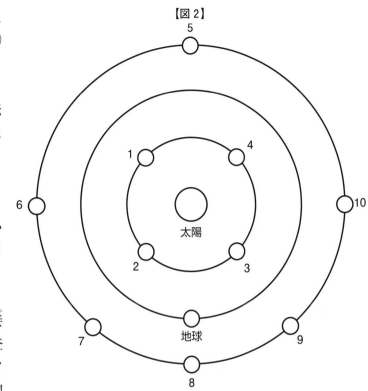

問5 2020年12月には日本の小惑星探査機が地球に帰還し、2021年5月にはNASAの小惑星探査機が地球へ向けて小惑星を出発しました。これについて、次の(1)〜(3)の各問いに答えなさい。

(1) ①日本と②NASAの小惑星探査機の名前を次の**ア〜エ**からそれぞれ1つ選び、記号で答えなさい。

　ア　ひまわり　　　イ　はやぶさ2　　　ウ　OSIRIS-REx　　　エ　HTV-9

(2) ①日本と②NASAの小惑星探査機が探査した小惑星の名前を次の**ア〜エ**からそれぞれ1つ選び、記号で答えなさい。

　ア　ケレス　　　イ　ベンヌ　　　ウ　ベスタ　　　エ　リュウグウ

(3) 日本とNASAの小惑星探査機の目的は、小惑星からサンプルを持ち帰ることです。このサンプルに当てはまるものを次の**ア〜エ**から1つ選び、記号で答えなさい。

　ア　活動している生物　　イ　表面の岩石　　ウ　地中の氷　　エ　酸素を含む大気

問6 太陽系の中には、多数の小惑星の軌道が集中している小惑星帯と呼ばれる領域が、2つの惑星の公転軌道の間にあります。この2つの惑星を、太陽に近い順に答えなさい。

3 現在、世界的に大流行している新型のウイルスによる感染症は、2019年12月に中国の湖北省武漢市で初の感染者が確認され、2020年に入ってから感染者数が急速に増えていったものです。

問1 病原体であるウイルスについて、次の(1)～(3)の各問いに答えなさい。

(1) ウイルスの特徴として正しいものを次のア～エから1つ選び、記号で答えなさい。

ア　ウイルスは小さいため肉眼で観察することはできないが、光学顕微鏡を使えば観察することができる。
イ　ウイルスはとても小さいため光学顕微鏡で観察することができないが、電子顕微鏡を使えば観察することができる。
ウ　ウイルスにはオスとメスの区別があり、受精したメスのウイルスがヒトの細胞内に入りこみ、卵を産みつけて増殖する。
エ　ウイルスはヒトの細胞内に入りこみ、そこで養分を吸収すると自ら分裂を繰り返しながら増殖していく。

(2) ウイルスはいくつかの種類に分類されます。現在、世界的に大流行している感染症の原因であるウイルスの種類を次のア～エから1つ選び、記号で答えなさい。

ア　アデノウイルス　　イ　コロナウイルス　　ウ　ノロウイルス　　エ　エボラウイルス

(3) 2020年に大流行した感染症の原因であるウイルスの写真を次のア～エから1つ選び、記号で答えなさい。

ア 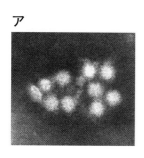 イ 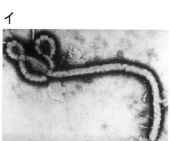 ウ 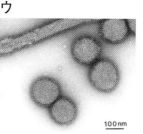 エ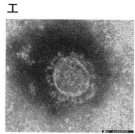

（出典：国立感染症研究所ホームページ）

問2 現在、大流行している感染症の名称をアルファベットと数字で表したものを次のア～エから1つ選び、記号で答えなさい。

ア　ＣＯＶＩＤ－19　　イ　Ｏ－157　　ウ　Ｈ９Ｎ７　　エ　Ｌ452Ｒ

問3 ウイルスに感染したかどうかを知るためには検査が必要です。ウイルスが持つ特定の遺伝子を増やして検査する方法を次のア～エから1つ選び、記号で答えなさい。

ア　ＢＴＢ法　　イ　ＢＣＧ法　　ウ　ＩＣＴ法　　エ　ＰＣＲ法

問4 新型ウイルスの感染拡大を防ぐには、個人で行う対策以外にも、空間などを共有した患者集団（☐）の発生を防止することが大切です。これについて、次の(1)～(3)の各問いに答えなさい。

(1) 個人で行うことができる感染防止の対策として**誤っているもの**を次のア～エから1つ選び、記号で答えなさい。

　ア　公共の場ではマスクを着用する。
　イ　1時間に1回程度は深呼吸をする。
　ウ　こまめに石けんで手洗いをする。
　エ　大声でしゃべらないようにする。

(2) ☐に当てはまる語句を**カタカナ**で答えなさい。

(3) 集団での感染が発生する危険性が高くなるのは、いわゆる「3密」の状態になったときといわれています。「3密」といわれる3つの状態を、**すべて漢字**で答えなさい。

> ヒトには、ウイルスのような異物が体内に侵入したときに、それを排除しようとする免疫というしくみがあります。免疫は、ウイルスなどの異物（抗原という）に対して攻撃する手段となる抗体というものをつくり、抗原に対抗します。抗体は、異なる種類の抗原に対してそれぞれつくられ、体内に記憶されているため、次に同じ抗原が侵入したときにはすぐに抗体がつくられて攻撃を開始します。

問5 感染症を引き起こす抗原が侵入したときに備えて、あらかじめ体内に抗体をつくらせるために接種する医薬品を何といいますか。

> ウイルスが増殖するときには、自分自身を複製（コピー）する必要があります。そのときに、自分の設計図となる情報も複製されます。ヒトが細胞分裂をして細胞を増やすときも同様です。右の図は、ヒトの設計図となる情報が収められている、二重らせんの構造を持つ鎖状の物質です。

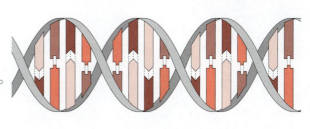

問6 図のような二重らせん構造を持つ鎖状の物質を何といいますか。**アルファベット3字**で答えなさい。

問7 ウイルスの遺伝情報は、複製を繰り返すうちに複製（コピー）のミスが起こり、塩基の配列が変わってしまうことがあります。これを何といいますか。

2021年に日本各地で起きたおもなできごと
時事ニュース マップ

日本編

※ 2021年以外のできごとも一部含みます。

「大阪都構想」が、大阪市民による住民投票の結果、わずかな差で否決（2020年11月）

お盆期間中に大雨。佐賀県武雄市では大規模な浸水被害（8月）

2024年に発行される新一万円札の肖像になる渋沢栄一の出身地は現在の埼玉県深谷市

神戸市のポートアイランドでスーパーコンピュータ「富岳」が本格稼働（3月）

熊本地震から5年（4月）。復旧工事が完了した熊本城天守閣の内部を復旧後初公開（6月）

富士山が噴火した場合のハザードマップを改定。新たに神奈川県の一部にも溶岩流が到達する可能性があるとされた（3月）

2004年に淡路島の約7200万年前の地層から発見されていた植物食恐竜の化石が新種とわかり、「ヤマトサウルス・イザナギイ」と命名（4月）

静岡県熱海市で大雨により土石流が発生。死者・行方不明者は27人（7月）

東京で夏季オリンピック（7〜8月）と夏季パラリンピック（8〜9月）が開催

146

2021年に世界各地で起きたおもなできごと
時事ニュース マップ

世界編

※ 2021年以外のできごとも一部含みます。

イギリス北部のスコットランド地方の**グラスゴー**で、1年延期された**気候変動枠組み条約締約国会議（ＣＯＰ26）**が開催予定（10～11月）

イギリス南西部のコーンウォール地方で、2年ぶりに対面での**Ｇ７サミット**（6月）

ドイツ西部からベルギーにかけて洪水。200人以上が死亡（7月）

イギリスがＥＵから完全離脱（2020年12月）。日本とのＥＰＡが発効（1月）。ＴＰＰ11への参加を正式に申請（2月）

地中海と紅海を結ぶエジプトの**スエズ運河**で、日本の会社が所有する貨物船が座礁し、一時、航路をふさぐ（3月）

核開発疑惑が持たれている**イラン**がウランの濃縮度を高めることを発表（4月）。大統領選挙ではライシ師が当選（6月）

ミャンマーで国軍がクーデター、**アウンサンスーチー国家顧問**らを拘束（2月）

建国50周年の**アラブ首長国連邦**の探査機が火星に到着（2月）。ドバイで1年延期された万国博覧会が開幕（10月）

アメリカ軍が「対テロ戦争」のため駐留していた**アフガニスタン**から完全に撤退。その直前に「タリバン」が首都を制圧し政権が崩壊（8月）

148

時事ニュース　マップ

時事ニュースマップ・ニュースカレンダー

時事問題に関連する資料のページ

2021年時事用語解説

予想問題の解答

国家ぐるみで薬物の不正使用（ドーピング）を行っていたとされたロシアは、国としての東京オリンピック・パラリンピック参加が認められず

アメリカ・フロリダ州のケネディ宇宙センターから、星出彰彦宇宙飛行士らが乗りこんだ「クルードラゴン」が打ち上げ（4月）

アメリカで民主党のジョー・バイデン大統領が就任（1月）

北京で冬季オリンピック（2022年2月）と冬季パラリンピック（2022年3月）が開催予定

中国が香港の選挙制度を変更（3月）し、「一国二制度」は形だけに

カナダ西部からアメリカ北西部にかけて熱波。50℃近い最高気温を記録（6〜7月）

2010年に大地震があったハイチでまた地震。2000人以上が死亡（8月）

2032年の夏季オリンピックはオーストラリアのブリスベンで開かれることが決定（7月）

ペルー大統領選挙の決選投票で、日系人のケイコ・フジモリ氏がわずかな差で敗北（6月）

「はやぶさ2」のカプセルは、2010年の「はやぶさ」帰還時と同様、オーストラリアの砂漠に投下（2020年12月）

149

2018-2019-2020 ニュースカレンダー

2018 2018年（平成30年）のおもなニュース

- 韓国の平昌で冬季オリンピック(2月)と冬季パラリンピック(3月)
- アメリカのトランプ大統領と北朝鮮の金正恩委員長がシンガポールで米朝首脳会談(6月)
- 2022年4月から成人年齢を「18歳以上」とする改正民法が成立(6月)
- ロシアでサッカーのワールドカップ(6〜7月)
- 平成30年7月豪雨(西日本豪雨)で死者200人以上(7月)
- 埼玉県熊谷市で国内での観測史上最高の41.1℃(7月)
- 北海道胆振東部地震が発生(9月)
- アメリカを除く11か国が合意した環太平洋パートナーシップ協定(TPP11)が発効(12月)

2019 2019年（平成31年、令和元年）のおもなニュース

- 日本とEUとの経済連携協定(EPA)が発効(2月)
- アメリカのトランプ大統領と北朝鮮の金正恩委員長がベトナムの首都ハノイで米朝首脳会談、成果なし(2月)
- 日本の無人探査機「はやぶさ2」が小惑星「リュウグウ」にタッチダウン(2月、7月)。人工クレーターも生成(4月)
- 「働き方改革関連法」と、外国人労働者の受け入れを拡大する「改正入管難民法」が施行(4月)
- 2024年に、20年ぶりに新しい紙幣を発行すると発表(4月)
- 新天皇が即位、「令和」に改元(5月)
- 大阪市でG20サミットが開催(6月)
- 参議院議員通常選挙で与党が過半数(7月)
- 9月に台風15号(令和元年房総半島台風)、10月に台風19号(令和元年東日本台風)による被害
- 消費税の税率が10%に。酒類・外食を除く飲食料品と新聞には軽減税率(8%)を適用(10月)
- 即位礼正殿の儀が国事行為として行われる(10月)
- 首里城正殿が火災で焼失(10月)
- 食品ロス削減推進法が施行(10月)
- アメリカがパリ協定からの離脱を正式に通告(11月)
- ローマ教皇フランシスコが被爆地の広島、長崎を訪問(11月)

2020 2020年（令和2年）のおもなニュース

- イギリスがEUから離脱(1月31日)
- 安倍晋三首相の要請(2月)により、全国の学校が休校に(3月)
- 新型インフルエンザ等対策特別措置法の適用対象に新型コロナウイルス感染症を加える改正法が成立(3月)
- 東京オリンピック・パラリンピックの1年延期が決定(3月)
- アメリカで白人の警察官がアフリカ系(黒人)男性を取り押さえる際に死亡させる。以後、人種差別に抗議するデモが相次ぐ(5月)
- 中国の特別行政区として「一国二制度」が適用されている香港で、香港国家安全維持法が施行(6月)
- レジ袋の有料化が始まる(7月)
- 熊本県南部の球磨川が氾濫(7月)
- 静岡県浜松市で国内での観測史上最高タイの41.1℃を記録(8月)
- 菅義偉氏が内閣総理大臣に(9月)
- アメリカの探査機「オシリス・レックス」が小惑星「ベンヌ」の砂や石を採取(10月)
- 菅首相が国会での所信表明演説で、「2050年までに温室効果ガスの排出量を実質ゼロにする」と表明(10月)

2020.11〜 ニュースカレンダー

2020	国内ニュース	国際ニュース	理科ニュース
11月	1日 「大阪都構想」の是非を問う大阪市民対象の住民投票が行われ、わずかな差で否決 8日 秋篠宮殿下が「皇嗣」になられたことを内外に示す「立皇嗣の礼」 19日・20日 衆議院と参議院が「気候非常事態宣言」を採択	3日 アメリカ大統領選挙の一般国民による投票 15日 地域的な包括的経済連携（RCEP）協定の署名式	 15日 国際宇宙ステーション（ISS）に向かう野口聡一宇宙飛行士らが乗りこんだ有人宇宙船「クルードラゴン」が打ち上げ
12月	17日 「伝統建築工匠の技：木造建造物を受け継ぐための伝統技術」の無形文化遺産登録が決定	31日 「移行期間」が終了し、イギリスが完全にEUから離脱	6日 日本の探査機「はやぶさ2」が小惑星「リュウグウ」の物質が入ったカプセルをオーストラリアの砂漠に投下

2021			
1月	1日 日本とイギリスとの経済連携協定（EPA）が発効	20日 アメリカで民主党のバイデン大統領が就任 22日 核兵器禁止条約が発効	
2月	1日 イギリスがTPP11への参加を正式に申請 13日 改正された新型インフルエンザ等対策特別措置法と改正感染症法が施行 18日 東京オリンピック・パラリンピック競技大会組織委員会会長に橋本聖子氏が就任	1日 ミャンマーで国軍がクーデター、アウンサンスーチー国家顧問らを拘束 19日 アメリカがパリ協定に正式に復帰	3日 例年より1日早い立春 10日 アラブ首長国連邦と中国の探査機が火星に到着 18日 アメリカの探査車「パーシビアランス」が火星に着陸

2021	国内ニュース	国際ニュース	理科ニュース
3月	11日 東日本大震災から10年 25日 東京オリンピックの**聖火リレー**が福島県楢葉町・広野町のJヴィレッジからスタート		
4月	13日 福島第一原発の**トリチウム（三重水素）**を含む処理水を海に**放出**することを決定 	 15～18日 菅首相がアメリカを訪問し、バイデン大統領と**日米首脳会談** 	19日 「パーシビアランス」のヘリコプター**「インジェニュイティ」**が火星の空で初飛行 23日 **星出彰彦宇宙飛行士**らが乗りこんだ**「クルードラゴン」**が打ち上げ。24日から5月1日までは、野口飛行士と星出飛行士がISSに同時に滞在 28日 2020年は関東甲信地方のみで運用された**「熱中症警戒アラート」**が全国で始まる
5月	20日 災害時に市区町村が出す**「避難勧告」**を廃止し**「避難指示」**に一本化		15日 中国の探査車が**火星**への着陸に成功 26日 **皆既月食**
6月		11日～13日 **イギリス**南西部の**コーンウォール**地方でG7サミット 16日 スイスのジュネーブで**アメリカとロシアの首脳会談**	
7月	4日 東京都議会議員選挙 23日～8月8日 東京で夏季オリンピック 26日 **「奄美大島、徳之島、沖縄島北部及び西表島」**が世界自然遺産に登録決定 27日 **「北海道・北東北の縄文遺跡群」**が世界文化遺産に登録決定		3日 **静岡県熱海市で土石流**  28日 台風8号が宮城県に東側から上陸

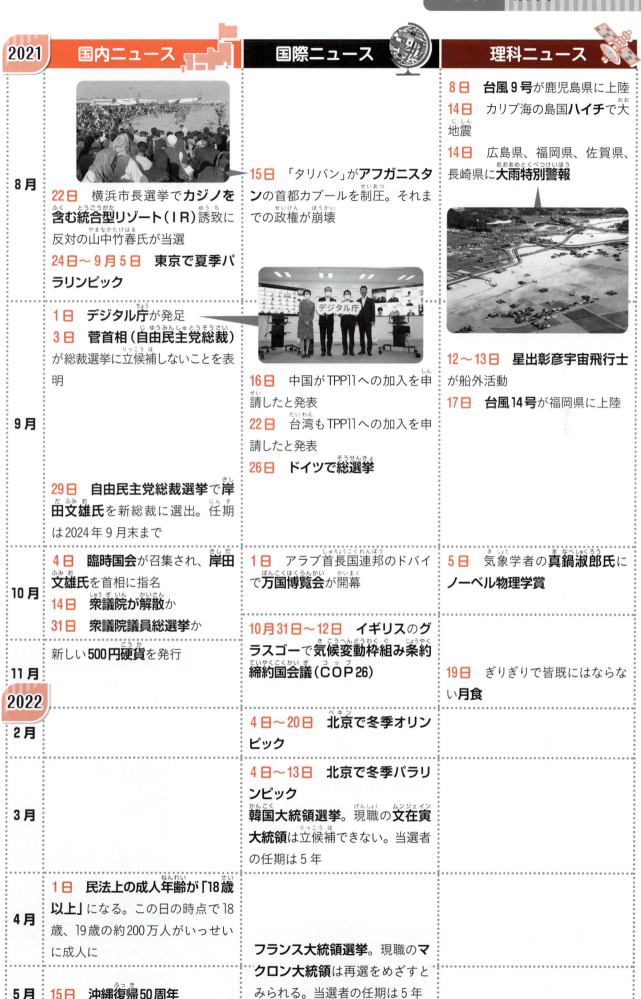

時事問題に関する資料のページ

時事問題を学ぶにあたっては、地図や表を利用して視覚的に理解することも大切です。地名が出てきたら、そこがどの都道府県にあるか知識として知るだけでなく、地図上での位置を理解する必要があります。また、地図や表に整理することで、もれなくおさえることもできます。そこで、このページでは、時事問題に関連する地図や年表などをまとめました。ぜひ役立ててください。

1 感染症の歴史

歴史の流れは、各時代に生きていた人たちがどう考え、行動したかだけでは決まりません。自然条件によっても大きく左右されます。異常気象や大規模な災害が歴史に影響を与えた例は非常に多くありますが、たくさんの人の命を一度に奪う感染症はそれ以上に、経済や社会のしくみに大きな変動を引き起こします。一方で、感染症を克服するための努力も続けられてきました。これからも続いていくであろう、人類と感染症とのかかわりの歴史を振り返ってみましょう。

先史時代	人類が家畜を飼い始めるとともに、動物から細菌やウイルスが人に感染し、さまざまな感染症が生まれる。家畜にするのに適した動物があまりいなかった南北アメリカでは、感染症が比較的少なかったとみられる
737年	平城京で疫病（天然痘）が流行し、権力を握っていた藤原4兄弟が次々に死亡
743年	聖武天皇が大仏造立を命じる。仏の力で疫病から国を守るためでもあった
869年	疫病退散を願って、京都で祇園祭が始まる
13～14世紀	モンゴル帝国がユーラシア大陸の大部分を支配し、東西交流が活発になる。「グローバル化」が進んだことで、感染症が拡大しやすい状況が生まれる
1348年ごろ	ヨーロッパでペスト（黒死病）が大流行。人口の約3分の1が失われたともいわれる。以後、流行が繰り返されるようになるが、それは「ユダヤ人」や「魔女」のせいだとして、迫害も繰り返された
1492年	コロンブスが新大陸に到達。以後、旧大陸から新大陸に、天然痘をはじめ、さまざまな感染症が持ちこまれる。免疫のなかった先住民は次々に感染・死亡し、人口が激減。逆に新大陸からは、梅毒が旧大陸に持ちこまれたとされる

先史時代の人がヤギなどの家畜を描いた岩絵（アフリカ・アルジェリアのタッシリ・ナジェールで）

ペストにかかって体中にはれ物ができた人を描いた14世紀の絵

1665 年	ロンドンでペストが大流行。ケンブリッジ大学も閉鎖され、ニュートンは故郷に疎開。このとき万有引力の法則を発見したとされる
18 世紀末	イギリスのジェンナーが、牛痘という天然痘に似た牛の病気にかかった人のうみを他の人に接種して、天然痘を予防（ワクチンの発見）
18 ～ 19 世紀	産業革命が起こったイギリスなどで、劣悪な条件で働かされていた労働者の間に結核が蔓延
19 世紀	イギリスの植民地支配により、インドの風土病だったコレラの世界的な流行が繰り返される。日本にも侵入
1880 年代	フランスのパスツールが狂犬病のワクチンを開発
1880 年代	ドイツのコッホが結核菌、コレラ菌を発見。北里柴三郎がドイツに留学しコッホに師事
1894 年	北里柴三郎とイェルサンがそれぞれ香港でペスト菌を発見
1918 ～ 20 年	スペイン風邪（インフルエンザ）が世界的に大流行。全世界で数千万人が死亡。日本でも約 40 万人が死亡
1928 年	野口英世がアフリカのガーナで黄熱病に感染して死亡 フレミングが細菌を殺す抗生物質「ペニシリン」を発見
1930 年代	透過型電子顕微鏡が発明され、ウイルスを見ることができるようになる
1950 年	この年を最後に、結核が日本人の死亡原因の 1 位ではなくなる
1976 年	アフリカで「エボラ出血熱」が発生。以後、流行が繰り返される
1980 年	世界保健機関（WHO）が天然痘の根絶を宣言。自然感染した最後の患者は、1977 年にアフリカのソマリアで発生した
1981 年	後天性免疫不全症候群（ＡＩＤＳ）の患者が初めて発見される
1997 年	香港で鳥インフルエンザが発生し、すべての鶏を殺処分。以後もアジアでは、たびたび鳥インフルエンザが発生し、人に感染して死者も出た
2001 年	当時の小泉純一郎首相がハンセン病の患者・元患者らに対して、政府が人権を無視した隔離政策をとり、差別を助長してきたことを謝罪 日本でも牛海綿状脳症（ＢＳＥ）に感染した牛が発見される
2002 ～ 03 年	コロナウイルスの一種による重症急性呼吸器症候群（ＳＡＲＳ）が中国で発生し、世界に広がる
2007 年	日本の若者の間で麻疹（はしか）が流行。休校する大学が続出
2009 年	新型インフルエンザにより、大阪府・兵庫県では一時、学校が休校に
2010 年	宮崎県で家畜の伝染病「口蹄疫」が発生し、約 29 万頭の豚・牛を殺処分
2012 年	新型インフルエンザ等対策特別措置法を制定 コロナウイルスの一種による中東呼吸器症候群（ＭＥＲＳ）の患者を初めて確認
2014 年	東京の代々木公園で蚊に刺された人が、日本には存在しないはずの「デング熱」に感染
2016 年	リオデジャネイロオリンピックの開催をひかえたブラジルで「ジカ熱」が流行。参加を辞退する選手も出た
2018 年	外国人観光客から感染した麻疹が沖縄で流行
2020 年	新型コロナウイルス感染症の世界的な流行が始まる。WHO がアフリカで野生株のポリオの根絶を宣言

「病人は成るべく別の部屋に」と、家庭での感染防止を呼びかけるスペイン風邪流行当時のポスター
（国立保健医療科学院図書館所蔵　内務省衛生局著．流行性感冒．1922.3.）

スペイン風邪の感染予防のため、マスクを着用した女学生

WHO のマークは「アスクレピオスのつえ」。ギリシャ神話に登場する名医のアスクレピオスが持つ蛇の巻きついたつえは、医術の象徴とされている

2 最近のノーベル平和賞受賞者

ノーベル賞とは、ダイナマイトを発明したスウェーデンの化学者アルフレッド・ノーベル（1833～1896年）の遺言により創設された賞です。1901年から、**物理学、化学、医学・生理学、文学、経済学、平和**の6つの部門で毎年大きな業績を残した人に贈られています（経済学賞は1969年から）。平和賞には、非暴力での民主化運動や人権擁護活動につくした人や団体が多く選ばれています。

例えば、2014年のノーベル平和賞は、イスラム過激派に銃撃され、重傷を負いながらも、女性にも教育を受ける権利があると訴えたパキスタン出身の**マララ・ユスフザイさん**ら2人が受賞しました。1997年生まれのマララ・ユスフザイさんは、当時17歳でした。

2020年のノーベル平和賞を受賞したWFPのビーズリー事務局長

年	おもな受賞者	受賞した理由
1901年	アンリ・デュナン（ほかにフレデリック・パシーも受賞）	国際赤十字の創設
1964年	キング牧師	アメリカでの黒人差別撤廃を訴える公民権運動
1974年	佐藤栄作（ほかにショーン・マクブライドも受賞）	非核三原則の提唱
1979年	マザー・テレサ	カトリックの修道女として、インドで貧しい人や病人に救いの手を差し伸べる
1989年	ダライ・ラマ14世（チベット仏教の最高指導者）	チベットで非暴力による中国からの自治拡大運動
1990年	ミハイル・ゴルバチョフ ソ連共産党書記長（大統領）	ソ連最後の指導者として冷戦を終結に導く
1991年	アウンサンスーチー 国民民主連盟書記長	ミャンマーの軍事政権に対して、非暴力での民主化運動
1993年	ネルソン・マンデラ アフリカ民族会議議長 フレデリック・デクラーク 南アフリカ共和国大統領	南アフリカ共和国の人種隔離政策（アパルトヘイト）終結のための努力
1997年	地雷禁止国際キャンペーン（ICBL） ジョディ・ウィリアムズ代表	対人地雷廃絶をめざす活動
1999年	国境なき医師団	世界中の紛争地域などでの医療活動
2000年	金大中 韓国大統領	北朝鮮の金正日・労働党総書記（国防委員長）との南北首脳会談を行う。韓国の民主化にも貢献
2001年	国際連合（国連）とコフィ・アナン事務総長	世界の平和、人権保護などのために努力
2004年	ワンガリ・マータイ ケニア環境副大臣	持続可能な開発、民主主義と平和への貢献
2005年	国際原子力機関（IAEA）とモハメド・エルバラダイ事務局長	原子力エネルギーの平和的利用に対する貢献
2007年	アル・ゴア 前アメリカ副大統領 気候変動に関する政府間パネル（IPCC）	地球温暖化の脅威を警告
2009年	バラク・オバマ アメリカ大統領	「核兵器のない世界」をめざすと発言し軍縮交渉を促す
2010年	劉暁波（中国の民主化を求める活動家）	共産党の一党独裁体制廃止を求める「08憲章」を起草
2012年	ヨーロッパ連合（EU）	ヨーロッパで戦争を起こさないようにする。民主主義の発展と人権の向上にも貢献
2013年	化学兵器禁止機関（OPCW）	非人道的な化学兵器を廃棄する活動
2014年	マララ・ユスフザイ（パキスタン出身の人権活動家）	女子に教育は必要ないとするイスラム過激派の主張に反対し、女子の教育を受ける権利を求める活動
	カイラシュ・サティアルティ（インドの人権活動家）	経済的利益のために子どもを搾取する児童労働に反対
2015年	チュニジアの「国民対話カルテット」（労働総同盟、産業・商業・手工業連合、人権擁護連盟、全国弁護士会の4者）	長期独裁政権を倒したいわゆる「ジャスミン革命」後のチュニジアで、政党間の対立を解消し暫定政府樹立を成功させるなど、民主化に貢献
2016年	フアン・マヌエル・サントス コロンビア大統領	コロンビアで50年以上続いた内戦終結のため努力
2017年	核兵器廃絶国際キャンペーン（ICAN）	核兵器禁止条約の採択に貢献
2018年	デニ・ムクウェゲ（コンゴ民主共和国の産婦人科医） ナディア・ムラド（過激派組織「イスラム国」による迫害を告発した、イラクでは少数派のヤジディ教徒の活動家）	戦争・武力紛争での性暴力をなくす努力
2019年	アビー・アハメド エチオピア首相	隣国エリトリアとの紛争を終結させ和平を実現
2020年	国連世界食糧計画（WFP）	紛争地域などでの食料支援や飢餓撲滅のための活動

※肩書きは受賞当時のもの。色をつけた受賞者は女性

3 日本のノーベル賞受賞者

2021年10月6日、アメリカのプリンストン大学上席研究員の**真鍋淑郎氏**ら3人に**ノーベル物理学賞**が授与されることが発表されました。真鍋氏は日本出身ですが、学位を取得後、アメリカに渡って国立気象局に入り、アメリカ国籍を取得しました。

その業績は、大気の大循環と海洋の大循環のデータを組み合わせてコンピュータによるシミュレーション(模擬実験)を行い、気候変動を予測するためのモデルを開発したことです。そして、大気中の**二酸化炭素(CO_2)**が増加すると**地球温暖化**につながることを示しました。

真鍋氏が開発したモデルは**気候変動に関する政府間パネル(IPCC)**でも使われ、1992年の**気候変動枠組み条約**の採択や、1997年の**京都議定書**の採択など、さまざまな温暖化対策が行われるきっかけにもなりました。

2021年の物理学賞を受賞することが決まった真鍋淑郎氏

年	受賞者	受賞した賞	受賞した理由
1949年	湯川秀樹(1907～1981年)	物理学	原子核の中に「中間子」が存在することを予言
1965年	朝永振一郎(1906～1979年)	物理学	量子電磁気学の難問を解決する「くりこみ理論」
1968年	川端康成(1899～1972年)	文学	『雪国』『伊豆の踊子』などの作品
1973年	江崎玲於奈(1925年～)	物理学	粒子が障壁を超えて移動する「トンネル効果」を初めて半導体で実証し、「江崎ダイオード」を開発
1974年	佐藤栄作(1901～1975年)	平和	核兵器を「持たず、つくらず、持ちこませず」の非核三原則に基づく政治・外交
1981年	福井謙一(1918～1998年)	化学	有機化学反応についての「フロンティア軌道理論」
1987年	利根川進(1939年～)	医学・生理学	免疫抗体ができる過程を遺伝子レベルで解明
1994年	大江健三郎(1935年～)	文学	『個人的な体験』『万延元年のフットボール』などの作品
2000年	白川英樹(1936年～)	化学	電気を通す性質を持った高分子化合物(プラスチック)を開発
2001年	野依良治(1938年～)	化学	化学的な組成が同じでも、左手と右手のように対称的な構造を持つ有機化合物について、「左」か「右」のどちらかだけをつくり出す方法を開発
2002年	小柴昌俊(1926～2020年)	物理学	岐阜県の神岡鉱山跡に設置した「カミオカンデ」という装置で、超新星爆発による「ニュートリノ」をとらえることに成功
2002年	田中耕一(1959年～)	化学	たんぱく質の質量の正確な測定法を開発
2008年	※南部陽一郎(1921～2015年) 益川敏英(1940～2021年) 小林誠(1944年～)	物理学	素粒子物理学の発展に貢献
2008年	下村脩(1928～2018年)	化学	クラゲから緑色の蛍光を発するたんぱく質を発見し、その光るしくみを解明
2010年	鈴木章(1930年～) 根岸英一(1935～2021年)	化学	パラジウムを化学反応のなかだちとなる「触媒」として使い、有機ホウ素化合物から目的の有機化合物を効率的につくる方法を確立
2012年	山中伸弥(1962年～)	医学・生理学	iPS細胞をつくることに成功
2014年	赤﨑勇(1929～2021年) 天野浩(1960年～) ※中村修二(1954年～)	物理学	高輝度の青色発光ダイオード(LED)を開発し、その実用化に貢献
2015年	大村智(1935年～)	医学・生理学	寄生虫が目に侵入して失明の原因になる風土病などに効く抗生物質を発見
2015年	梶田隆章(1959年～)	物理学	「ニュートリノ」に質量があることを証明
2016年	大隅良典(1945年～)	医学・生理学	細胞が細胞内のたんぱく質を分解する「オートファジー(自食作用)」のしくみを解明
2018年	本庶佑(1942年～)	医学・生理学	がんの免疫療法を開発
2019年	吉野彰(1948年～)	化学	リチウムイオン電池を開発
2021年	真鍋淑郎(1931年～)	物理学	コンピュータを使ったシミュレーションを気候変動の予測に導入

※南部陽一郎氏、中村修二氏、真鍋淑郎氏は日本出身だが、アメリカ国籍を取得

4 2021年の○○年前に起きたできごと

中学入試では、問題作成の年の○○年前のできごとを題材とした出題が見られます。そこで、2021年に○○周年を迎えた、西暦年の末尾が「1」の年に起きたできごとを確認しておきましょう。

年	○年前	できごと
1221年	(800年前)	承久の乱。鎌倉幕府軍が後鳥羽上皇の軍を破る
1821年	(200年前)	伊能忠敬の「大日本沿海輿地全図」が完成
1861年	(160年前)	アメリカで南北戦争が始まる
1871年	(150年前)	前島密が郵便制度を創設。新貨条例により近代的な通貨制度を整備。廃藩置県が行われる
1881年	(140年前)	板垣退助が自由党を結成する
1891年	(130年前)	来日中のロシア皇太子(のちの皇帝ニコライ2世)が滋賀県の大津で警備の警察官に斬りつけられ負傷(大津事件)
1901年	(120年前)	日清戦争の賠償金でつくられた八幡製鉄所が操業開始。田中正造が足尾銅山の鉱毒問題を明治天皇に直訴
1911年	(110年前)	小村寿太郎により関税自主権が回復される。中国で辛亥革命が起こる(翌年、清が滅亡し中華民国が成立)
1921年	(100年前)	原敬首相が東京駅で暗殺される。同じ立憲政友会の高橋是清が後任の首相に
1931年	(90年前)	柳条湖事件をきっかけに、満州事変が起こる
1941年	(80年前)	日本軍がハワイの真珠湾を攻撃し、太平洋戦争が始まる
1951年	(70年前)	サンフランシスコ平和条約と日米安全保障条約が結ばれる
1961年	(60年前)	ソビエト連邦(ソ連)のガガーリン飛行士が人類初の有人宇宙飛行
1971年	(50年前)	北京の共産党政権(中華人民共和国)が台湾の国民党政権(中華民国)に代わり、国連での代表権を得る
1981年	(40年前)	アメリカ航空宇宙局(NASA)のスペースシャトルが初の宇宙飛行
1991年	(30年前)	湾岸戦争が起こり、アメリカ軍を中心とした多国籍軍がイラク軍をクウェートから追い出す。ソ連が崩壊
2001年	(20年前)	9月11日、アメリカ同時多発テロが起こる。アメリカ軍・イギリス軍は、テロリストをかくまっているとして、アフガニスタンのタリバン政権を攻撃し、崩壊させる
2011年	(10年前)	3月11日、東日本大震災と福島第一原発事故が起こる。北アフリカのチュニジア、エジプト、リビアで独裁政権が次々に崩壊(アラブの春)。シリアで内戦が始まる。スペースシャトルが最後の宇宙飛行

平成時代の節目となった2つの「11日」

アメリカとソビエト連邦(ソ連)との**冷戦(冷たい戦争)**の終結が宣言されたのは、「平成」が始まった1989年(平成元年)でしたが、その2年後の1991年(平成3年)には、その一方の当事者であったソ連が消滅しました。冷戦の終結は日本にとって、同盟国のアメリカにただついていけばよいというわけではなくなり、国際社会の中でどう生き残っていくのかを、真剣に考えなければならなくなったということでもありました。その最初の試練が**湾岸戦争**だったといえるでしょう。

21世紀が始まってすぐの**2001年(平成13年)9月11日**には、イスラム過激派のテロリストが、**アメリカ・ニューヨークの世界貿易センタービルと、首都ワシントン郊外の国防総省の建物**に、乗っ取った旅客機を衝突させ、破壊しました。これに衝撃を受けたアメリカはこの直後から、**アフガニスタン、そしてイラクでの「テロとの戦い」**を始めることになりました。

一方、日本の私たちにとって、それ以上の衝撃だったのが、**2011年(平成23年)3月11日の東日本大震災**と、その直後の津波によって引き起こされた**福島第一原子力発電所の重大な事故**でしょう。防災対策のあり方が問われただけでなく、原子力発電の是非についても国論を二分する議論が巻き起こりました。

炎上する世界貿易センタービル

東日本大震災による津波で流された後、炎をあげて燃える家
(2011年3月11日、宮城県名取市で)

5 2022年の○○年前に起きたできごと

実際に入試が行われる年の○○年前のできごとを題材とした出題も考えられます。そこで、2022年に○○周年を迎える、西暦年の末尾が「2」の年に起きたできごとも確認しておきましょう。

年	○年前	できごと
1872年	(150年前)	福沢諭吉の「学問のすすめ」が出版される。学制が発布される。新橋ー横浜間で鉄道が開業。富岡製糸場が操業開始
1882年	(140年前)	大隈重信が立憲改進党を結成。東京専門学校(のちの早稲田大学)が創立
1902年	(120年前)	ロシアに対抗するため、日英同盟が結ばれる
1912年	(110年前)	清が滅亡し中華民国が成立。「明治」から「大正」に改元。年末から第一次護憲運動(翌年、桂太郎内閣が倒れる)
1922年	(100年前)	ソビエト社会主義共和国連邦(ソ連)が成立。全国水平社が設立
1932年	(90年前)	前年の満州事変を受け、満州国が成立
1942年	(80年前)	太平洋戦争のミッドウェー海戦で、日本軍がアメリカ軍に敗れる。以後は日本に不利な戦局に
1952年	(70年前)	前年に結ばれたサンフランシスコ平和条約が発効し、日本が独立を回復
1962年	(60年前)	キューバ危機が起こり、アメリカとソ連が一時、核戦争の危機に
1972年	(50年前)	札幌で冬季オリンピックを開催。5月15日、沖縄が復帰。スウェーデンのストックホルムで国連人間環境会議を開催。日中共同声明により、日本と中華人民共和国の国交が正常化
1982年	(40年前)	イギリスとアルゼンチンとの間でフォークランド紛争が起こる。東北新幹線と上越新幹線が開業(当時の始発駅は大宮駅)
1992年	(30年前)	ブラジルのリオデジャネイロで国連環境開発会議(地球サミット)を開催。国連平和維持活動(PKO)協力法が成立し、カンボジアに自衛隊を派遣
2002年	(20年前)	サッカーのワールドカップ大会を日本と韓国が共同で開催。南アフリカ共和国のヨハネスブルクで「環境開発サミット」を開催。小泉純一郎首相が朝鮮民主主義人民共和国(北朝鮮)を訪問し、金正日総書記(国防委員長)と初の日朝首脳会談
2012年	(10年前)	東京スカイツリーが開業。ブラジルのリオデジャネイロで「国連持続可能な開発会議」を開催

環境問題に関する大規模な国際会議

環境問題に関する大規模な国際会議は、西暦年の末尾が「2」の年に開かれたものが多くなっています。まず、1972年には、**スウェーデンの首都ストックホルム**で、**「かけがえのない地球」**をスローガンに**国連人間環境会議**が開かれ、**人間環境宣言**が採択されました。このころから、地球の資源は有限であり、それを大量に使うことを前提とした経済成長は、いつまでも続けられないと警告されるようになりました。

地球温暖化や**オゾン層破壊**の危機が叫ばれるようになったのは、1980年代の後半ごろからです。1992年には、**ブラジルのリオデジャネイロ**で、**「国連環境開発会議(地球サミット)」**が開かれ、**「持続可能な開発」**という考え方が提唱されました。これは現在の世代が、地球の資源をすべて使い切ってしまうのではなく、将来の世代もその恵みを受けられるような範囲で利用しようというものです。温暖化防止のための**気候変動枠組み条約**や、**生物多様性条約**が署名されたのもこの会議でのことで、いろいろな環境問題への取り組みが本格的に始まりました。

2002年には南アフリカ共和国のヨハネスブルクで、地球サミット以後の10年間の取り組みの成果を検証するための**「持続可能な開発に関する世界首脳会議(環境開発サミット)」**が開かれました。2012年には再びリオデジャネイロで、**「国連持続可能な開発会議」**が開かれています。

また、2011年から2020年までは**「国連生物多様性の10年」**とされていました。2021年から2030年までは**「国連生態系回復の10年」**とされています。

スウェーデンのストックホルムで開かれた第1回国連人間環境会議

6 伝統行事と旧暦

　日本では、明治政府が旧暦の 1872 年（明治 5 年）12 月 3 日を、新暦（太陽暦）の 1873 年（明治 6 年）1 月 1 日とすることで、太陽暦を導入しました。それまで使われていた旧暦は「太陰太陽暦」と呼ばれるもので、月の満ち欠けの周期を 1 か月としながらも、19 年に 7 回の「うるう月」を入れて、日付と季節が大きくずれていかないように工夫されています。そのため、1 年が 13 か月の年があり、2020 年は旧暦の 4 月と 5 月の間に「うるう 4 月」がありました。

　旧暦の日付と太陽暦の日付には、年によっても違いますが、1 か月前後のずれがあります。そこで、現在では、十五夜などを除いて、伝統行事を太陽暦の日付に置き換えて行うことが普通になっています。しかし、本来の時期より約 1 か月早く行っていることになるため、人日、上巳、端午、七夕、重陽の五節句などは、季節感がずれてしまうことになりました。そのため、地域によっては、旧暦の日付のままで行った方が季節感に合っている行事を、1 か月後の同じ日付に行うこともあります。これを「月遅れ」といい、例年 8 月 7 日前後に行われる仙台七夕まつりはその 1 つです。

	2021 年の その日の日付	行事の内容など
人日（七草）の節句	1 月 7 日	無病息災を願い、七草がゆを食べる
節分	2 月 2 日	立春の前日に「豆まき」をする。縁起の良い方向を向いて「恵方巻き」を食べる
立春	2 月 3 日	この日から暦の上では春
旧正月	2 月 12 日〜	旧暦の 1 月 1 日は、2021 年は 2 月 12 日にあたる。中国では「春節」といわれ、この日の前後は連休になる
上巳（桃）の節句	3 月 3 日	女子の健やかな成長を願い、ひな人形、桃の花、ひしもちを飾る
春分	3 月 20 日	太陽が真東から昇って真西に沈む。昼と夜の長さがほぼ同じ。この日とその前後 3 日間、計 7 日間が「彼岸」で墓参りをする
八十八夜	5 月 1 日	立春から 88 日目。このころ「茶摘み」をする
端午（菖蒲）の節句	5 月 5 日	男子の健やかな成長を願い、こいのぼりを飾る。しょうぶ湯に入る。かしわもち（関東）、ちまき（関西）を食べる
立夏	5 月 5 日	この日から暦の上では夏
夏至	6 月 21 日	昼が最も長く、夜が最も短い日
七夕（笹）の節句	7 月 7 日	願い事を書いた短冊を笹竹に飾る
土用の丑の日	7 月 28 日	夏の土用とは、立秋の直前の 18 〜 19 日間のこと。その期間の「丑」の日が土用の丑の日。夏バテしないよう、うなぎを食べる
立秋	8 月 7 日	この日から暦の上では秋で、「暑中見舞い」ではなく「残暑見舞い」を出す
お盆	8 月 15 日	この日の前後、ご先祖様の霊をお迎えして、またお送りする。7 月 15 日に行う地域もある
二百十日	8 月 31 日	立春から 210 日目。台風が来ることが多いという
重陽（菊）の節句	9 月 9 日	長寿を願い、菊酒を飲む、栗ご飯を食べる
十五夜	9 月 21 日	団子やすすきを供えて、月を眺める。旧暦の 8 月 15 日は、2021 年は 9 月 21 日にあたる。これは月齢が関係するので、太陽暦の 8 月 15 日に行っても意味がない
秋分	9 月 23 日	太陽が真東から昇って真西に沈む。昼と夜の長さがほぼ同じ。この日とその前後 3 日間、計 7 日間が「彼岸」で墓参りをする
立冬	11 月 7 日	この日から暦の上では冬
七五三	11 月 15 日	3 歳の男女、5 歳の男子、7 歳の女子の健やかな成長を祈願する
冬至	12 月 22 日	昼が最も短く、夜が最も長い日。かぼちゃを食べる。ゆず湯に入る
大みそか	12 月 31 日	みそかとは「三十日」のことで、「月の最後の日」という意味。1 年の最後の日である大みそかの夜、除夜の鐘を 108 回つく

※色をつけた伝統行事は、旧暦の決まった日付に行われていたもの

7 国民の祝日とその意義

　どの日を国民の祝日にするかは、**「国民の祝日に関する法律（祝日法）」**で決まっています。2021年10月現在の国民の祝日の月日、名称、意義は次の通りです。

　2019年5月1日に新天皇が即位されたため、**天皇誕生日は12月23日から2月23日に**変わりました。したがって、6月のほかに12月も祝日のない月になりました。

　また、**東京オリンピック**が開かれた2021年には、人の移動による混雑を避けるため、開会式と閉会式の前後が休みになるように、3つの祝日を変更しました。**「海の日」が開会式前日の7月22日に、「スポーツの日」が開会式当日の7月23日に、「山の日」が閉会式当日の8月8日に、**それぞれ変わりました。8月8日は日曜日なので、その翌日の8月9日は振替休日になりました。8月9日を祝日にしなかったのは、1945年のこの日、長崎に原子爆弾が投下されたため、「祝日」にするのはふさわしくないと考えられたからです。

2021年7〜9月のカレンダー

	日	月	火	水	木	金	土
7月					1	2	3
	4	5	6	7	8	9	10
	11	12	13	14	15	16	17
	18	19	20	21	22 海の日	23 スポーツの日 開会式	24
	25	26	27	28	29	30	31
8月	1	2	3	4	5	6	7
	8 山の日 閉会式	9 振替休日	10	11	12	13	14
	15	16	17	18	19	20	21
	22	23	24 開会式	25	26	27	28
	29	30	31	1	2	3	4
9月	5 閉会式	6	7	8	9	10	11
	12	13	14	15	16	17	18
	19	20 敬老の日	21	22	23 秋分の日	24	25
	26	27	28	29	30		

　　　　　■はオリンピック・パラリンピックの大会期間

1年間の祝日（祝日の移動がない年の場合）

月　日	祝日名	意　義
1月1日	元日	年のはじめを祝う
※1月の第2月曜日（1999年までは1月15日）	成人の日	おとなになったことを自覚し、みずから生き抜こうとする青年を祝いはげます
2月11日	建国記念の日	建国をしのび、国を愛する心を養う（1889年に大日本帝国憲法が発布された日でもある）
2月23日	天皇誕生日	天皇の誕生日を祝う
春分日（2021年は3月20日）	春分の日	自然をたたえ、生物をいつくしむ
4月29日	昭和の日	激動の日々を経て、復興を遂げた昭和の時代を顧み、国の将来に思いをいたす（もともとは昭和天皇の誕生日）
5月3日	憲法記念日	日本国憲法の施行を記念し、国の成長を期する
5月4日	みどりの日	自然に親しむとともにその恩恵に感謝し、豊かな心をはぐくむ
5月5日	こどもの日	こどもの人格を重んじ、こどもの幸福をはかるとともに、母に感謝する
※7月の第3月曜日（2002年までは7月20日）	海の日	海の恩恵に感謝するとともに、海洋国日本の繁栄を願う
8月11日	山の日	山に親しむ機会を得て、山の恩恵に感謝する
※9月の第3月曜日（2002年までは9月15日）	敬老の日	多年にわたり社会につくしてきた老人を敬愛し、長寿を祝う
秋分日（2021年は9月23日）	秋分の日	祖先をうやまい、なくなった人々をしのぶ
※10月の第2月曜日（1999年までは10月10日）	スポーツの日（2019年までは「体育の日」）	スポーツを楽しみ、他者を尊重する精神を培うとともに、健康で活力ある社会の実現を願う（1964年10月10日に、東京オリンピックの開会式が行われたことを記念したもの）
11月3日	文化の日	自由と平和を愛し、文化をすすめる（1946年に日本国憲法が公布された日。明治天皇の誕生日でもある）
11月23日	勤労感謝の日	勤労をたっとび、生産を祝い、国民たがいに感謝しあう

※はハッピーマンデー制度により、特定の週の月曜日に移動する祝日

8 地震・津波・噴火　災害の歴史

　2021年は、**東日本大震災**を引き起こした**東北地方太平洋沖地震**から10年という節目の年でしたが、東北地方では最大震度が5弱以上の地震が、2月、3月、5月と3回も発生しました。災害への備えを怠ることはできないと、改めて痛感させられました。近い将来、発生すると考えられている**首都直下地震**や**南海トラフ地震**の対策も急務です。そこで、明治時代以降に起こったおもな地震・噴火を確認しておきましょう。

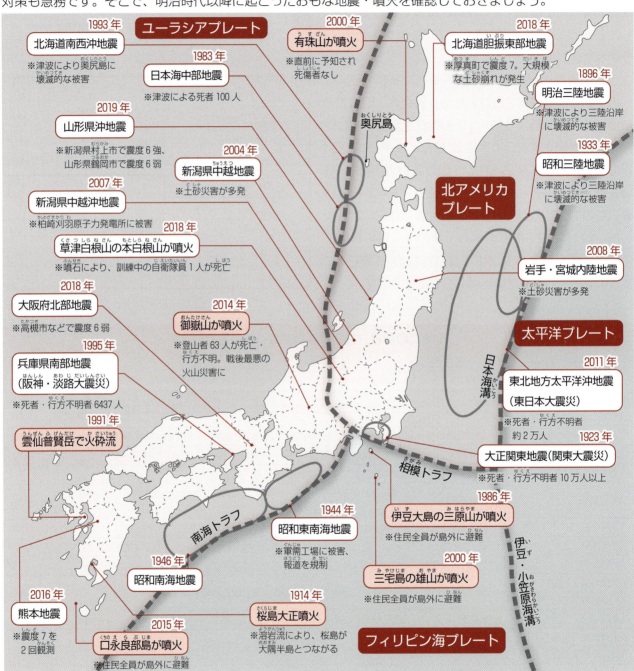

活断層
　過去にくり返し地震が発生しており、今後も地震を引き起こすと考えられる断層のこと。1つの活断層がマグニチュード7クラスの地震を引き起こすのは、数千年から数万年に一度と考えられているが、活断層は日本全国に2000以上も分布している。そのほかに、まだ知られていない活断層が地震を引き起こすことも考えられる。

直下型地震
　内陸部にある活断層を震源として発生する地震は、地震そのものの規模を表す**マグニチュード**がそれほど大きくなくても、特定の地点でのゆれの強さを表す**震度**が大きくなることがある。都市の近くで発生すると、重大な被害が出ることが多いが、そのような地震を直下型地震という。1995年の**阪神・淡路大震災**を引き起こした兵庫県南部地震、2004年の**新潟県中越地震**、2008年の**岩手・宮城内陸地震**、2016年の**熊本地震**、2018年の**北海道胆振東部地震**などは、直下型地震の例といえる。

2021年 時事用語解説

あ行

●IoT（モノのインターネット）

「Internet of Things」の略で、情報通信機器だけでなく、家電製品、自動車、家など、さまざまなモノに通信機能を持たせること。これらのモノがセンサーで集めた情報は、インターネット上のデータを保存する場所にアップロードされ、人工知能（AI）などが解析する。その結果に基づいてモノを操作することで、私たちの生活や産業のあり方は大きく変わろうとしている。

例えば、通信機能を備えた電力の「スマートメーター」を設置すると、自動的に電力の使用状況が電力会社に送られ、自分でも把握できる。また、自動車に通信機能を持たせれば、どの場所でどのような運転操作が必要か、事故が起こりやすい場所はどこかというビッグデータも収集できる。そのデータを利用した自動運転も実現しつつあるが、こうした変化は「第四次産業革命」ともいわれる。

2020年からは、日本でも大容量のデータを瞬時にやりとりできる、第5世代移動通信システム（5G）という新規格を使ったサービスが一部の地域で始まった。

しかし、あらゆるモノがインターネットに接続されるということは、常にサイバー攻撃の脅威にさらされているということでもある。個人の行動パターンが外部にもれ、それを商売に利用されることへの抵抗感、AIに仕事を奪われるのではないかという不安、自動運転車が事故を起こした場合の責任の所在など、解決しなければならない問題は多い。

●アダムズ方式

選挙区ごとの定数の決め方の1つ。アメリカの第6代大統領のジョン・クインシー・アダムズが考えたとされる。まず、各選挙区の人口をある数で割る。その商の小数点以下を切り上げて整数とし、それを各選挙区の定数とする。各選挙区の定数の合計が全体の議席数より多くなってしまったときは、割る数を少しずつ大きくしていく。各選挙区の定数の合計が全体の議席数と一致したら、それを定数とする。この方式だと、どの選挙区も最低1議席が確保されることになる。

日本では、国会議員1人当たりの人口や有権者数が、選挙区によって大きく異なるため、有権者の一票の価値にも、選挙区によって大きな差がある「一票の格差」が問題になっている。憲法第14条で定められた「法の下の平等」に反することになるので、これを是正するため、2020年10月の国勢調査の結果により、衆議院議員総選挙での都道府県ごとの小選挙区の数を、この方式で決め直すことになっていた。

その国勢調査の結果（速報値）が2021年6月に発表されたが、それによると、日本の総人口は約1億2622万7000人で、前回、2015年の国勢調査のときより約86万8000人減った。しかし、首都圏1都3県では逆に約80万8000人増えていた。その結果、衆議院の小選挙区の数は、東京都で5、神奈川県で2、埼玉県、千葉県、愛知県で各1増やし、宮城県、福島県、新潟県、滋賀県、和歌山県、岡山県、広島県、山口県、愛媛県、長崎県の10県で各1減らすことになる。また、衆議院の比例代表のブロックごとの定数も、東京で2、南関東で1増やし、東北、北陸信越、中国で各1減らすことになる。首都圏1都3県への人口の集中がますます進んだことがわかる結果だった。

これらを変更する法律案は2022年の国会に提出される見こみなので、2021年の総選挙は、従来の区割りと定数で行われることになる。

「アダムズ方式」による各選挙区の定数の決め方の例（定数10の場合）

	人口	÷100万	÷120万
選挙区A	600万人	6	5
選挙区B	210万人	2.1→3	1.75→2
選挙区C	130万人	1.3→2	1.08…→2
選挙区D	60万人	0.6→1	0.5→1

合計が12なので割る数を大きくする　合計が10になったのでこれで定数決定

●暗号資産

インターネット上だけに存在する「お金」のことで、インターネットでの通信販売を利用したときの代金の支払いや、外国への送金などに使えるため、利用者が増えつつある。安全性を確保するために暗号化されてやり取りされる（かつては「仮想通貨」とも呼ばれていた）。国家が管理していないため、国の枠組みを超えて使えるが、強制的に通用させる力はない。しかし、今後さらに普及すると、各国の中央銀行による金融政策が意味を持たなくなってしまうおそれがある。2021年、中央アメリカのエルサルバドルは、暗号資産「ビットコイン」を世界で初めて法定通貨とした。

●ＬＲＴ（次世代型路面電車）

都市の中での移動のための交通機関としては地下鉄が有力な選択肢の1つだが、建設するには巨額の資金が必要になる。多くの場合、それは借金でまかなうことになるが、開業後、利用者が想定より少なければ、地下鉄を経営する市などは借金の返済に苦しむことになる。運賃を値上げすれば客離れにつながり、施設の維持費も高くつく。このため、人口が100万人に満たないような都市では、地下鉄は現実的ではないと考えられている。

しかし、公共交通機関の整備が不十分だと、その都市では交通渋滞が慢性化して経済活動にも支障をきたす。また、自動車に頼りすぎる都市は環境面でも好ましくなく、自動車の運転ができない高齢者などは、日々の買い物にも不自由する「買い物弱者（買い物難民）」にもなりかねない。

そこで注目されるのが「ＬＲＴ」である。これは英語の「ライト・レール・トランジット」の頭文字をとった略語で、日本語では「次世代型路面電車」などといわれる。地下鉄より運べる人数は少ないが、はるかに安く整備できるため、人口が数十万人規模の県庁所在地級の都市に向いている。また、地下鉄のように、電車に乗るために地下に下り、電車を降りてからまた地上に上がる必要がないため、バリアフリーという観点からも優れている。そのために段差のない、床の低い車両の導入が進んでいる。公共施設をはじめとした生活に必要な施設を、市街地の中心部や鉄道・バス路線沿いに集約した都市づくりをめざす「コンパクトシティ」の考え方にも合っている。

富山市のように、従来の路面電車を改良してＬＲＴに近いものにしているところもあるが、宇都宮市とその東に隣接する芳賀町のように、まったく新たに建設する都市も出てきた。2023年春には、宇都宮駅東口から芳賀・高根沢工業団地までの14.6kmを結ぶ「芳賀・宇都宮ＬＲＴ」が開業する予定だが、2021年には、その車両の愛称が「ライトライン」と決まった。雷の多い宇都宮市は「雷都」といわれることもあるが、それにかけている。

2023年春に開業予定の芳賀・宇都宮ＬＲＴの車両「ライトライン」

●大阪都構想

大阪府と大阪市の組織を統合して大阪市を廃止し、現在の大阪市の24区をいくつかの特別区（東京23区のような市に準じた権限を持つ区）に再編しようとした構想のこと。

現在、特別区が置かれている東京の場合、かつて「東京府」の中に「東京市」があったが、太平洋戦争中の1943年に、府と市の組織が統合されて「東京都」になった。ところが、大阪の場合は、「大阪府」の組織と「大阪市」の組織が別々に存在しているため、府と市がそれぞれ同じような施設をつくるなどの「二重行政」が発生し、むだが多いのではないかといわれてきた。

そこで、大阪も東京にならって府と市の組織を統合して大阪市を廃止し、府は広域的な仕事を、特別区はより生活に密着した仕事を担当するように改革することが考えられた。2015年には、その是非を大阪市民に問う住民投票が実施されたが、わずかな差で否決された。2020年11月1日にも、大阪市民を対象とする住民投票が再び実施されたが、やはりわずかな差で否決され、大阪市は存続することになった。

か行

●貨客混載

「客」を運ぶ鉄道、バス、フェリーなどの公共交通機関に、宅配便、農畜産物、水産物などの「貨物」もいっしょに載せて運ぶこと。ただし、人が乗るスペースと、荷物を積むスペースは分けるのが原則である。公共交通機関の乗客が少ない過疎地域では、路線の維持が

年々困難になっており、また物流網の維持も難しいため、国による規制緩和を受けて、こうした取り組みが始まっている。1人がバスの運転手とトラックの運転手を兼ねるようなものなので、人手不足に対応でき、二酸化炭素の排出量も減らせると期待されている。この試みは新幹線にも広がっている。新型コロナウイルス感染症による人の移動の減少で、JR各社は収入が以前と比べて半減するほどの大打撃を受けているが、公共交通機関としての責任を果たすため、運転本数を大きく減らすわけにはいかない。そこで、少しでも収入につなげるため、乗車率が低くなった新幹線でも、その速く運べるという特性を生かして、貨客混載が行われるようになった。しかも、空きスペースだけでなく、客席も利用するようになりつつある。特に北海道・東北新幹線で、農畜産物や水産物を産地から東京や仙台などの大消費地に新鮮なうちに運ぶ試みがさかんになっている。

宮城県石巻市の漁港から仙台駅に到着し、東北新幹線の空席に積みこまれるマダイやホヤなどの海産物

●軽減税率──────
所得税などは「累進課税」といって、所得の多い人ほど高い税率が適用される。しかし、消費税の場合は、2019年9月までは高級品か生活必需品かを問わず、すべての商品に同じ税率が適用されていた。高級品は、収入の少ない人はあまり買わないが、生活必需品は、収入の少ない人も多い人も同じように買うという傾向がある。そのため消費税には、収入の少ない人ほど強い負担を感じる「逆進性」があるとされている。そこで、その逆進性を緩和するため、飲食料品（外食と酒類を除く）と自宅に配達される新聞については、2019年10月に税率が8％から10％に引き上げられた後も、税率を8％のままとする「軽減税率」を適用することになった。しかし、どこまでが外食かという定義は難しく、買った食品を持ち帰れば8％、店内で食べれば10％の税率が適用されるなど、制度が複雑になってしまった。

●限界集落──────
人口の半分以上が65歳以上の高齢者になったため、社会生活を営む地域の共同体を維持することが困難になりつつある集落。やがて消滅に向かうおそれがある。

過疎化が進んでいる地方に多く、国土交通省と総務省の調査によると、そのような集落は全国に2万以上あることがわかった。一方、大都市でも、入居から長い年月がたって、入居者の子どもの世代が出ていってしまった大規模な団地などでは、似た状況が見られる。

さ行

●食品ロス（フードロス）──────
商店での売れ残り、食べ残しや賞味・消費期限切れなどの理由で、まだ食べられるのに捨てられる食品は、日本だけで1年間に600万トン以上になるといわれる。1人が毎日茶わん1杯分のご飯を捨てている計算になる。栄養不足に苦しむ人は全世界で8億人以上もいるとされる中で、こうした「食品ロス」を減らす取り組みが求められている。

例えば、食品としての品質には問題がないにもかかわらず、大きさや形が規格を外れている、包装に不備があったというような理由で、商品にならなくなった食品を企業などから引き取り、貧困に苦しむ人に提供する「フードバンク」といわれる活動も行われている。こうした活動をしている特定非営利活動法人（NPO）は、貧困のため十分な食事がとれない子どもに無料で食事を提供する「子ども食堂」を運営していることも多い。

しかし、新型コロナウイルス感染症の流行により、人が集まって食事をともにすることを避けなければならなくなった現状では、「子ども食堂」の運営も困難をきたすようになっている。また、飲食店の休業や時短営業のため、農家では生産した食材の納入先がなくなり、やむをえず廃棄処分するケースも出ている。そのような食材をインターネットなどで直接買って農家を応援しようという動きもある。

た行

●都市鉱山──────
パソコン、携帯電話、ゲーム機などには、金・銀などの高価な金属や、地球上にわずかな量しか存在しない「レアメタル」といわれる金属も使われている。そのため、このような機器を使用後にただ捨ててしまうのではなく、回収して金属を取り出し、再利用する取り組みが求められている。使用済みの精密機器は都市に多く、都市の内部に金属の鉱山が眠っているようなものなの

で、「都市鉱山」といわれている。この都市鉱山に注目した場合、天然資源に乏しい日本も、世界有数の資源大国だという見方ができる。東京オリンピック・パラリンピックの金・銀・銅メダルは、こうした「都市鉱山」からつくられた。

は行

●ハザードマップ

災害が発生したときに、どの地域でどのような被害が出る可能性があるかを、災害の種類別に示した地図。例えば地震であれば、倒壊する建物の多い地域、火災が発生して延焼する危険性の高い地域、地盤の液状化現象が起こる可能性の高い地域などがそれぞれ示されている。また、津波や水害であれば浸水する範囲が、火山の噴火であれば火山灰が降る範囲、火砕流や溶岩流が到達する範囲などが示されている。

近年、このような地図を各地の地方公共団体が作成してホームページで公表したり、住民に配ったりするようになった。住民一人ひとりが、自分の住んでいる地域にどんな災害の危険があるのかを知ることで、いざというときに適切な行動がとれるようにしてもらい、被害を少なくするのがねらいだといえる。

2021年3月には、富士山が噴火した場合のハザードマップが改定された。それによると、神奈川県相模原市の一部や、酒匂川流域(小田原市など)も溶岩流が到達する可能性があるとされている。

●パリ協定

地球温暖化を防止するため、2015年にフランスのパリで開かれた気候変動枠組み条約第21回締約国会議(COP21)で採択された、新たな温室効果ガス排出削減の枠組み。産業革命以降の平均気温上昇を2度以内に抑え、かつ1.5度以内をめざす。それまでの京都議定書では、中国やインドなどは発展途上国扱いとされ、温室効果ガスの排出量を減らす義務が課されていなかったが、パリ協定では、条約に加盟するすべての国が、それぞれ目標を決めて温室効果ガスの削減に取り組むことになった。日本は2030年度に2013年度比で26％減らすとしていたが、2021年4月、その目標を「46％」と大幅に引き上げた。ただ、すべての国が目標を達成できたとしても、温暖化防止にはまだ十分ではないとされており、さらなる目標の引き上げが求められている。

アメリカは、トランプ前大統領の時代の2019年11月に、パリ協定からの離脱を通告し、1年後の2020年11月に離脱が成立した。しかし、2021年1月20日にバイデン大統領が就任すると、初日にパリ協定への復帰を表明し、2月に正式に復帰した。

●BRT(バス高速輸送システム)

津波で大きな被害を受けた東日本大震災の被災地では、鉄道の線路も流され、復旧には長い時間がかかった。JR大船渡線の気仙沼―盛間と、JR気仙沼線の柳津―気仙沼間は、鉄道での復旧を断念し、その線路跡をバス専用道として、バスを走らせることになった。このような専用道を走るなどの方法で、バスに路面電車に劣らない輸送力を持たせたしくみをBRT(バス高速輸送システム)という。これにより、運転本数が以前より増加し、また一般道を走ることもできるため、需要の変化に応じて柔軟にルートを変更できるようになった。その点では便利になったが、時間は以前より長くかかるようになっている。

九州でも、2017年に九州北部豪雨の被害を受けたJR日田彦山線の一部区間の復旧が断念され、BRT化されることが決まった。

一方、東京では、湾岸地域の人口増加が著しいため、新たな交通機関が求められている。2019年2月には、地下鉄都営大江戸線勝どき駅のホームが増設され、2020年10月には、「東京BRT」がプレ運行(1次)を開始した。ルートは、地下鉄の新駅が開業した虎ノ門ヒルズから新橋、勝どきを経て晴海に至るもので、オリンピック・パラリンピック終了後にはプレ運行(2次)として、臨海副都心方面に延長され、豊洲を経由するルートもできることになっている。都道環状2号線の本線トンネルが開通する2022年からは、本格運行が始まる予定。

東京BRTのプレ運行(1次)のルート

●ピクトグラム

空港や駅などで、トイレや非常口の場所、禁煙であることなどを案内する絵文字や記号のこと。さまざまな国籍の人が行き交う場所では、多くの言語で案内表示をする必要があるが、それにも限界がある。そこで、「非常口」「禁煙」などを文字ではなく記号で表すと、どんな言語を使う人にとってもわかりやすい。このようなマークを国際的に共通化しようとする動きがある。オリンピック・パラリンピックでも、競技会場の内外に、何の競技・種目の会場なのかを表す「スポーツピクトグラム」が掲示される。今回の東京オリンピックでは50種類が、東京パラリンピックでは23種類が使われた。

●ビッグデータ

インターネットの普及などにより、日々大量に生成されるようになった大容量のデータのこと。コンピュータの処理能力が向上し、それを解析できるようになったので、ビジネスや学問的な研究に生かす動きが始まっている。例えば、東日本大震災の発生当日、帰宅困難者がどこにどのくらいいて、どのように移動しようとしていたかというデータも、各自が持っていた携帯電話の位置情報を解析することで得ることができたので、今後の防災対策に生かそうとしている。新型コロナウイルス感染症の流行が始まった2020年以降は、主要な駅や繁華街などの人出の増減を把握するためにもビッグデータが使われている。しかし、ビッグデータの中に個人を特定できる情報が含まれているのではないかとして、その利用に反発する人もいるため、利用のしかたのルールをつくることが求められている。

●フェイクニュース

インターネット上を中心に流されるようになった、うそのニュースのこと。世論を操作するために意図的に流されることもあれば、ウェブサイトの管理者が広告収入を稼ぐため、1人でも多くの人にアクセスさせようと、人目をひくような大げさな見出しをつけることもある。政治家などが自分に都合の悪いニュースがあるとき、それを「フェイクニュースだ」と決めつけて開き直るという現象も見られるようになった。
新型コロナウイルス感染症対策については、価値観によって考え方がまったく異なり、ある人にとっては「ぜひやるべきこと」が、別の人にとっては「絶対にやってはいけないこと」にもなる。規制強化派、経済重視派の双方が反対意見を許せず、相手の主張の根拠を「フェイクニュース」だとして非難しあう状況が続いている。

インターネットでは、だれでも情報を発信できるので、流されている情報が必ずしも正しいとは限らない。インターネットから得た情報はその発信者をきちんと確認し、どの程度信用できるのかをよく考えて取り扱う必要がある。

●ふるさと納税制度

自分の出身地など、応援したい地方公共団体に一定の金額を超える寄付をすると、現在住んでいる地方公共団体に納める住民税などが安くなる制度。2008年度から導入された。寄付をするのは、必ずしも自分の出身地の地方公共団体でなければならないとは決められていないため、災害が発生するたびに、被災地となった地方公共団体に「義援金」としての意味を持つ寄付が集まる。最近では、寄付をしてくれた人にその地域の産物などをお礼として贈る地方公共団体が多くなったが、そのお礼をもらうために寄付をする人も多くなったため、豪華な品物を贈る地方公共団体も出るなど、寄付を獲得するための競争が過熱した。

このことを問題視した総務省は、「返礼品は寄付金の3割以内の価値の物に」「その地域の産物に」と指導したが、従わなかった地方公共団体もあったため、2019年に法律が改正され、不適切な返礼品を贈っている地方公共団体には寄付をしても、税金が軽減されないようになった。

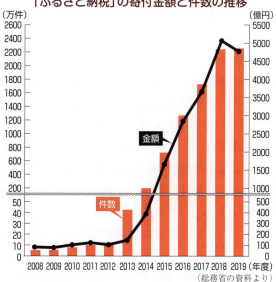
「ふるさと納税」の寄付金額と件数の推移
（総務省の資料より）

●ポピュリズム

「人々」という意味のラテン語の「ポプルス」という言葉（英語の「ピープル」に当たる）に、「主義」を表す「イズム」をつけて作られた言葉で、「大衆迎合主義」と訳される。近年、不満を抱えている大衆の本音を代わりに

言ってみせることで、自分への支持につなげるようなタイプの政治家が各国で出現しているが、そのような政治のあり方を「ポピュリズム」という。地道な利害の調整をしようとはせず、複雑な物事を単純化してとらえ、敵と味方をはっきり分ける傾向が強い。国民投票の結果によるイギリスのヨーロッパ連合（ＥＵ）からの離脱や、アメリカでのトランプ大統領の誕生で注目された。

ま行

●無形文化遺産

国連教育科学文化機関（ユネスコ）が、「世界遺産」「世界の記憶」とは別に、地域の伝統的な行事や工芸技術などを保護するための取り組みとしてリストに登録したもの。2013年には「和食―日本人の伝統的な食文化」が、2014年には「和紙―日本の手すき和紙技術」が、それぞれ登録された。「和紙」には、具体的には細川紙（埼玉県）、本美濃紙（岐阜県）、石州半紙（島根県）の３つが含まれる。

また、2016年には、「山・鉾・屋台行事」も登録された。これは、すでに登録されていた「京都祇園祭の山鉾行事（京都府）」と「日立風流物（茨城県）」に、「博多祇園山笠行事（福岡県）」「秩父祭の屋台行事と神楽（埼玉県）」「高山祭の屋台行事（岐阜県）」など各地の祭りを合わせ、まとめて１件とされたものである。

さらに、2018年には、仮装をして異形の神に扮した住民が家々をめぐって厄払いなどをする各地の伝統行事がまとめて、「来訪神―仮面・仮装の神々」として登録された。これにはすでに登録されていた鹿児島県甑島の「トシドン」のほか、秋田県男鹿半島の「ナマハゲ」なども含まれる。しかし、新型コロナウイルス感染症により、こうした伝統行事は２年連続で中止または規模縮小に追いこまれており、文化の継承が重大な危機を迎えている。

なお、2020年12月には、日本から新たに「伝統建築工匠の技：木造建造物を受け継ぐための伝統技術」が登録された。これには、建造物木工、かやぶき、建造物漆塗、畳製作などが含まれる。伝統的な建造物もたえず修復が必要であり、その職人がいなくなれば守っていくことはできない。2019年に焼失した那覇市の首里城正殿の復旧が進められているが、前回の復旧に携わった職人の多くはすでに亡くなっているか、引退しており、職人の高齢化と後継者不足は深刻である。

●メディア・リテラシー

マスメディアやインターネットで流されている情報の真偽を確かめたうえで、信用できるもの、自分にとって必要なものを取捨選択して利用する能力のこと。テレビ、ラジオ、新聞、雑誌などの「マスメディア」の情報は常に正しいとは限らず、誤った報道がなされることもある。また、報道する側が都合のよい情報や場面だけを選んで流すことで、与える印象を変えることもできる。新型コロナウイルス感染症に関する報道では、特にテレビで必要以上に恐怖をあおるような報道が繰り返された結果、世論に大きな影響を与え、実際に行われる対策にも影響したといわれている。

最近ではインターネットを利用することで、個人でもマスメディアの情報を一方的に受け取るだけでなく、情報を発信することや、マスメディアでは得られない情報を手に入れることもできるようになった。しかし、インターネット上の情報も常に正しいとは限らず、そもそもはじめから人を操ろうとして、悪意で流されている誤った情報もあることに注意しなければならない。

総務省が2021年8月に発表した2020年度の情報通信メディアの利用状況に関する調査結果によると、平日のインターネット利用時間が、リアルタイムでのテレビ視聴時間を初めて上回ったことがわかった。若者のテレビ離れが進んでいるといわれ、若者はインターネットでの動画視聴や、有名人のソーシャル・ネットワーキング・サービス（ＳＮＳ）を追いかけることに、より多くの時間を費やすようになっている。外出の自粛により、そのような若者が家にいる時間が増えたことも、この結果に影響したとみられる。テレビ、ラジオ、雑誌は高齢者向けのメディアになり、高齢者のニーズに合った内容が多くなりつつあるが、インターネットにも、自分が興味のある情報や、自分と同じ意見しか入ってこなくなりがちだという短所があり、それぞれのメディアの特性を考えて接する必要がある。

や行

●ヤングケアラー

病気や障害のある親、祖父母、兄弟姉妹などの介護や世話、食事の準備や洗濯などの家事を日常的に行っている18歳未満の子どものこと。これまでも多く存在していたと思われるが、実態調査などは行われたことがなく、問題の存在自体が認識されていなかった。

厚生労働省と文部科学省は、2020年12月から2021年

1月にかけて、公立中学校1000校と全日制高校350校のそれぞれ2年生を対象に、インターネットでアンケートを実施し、合わせて約1万3000人から回答を得た。その結果、中学生では約17人に1人（5.7%）、高校生では約24人に1人（4.1%）が「ヤングケアラー」に当たるとわかった。どのクラスにも必ず1～2人はいることになり、全国には約10万人もいる計算になる。家事などにかけている時間は、平日1日の平均で、中学生は4時間、高校生は3.8時間だった。学習やクラブ活動の時間的余裕がなくなる、自宅を離れられないため、進路の選択が大きく制約されるなどの問題があり、支援が必要だと考えられるようになった。しかし、子ども本人がその状況を当たり前だと思い、自分自身が「ヤングケアラー」に当たると思っていないこともある。ことばが作られることで、問題の存在が認識され、可視化されたよい例ともいえる。なお、政府は小学生についても調査する方針である。

リニア中央新幹線のルート図

ら行

●リニア中央新幹線

磁石の力で浮上して、最高時速505kmで走行し、東京（品川駅）―名古屋―大阪を1時間強で結ぶ予定の高速鉄道。JR東海は2027年に、東京（品川）と名古屋間を開業させ、約40分で結ぶことをめざしている。

2014年12月には、品川駅などで準備工事が着工され、2015年8月には、赤石山脈（南アルプス）を貫通するトンネルが本格着工された。2045年には大阪まで開業する予定で、東京―大阪間の所要時間は1時間7分になる見こみ。

ところが、この南アルプスのトンネルが大きな問題になっている。トンネルは山梨県から長野県に直接入るのではなく、静岡県の大井川源流部の地下を通過する。その区間について、2021年6月の選挙で4回目の当選を果たし、さらにあと4年務めることになった静岡県の川勝平太知事は、トンネルを掘ると、トンネル内にしみ出たわき水が流域外の山梨県や長野県に流れ出して、大井川の水量が減る、つまり静岡県が利用できる水資源の量が減るとして、静岡県にかかる区間の着工を認めていない。

知事はルートの変更も検討すべきだと主張しているが、JR東海では、ルート変更はありえないとしている。このため、2027年の開業予定は遅れる可能性が高くなっている。

わ行

●忘れられる権利

インターネットの発達により、以前であれば時間の経過とともに忘れられていたようなことが、だれでも簡単に調べられるようになっている。そのため、犯罪をおかして実名で報道されたり、悪意のあるうわさを流されたり、自分でうっかり個人情報を載せてしまったりすると、それがいつまでもインターネット上に残り、その人の平穏な生活を妨げることになりかねない。また、過去にブログやSNSを「炎上」させたり、差別発言をしたりしたことがあると、ずっと後になってから、就職などの際に問題にされることもありうる。これらは完全に消すことはできないので、入れ墨という意味の「タトゥー」という言葉を使って、「デジタルタトゥー」ともいわれる。

そのため、「忘れられる権利」を主張して、個人のプライバシーにかかわる情報が検索結果に出てこないようにしてほしいという訴えが世界各地で起こされるようになった。法律的に確立された権利とはいえないが、裁判所が検索結果の削除を命じた例もある。ただ、報道の自由や検索サイトの表現の自由との兼ね合いから、どこまで認めるべきかは難しい問題といえる。

2021年には、ある海外の大手通信社が、続報が報道されないような軽微な事件については今後、被疑者の実名を報道しないと決めた。日本でも、紙の新聞紙上では実名が報道されていても、インターネット上の記事では匿名というケースがある。一方で、2021年には**少年法**が改正され、**民法上の成人年齢が「18歳以上」になる2022年4月**からは、18歳と19歳の「特定少年」については、（起訴された後は実名報道が許されることになった。

● 2022年中学入試 ● 予想問題の解答

● 政治・経済・社会

1 問1　（あ）　1　　（い）　2　　（う）　3　【算用数字指定】

（え）　インターバル　　（お）　ワークライフバランス　【カタカナ指定】

問2　(1)　（例）少年犯罪では、罪をおかした少年の実名や顔写真など、本人を特定できるような情報の報道が規制されていた。これは少年法が刑罰を与えることよりも、少年の立ち直りや将来の社会復帰を重視しているためである。

(2)　エ　　(3)　マイナンバー　【カタカナ指定】　　(4)　ア　　(5)　18（歳以上）

(6)　各議院でそれぞれ総議員の3分の2以上の賛成があること。　　(7)　イ

問3　労働基準法　【漢字指定】

問4　(1)　ウ　　(2)　カ

問5　（例）民間企業で働く人たちの給与や職場の環境が改善されやすくなる。

（例）多様な人材が公務員になることで、政策や行政サービスの質が向上する。　【2つ】

問6　ア・イ・エ・オ　【順不同・完答】

問7　（例）業種によって、業績が回復した企業と、悪化した状態が続く企業とに二極化しているということ。

問8　(1)　（D）カ　　（E）ウ　　（F）ア

(2)　（例1）1078円　　（例2）1078円（税込）　　（例3）980円（税込1078円）

(3)　《消費者側の利点》
（例）買い物をするときに支払う金額がわかりやすくなり、価格の比較もしやすくなる。　〈37字〉

《小売店側の不安》
（例）消費者に値上げしたような印象を与えてしまい、売り上げが減少する可能性がある。　〈38字〉

問9　(1)　10万円　　(2)　ベーシックインカム　【カタカナ9字指定】

問10　(1)　保健所の地図記号　⊕

（G）赤十字　　（H）ノーベル平和　　（I）アンリ・デュナン　　（J）スイス

(2)　イ・オ　【順不同・完答】

問11　(1)　しゅうぎ　【ひらがな4字指定】

(2)　（例1）スマートフォンで払う　〈10字〉　　（例2）キャッシュレスで贈る　〈10字〉

問12　(1)　（例1）エスカレーターは立ち止まった状態で乗る。

（例2）エスカレーターでは歩いたり走ったりしない。

(2)　エ　　(3)　エ

2 問1　インバウンド　【カタカナ6字指定】

問2　（例）ラベルをはがす手間が省けてごみの分別がしやすくなり、プラスチックごみを減らすことにもつながる。

問3　（例）多様なごみが捨てられないようにして、きちんと分別されたきれいなＰＥＴボトルのリサイクルを進めるため。

問4　ウ

問5　(1)　（例）観光地やリゾート地などで余暇を楽しみながら働くこと。　〈26字〉

(2)　（例）テレワークは仕事の時間と私生活の時間の線引きが難しいから。　〈29字〉

問6　イ

問7　(1)　所属政党が異なる人物：野田佳彦　／　（　）に当てはまる人物：安倍晋三　【それぞれ漢字指定】

(2)　エ

(3) （例）投票箱にあらかじめ票が入れられていないのを確認すること。

(4) （例）日本では、内閣が行政権を行使する際に国会に対して連帯責任を負う議院内閣制が採用されている。内閣のトップである内閣総理大臣は、主権者である私たちが選挙で選ぶ国会議員の中から国会の議決で指名されるが、もし衆議院と参議院が異なる議決をした場合、衆議院の議決が参議院の議決に優越して国会の議決となるため、内閣総理大臣は衆議院議員総選挙の結果によって決まることになるから。

配点
1 問2(1) 3点　　　　問1、問9 各1点×7＝7点
　その他 各2点×30＝60点（1 計70点）
2 問7(4) 4点　　　　問2、問3、問5 各3点×4＝12点
　その他 各2点×7＝14点（2 計30点）

● 世界遺産・農業など

1 問1 （ア） 国連教育科学文化機関　（イ） 生物多様　（ウ） 津軽 【それぞれ漢字指定】
　　問2 ア・イ・ウ 【順不同・完答】　　　問3 ○：5　●：20 【算用数字指定・完答】

問4 (1) エ　　(2) エ

問5 (1) オーバーツーリズム 【カタカナ9字指定】
　　(2) （例）固有種のヤンバルクイナなどが、道路を横断する際に走行中の自動車によって交通事故にあうことを防ぐため。

問6 ウ　　　　問7 ウ　　　　問8 農耕を行わない（狩猟や採集を行う）

問9 (1) （例）縄文遺跡群の多くは発掘したあと保存のために埋め戻されるため、ピラミッドなどのように視覚的に価値がわかりにくいから。
　　(2) A：（例）目に見えているものに仮想の情報を重ねて楽しむこと
　　　　B：（例）ＣＧなどの映像によって仮想空間にいるような体験

問10 (1) 奈良県 【漢字指定】　(2) B：オ　E：イ 【完答】

2 Ⅰ　問1 □：巣　●：ごもり 【それぞれ漢字・ひらがな指定、完答】
　　　問2 （例）食料費は減少しているものの、外出を伴うことが多い交通、教養娯楽サービスなどにお金を使わなくなったことで、消費支出全体が減少し、その分食料費の比率が上がったから。

問3 (1) A・D 【順不同・完答】
　　(2) （例）日本の畜産は輸入飼料なしに成り立たないため、国内で育てられた家畜が国産として扱われた方が、日本の農業の姿をより反映したことになる点。

問4 (1) 消費者：（例）生産者から直接発送されてくるため、鮮度のよい農産物を購入できること。
　　　　生産者：（例）価格を自由に設定でき、中間業者も通さないため利益が大きいこと。
　　(2) バナナ 【カタカナ指定】

問5 （例）日本で開発された高級な果物の種や苗が東アジアなどに流出して広く栽培されている状態を規制し、日本の農家の利益を守るため。

Ⅱ　問6 （例）避難勧告と避難指示の違いが住民にはわかりにくく、高齢者の避難も遅れがちであった点。

問7 (1) 国土交通（省） 【漢字指定】
　　(2) （例）気象庁ではさまざまな情報提供に必要な設備の維持費がかさみ、財政状況が厳しくなっているため、ホームページに企業広告を掲載して収入を補おうとしているが、命に関わる情報を得ようとして宣伝を見せられることに違和感を持つ人もいるから。

問8 ユニバーサルデザイン 【カタカナ指定】

問9 (1) 1位：オ　2位：イ　4位：エ 【完答】
　　(2) 1位：銀　2位：銅　3位：金 【完答】

問10 （例）勝った選手や負けた選手を中傷するメッセージが届き、その選手に精神的な苦痛を与えた

問11 （例）最初に発見された国の名前を変異株につけると、その国への偏見や風評被害を助長するから。

配点
1 問5(2)、問9(1) 各5点×2＝10点
　問8、問9(2) 各4点×3＝12点
　その他 各2点×12＝24点（1 計46点）
2 問2、問3(2)、問5、問7(2) 各5点×4＝20点
　問4(1)、問6、問10、問11 各4点×5＝20点
　その他 各2点×7＝14点（2 計54点）

171

● **国 際** |||||||||||||||||||||||||||||||||||||||||||||||||||||||||||||||||||||||||||||||||||||||

1

問1 （あ） イスラム　　（い） アウンサンスーチー　　（う） クーデター　【それぞれカタカナ指定】

問2 A：オ　　B：ア　　C：ウ

問3 ⑴ 立憲（主義）【漢字指定】　　⑵ 1　【算用数字指定】

問4 （例）中国本土のバスと違って、香港のバスは車体の左側にドアが付いているが、これはかつて香港が
　　　　イギリスの支配下にあり、その名残で現在も自動車が左側通行となっているからである。

問5 （例）日中戦争が始まってからは、近隣住民どうしで隣組を結成させ、戦争に非協力的な者を報告させ
　　　　ていた。

問6 （例）法律による処罰の対象とならないように具体的なメッセージを書くことは控えるが、自分たちに
　　　　表明したい意見がないわけではないという思いを暗に示そうとしていると考えられる。

問7 エ

問8 （例）この行動が他の企業などにも広まって、新疆ウイグル自治区の産物が売れなくなる事態となれば、
　　　　他国に人権侵害と受け取られかねない行為が減る可能性がある。

問9 （例1）ＳＮＳによって反政府運動が拡大することを抑えられると考えたから。
　　　（例2）国内の状況が海外でどのように報道されているかを国民が知れば、反政府運動が勢いを増すと懸
　　　　念したから。

問10 （例）オーストラリアの独立国としての歴史より、先住民族のアボリジニの歴史はずっと古いため、そ
　　　　のような人々が自身の祖先の歴史を否定されたように感じたと考えられるから。

2

問1 （あ） 杜　　（い） 市松　　（う） フランス　　（え） ギリシャ　　（お） 難民

問2 ⑴　A：スポーツ（の日）　　B：山（の日）
　　　⑵（例）開会式前日と閉会式翌日は大会関係者や観客の移動が集中すると考えられていたため、国内の
　　　　通勤ラッシュなどと重ならないように配慮する必要性があったから。

問3 イ

問4 （例）世界大戦が続いていたから。

問5 <u>ウ→ア→オ→イ→エ</u>　【完答】

問6 （例）原則として無観客となったため、観客に配慮する必要性がなかったから。

問7 （例）近年のＩＯＣの収入は、大部分を各国のテレビ局などが支払うオリンピックの放映権料に依存し
　　　　ており、さらにその約半分をアメリカを含む北米が占めている。アメリカの４大プロスポーツは
　　　　野球を除いて秋から春にかけて行われるため、夏以外にオリンピックを開催すると視聴者の減少
　　　　が予想され、放映権料が高く売れなくなってしまうおそれがあると考えられるから。

問8 （例）肌の色による差別がなくならないこと。／学校に通いたくても通えない子どもたちが大勢いること。
　　　　／貧しい人々に食料が十分に行きわたらない国があること。／一部の宗教の信者に偏見を向ける
　　　　人々がいること。／温暖化などの環境破壊が進み、地域によっては、気象災害も多発していること。
　　　　（などから3つ）

配点

1 問1、問3、問7　各3点×6＝18点　　問2　各2点×3＝6点
　　その他　各5点×6＝30点（**1**計54点）

2 問1、問2⑴、問8　各2点×10＝20点
　　問3、問5　各3点×2＝6点　問4　4点
　　問2⑵、問6　各5点×2＝10点　問7　6点　（**2**計46点）

172

● 理 科

1

問1　B→A→C→E→D　【完答】

問2　(1)　①－イ　②－ウ　③－カ　④－オ　【完答】

　　　(2)　①　イ

　　　　　②　（例）上空の気温が低く地表付近の気温が高いので、強い上昇気流が起こりやすく、垂直方向に雲が発生するから。〈49字〉

　　　(3)　記録的短時間大雨情報　【漢字10字指定】

問3　土石流　　　問4　熱中症警戒アラート

問5　大雨特別警報　【漢字6字指定】

問6　線状降水帯　【漢字5字指定】

問7　ア

問8　(1)　①－強風　②－15　【完答】　　　③－暴風警戒　④－25　【完答】

　　　(2)　（例）台風に吹きこむ風の向きと、台風の進行方向が同じになるため。

　　　(3)　（例）海面からの水蒸気の供給がなくなるため。

　　　(4)　（例）水資源をもたらし、水不足が解消される点。

2

Ⅰ

問1　(1)　①　ウ　　　②　イ・エ　【順不同・完答】

　　　(2)　ウ

　　　(3)　（例）皆既日食になっており、地球の縁が赤く見える。

問2　イ・ウ・オ　【順不同・完答】

問3　イ

Ⅱ

問4　(1)　360 ÷ 1.8 ＝ 200（度）　【整数指定】

　　　(2)　360 ÷（360 － 200）＝ 2.25（年）＝ 27（か月）　【整数指定】

　　　(3)　9

問5　(1)　①－イ　　　②－ウ　【完答】

　　　(2)　①－エ　　　②－イ　【完答】

　　　(3)　イ

問6　火星・木星　【完答】

3

問1　(1)　イ　　(2)　イ　　(3)　エ

問2　ア　　　問3　エ

問4　(1)　イ　　(2)　クラスター　【カタカナ指定】

　　　(3)　密閉（密閉空間）・密集（密集場所）・密接（密接場面）

　　　　　【いずれも漢字指定、順不同・完答】

問5　ワクチン

問6　ＤＮＡ　【アルファベット3字指定】

問7　変異

配点

1　問1～問7　各3点×10 ＝ 30点
　　　問8　各4点×5 ＝ 20点（**1**計50点）

2　問1(1)　各3点×2 ＝ 6点
　　　その他　各4点×11 ＝ 44点（**2**計50点）

3　問1～問3　各4点×5 ＝ 20点
　　　問4～問7　各5点×6 ＝ 30点（**3**計50点）

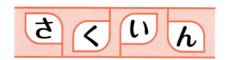

あ行

RCEP··93, 151
アウンサンスーチー（ミャンマー国家顧問）
　··84, 96〜97, 148, 151, 156
アスベスト(石綿)································62
ＡＳＥＡＮ···93
アダムズ方式·····································163
アフガニスタン·······················3, 37, 98, 148, 153, 158
奄美大島、徳之島、沖縄島北部及び西表島
　··4, 10〜12, 112, 147, 152
アマミノクロウサギ························4, 11, 112
アメリカ航空宇宙局（ＮＡＳＡ）
　··16, 104〜105, 158
アメリカ大統領選挙·························84, 90〜91, 151
アメリカ同時多発テロ························98, 158
アラブ首長国連邦（ＵＡＥ）
　··16, 47, 104, 148, 151, 153
アレルギー（反応）···························103
暗号資産···164
（改正）育児・介護休業法·····················55
石綿（アスベスト）····························62
イスラム過激派································98, 156
イスラム教（徒）·······························30, 86
一国二制度································37, 86〜88, 149, 150
一票の格差·····································163
イリオモテヤマネコ·························11〜12, 112
医療崩壊···5, 24, 31
岩手・宮城内陸地震···························71, 162
インジェニュイティ·························16, 104〜105, 152
インバウンド（消費）·························25, 58〜59
インフルエンザ······················31, 58, 101〜102, 150, 151, 155
ウイグル（族）·································5, 37, 86〜88, 97
ＡＩＤＳ···23, 155
エコバッグ（マイバッグ）····················79
エッセンシャルワーカー·······················52
欧州連合　→ヨーロッパ連合（ＥＵ）を参照
大阪都構想····························21, 146, 151, 164
オーバーツーリズム····························12, 58
オホーツク海高気圧····························111
オリンピック··················2, 6〜9, 21, 24, 32〜39, 64,
　84, 94, 146, 147, 149, 150, 151,
　152, 153, 155, 159, 161, 166, 167
温室効果（ガス）·······················76〜77, 114, 150, 166
（地球）温暖化······················3, 65, 76〜77, 82, 91,
　114, 156, 157, 159, 166
オンライン（授業）····················5, 10, 50, 52〜53

か行

カーボンニュートラル··························77
皆既月食·································16, 108〜109, 152
外国人観光客····································58〜59, 155
外国人労働者····································58〜59, 150
貝塚··13〜14
買い物弱者、買い物難民························164
外来種、外来植物·······························11, 113
貨客混載···164〜165
核拡散防止条約（ＮＰＴ）·····················94
核の傘··95
核兵器禁止条約··························5, 39, 94〜95, 151, 156
火砕流··162, 166
火星···16, 104〜105, 151, 152
化石燃料···72, 76
過疎化··68, 165
活断層··71, 162
カブトムシ·····································113
観光公害···12, 58〜59
関税···92〜93, 158

（改正）感染症法·······························23, 29, 151
環太平洋パートナーシップ協定（ＴＰＰ、ＴＰＰ11）
　··84, 92〜93, 148, 150, 151, 153
帰還困難区域····································70, 72〜73
キキクル···110〜111
（国連）気候変動に関する政府間パネル（ＩＰＣＣ）
　··114, 156, 157
気候変動枠組み条約···················77, 148, 153, 157, 159, 166
気候非常事態宣言·······························76〜77, 151
期日前投票·····································45
気象庁··69〜70, 82, 110〜111
帰宅困難者·····································167
北大西洋条約機構（ＮＡＴＯ）················95
(外国人)技能実習生、技能実習制度············59
きぼう··106
逆進性··165
教育格差···52〜53
共生社会···9, 38
共和党（アメリカ）·····························90〜91
緊急安全確保····································80〜81
緊急事態宣言····································22〜24, 33, 53
クアッド···89
クーデター·····································4, 84, 96〜97, 148, 151
熊本地震···70, 146, 162
クラスター·····································23
クルードラゴン·································16, 106, 149, 151, 152
黒い雨··62
（大雨・洪水）警戒レベル······················80〜82, 111
軽減税率···150, 165
経済連携協定（ＥＰＡ）························92〜93, 148, 150, 151
月食···16, 108〜109, 152, 153
限界集落···165
原子爆弾（原爆）·································62, 94〜95, 161
原子力規制委員会······························75
原子力発電所（原発）···············3, 33, 58, 65, 66, 72〜75,
　76〜77, 147, 152, 158, 162
合計特殊出生率·································54
公職選挙法·····································42, 45
後天性免疫不全症候群（ＡＩＤＳ）···········23, 155
高年齢者雇用安定法····························55
候補者男女均等法
　　（政治分野における男女共同参画推進法）
　··46〜47
公民権運動·····································57, 156
（少子）高齢化···································5, 54〜55, 58, 68
高齢者等避難····································80〜81
国際宇宙ステーション（ＩＳＳ）
　··16, 64, 106〜107, 151, 152
国際オリンピック委員会（ＩＯＣ）
　··7〜8, 21, 33, 36
国際連合（国連）
　··84, 94〜95, 114, 156, 158, 159
　　教育科学文化機関（ユネスコ）·········10, 112, 168
　　世界食糧計画（ＷＦＰ）····················156
　　難民高等弁務官事務所（ＵＮＨＣＲ）·····97
　　人間環境会議································159
　　平和維持活動（ＰＫＯ）····················39, 159
国際パラリンピック委員会（ＩＰＣ）··········9
黒死病··30, 56, 154
国勢調査···163
国定公園···12
国内総生産（ＧＤＰ）···························25, 88, 93
国民投票法·····································45
国民の祝日·····································161
国立競技場·····································2, 6〜9, 32〜34, 38
国立銀行条例····································61
国立公園···12
５Ｇ　→ファイブジーを参照
個人情報···50〜51, 53, 169
古代オリンピック·······························6, 36
孤独死··68
子ども食堂·····································165
ＣＯＶＩＤ-19································100〜101, 103
固有種··11, 112

さ行

蔡英文（台湾総統）·····························88
災害弱者···80
最高裁判所·····································48〜49, 62
再生可能エネルギー·····························77
サミット
　→主要7か国首脳会議（Ｇ７サミット）を参照
産業革命···77, 114, 155, 163, 166
三内丸山遺跡····································10, 13〜15, 147, 152
ジェンダー（ギャップ指数）····4, 46〜47, 48〜49
自己決定権·····································28
時差···35
（世界）自然遺産·································4, 10〜12, 112, 147, 152
自然災害伝承碑·································69
持続可能な開発·································159
（完全）失業率····································25
児童労働···85, 156
渋沢栄一···61, 146
ジャイアントパンダ····························112
衆議院議員総選挙·····················2, 4, 20, 38, 40〜47, 49
習近平（中国国家主席）························84, 88
自由民主党（自民党）総裁選挙······20, 40〜42, 153
住民投票···21, 146, 151, 164
首相　→内閣総理大臣を参照
出入国管理及び難民認定法（入管法）···········59, 150
首都直下地震····································66, 70〜71, 162
主要7か国首脳会議（Ｇ７サミット）
　··84, 88〜89, 148, 152
攘夷···30〜31, 56
少子（高齢）化····································5, 54〜55, 58
小選挙区比例代表並立制························43〜44
消費税··150, 165
情報通信技術（ＩＣＴ）························50〜51, 52
縄文時代···4, 10, 13〜15, 147, 152
条例···51
小惑星··16, 106〜107, 150〜151
食品ロス（フードロス）························150, 165
除染···73
（原発）処理水··································3, 65, 72〜75, 147, 152
（ボリス・）ジョンソン（イギリス首相）·····84, 93
シルバー民主主義·······························45
新貨条例···60〜61, 158
新型インフルエンザ（等対策特別措置法）
　··22〜26, 150, 151, 155
新疆ウイグル自治区····················5, 37, 86〜88, 97
人工知能（ＡＩ）·································112, 163
震災遺構···66, 68〜69, 71
震度···66, 69〜70, 82, 162
スーパーコンピュータ··························112, 146
スーパーマーケット····························26, 52
スエズ運河·····································148
スカイクレーン·································104〜105
スペイン風邪····································31, 155
聖火リレー·····································8, 32〜33, 39, 147, 152
政治分野における男女共同参画推進法
　→候補者男女均等法を参照
（海洋）生分解性プラスチック················79
生物多様性·····································11, 112, 159
世界遺産···4, 10〜15, 112, 147, 152
世界保健機関（ＷＨＯ）························57, 84, 91, 103, 155
セクシャル・ハラスメント（セクハラ）·······46
石器···13〜15
絶滅危惧種·····································10〜12, 112
尖閣諸島···89
線状降水帯·····································82, 110〜111
ソーシャルディスタンス·······················102
ソーシャル・ネットワーキング・サービス
　（ＳＮＳ）··································168, 169

コレラ··30〜31, 56, 155
コンパクトシティ·······························164
コンビニエンスストア（コンビニ）
　··25〜26, 52, 79

た行

第一次世界大戦……………………31, 37, 39, 61
第5世代移動通信システム
　→5G（ファイブジー）を参照
台風………………77, 82, **114**, 150, 152, 153
太平洋高気圧…………………82, 110〜111
第四次産業革命…………………………163
台湾……………………………………88〜89
脱炭素社会……………………………76〜77
竪穴住居…………………………4, 13〜14
縦割り行政…………………………………51
多様性………………………6〜9, 37, 85
タリバン…………………3, **98**, 148, 153, 158
地域的な包括的経済連携（RCEP）………93, 151
中皮腫……………………………………62
直下型地震……………………………71, 162
津波（避難ビル）
　………39, **66〜71**, 72〜73, 75, 82, 158, 162, 166
梅雨……………………81〜82, 110〜111
デジタル庁……………………5, **50〜51**, 153
テレワーク（リモートワーク）……5, **52〜53**
天問1号……………………………16, 104
東南アジア諸国連合（ASEAN）………93
投票率……………………………………45
東北地方太平洋沖地震……………**66〜71**, 162
ドーピング…………………37, 39, 149
土偶…………………………………13〜15
特定技能…………………………………59
特定非営利活動法人（NPO）………78, 165
（大雨）特別警報………**82, 110〜111**, 153
都市鉱山……………………………165〜166
土石流………………**80〜82**, 110, 146, 152
ドメスティック・バイオレンス（DV）………49
（ドナルド・）トランプ（アメリカ前大統領）
　………57, 84, **90〜91**, 150, 166, 168
鳥インフルエンザ…………………**26**, 155
トリチウム………………**72〜74**, 147, 152
ドローン……………………………………7
ドント式…………………………41, 44

な行

内閣総理大臣（首相）………2, 20, **40〜43**, 50, 62, 64,
　76〜77, 88, 95, 150, 152, 153
NASA………………16, 104〜105, 158
NATO……………………………………95
南海トラフ地震………65, 66〜67, **70〜71**, 162
南沙諸島……………………………………89
南北戦争………………………………57, 158
難民（選手団）………**6〜9**, 39, 96〜97, 98
二酸化炭素（CO₂）………76〜77, 114, 157
入管法　→出入国管理及び難民認定法を参照
熱中症（警戒アラート）………35, 77, **113**, 152
ノーベル賞……………2, 96, 98, 153, **156〜157**
野口聡一（宇宙飛行士）
　………16, 64, **106〜107**, 151, 152

は行

パーシビアランス………16, **104〜105**, 151, 152
バーゼル条約……………………………79
梅雨（前線）……………81〜82, 110〜111
バイオマス（素材）………………77, 79
ハイブリッド車……………………………76
（ジョー・）バイデン（アメリカ大統領）
　………4, 84, 88, **90〜91**, 98, 149, 151, 152, 166
廃炉…………………………65, **72〜75**
ハザードマップ…………**81〜82**, 146, **166**
バス高速輸送システム（BRT）………166
ハゼ……………………………………113
はやぶさ2……16, **106〜107**, 149, 150, 151
パラリンピック………2, **6〜9**, 21, 24, 32, **37〜38**,
　146, 149, 150, 151, 153, 166, 167

バリアフリー（化）………………9, 164
パリ協定………77, 90〜91, 150, 151, **166**
ハリケーン…………………………………77
（カマラ・）ハリス（アメリカ副大統領）
　………………………84, 90〜91
ハンセン病…………………23, **29**, 155
万国博覧会（万博）………………148, 153
パンデミック………………**30〜31**, 100
非核三原則………………………94, 157
ピクトグラム……………………8, 167
非正規雇用（者）……………………49
ビッグデータ………………112, 163, **167**
東日本大震災………3, 7, 33, 58, 65, 66**〜71**, 72,
　75, 152, 158, 162, 166, 167
避難勧告、避難指示………………**80〜82**, 152
百貨店………………………23, 25, 59
5G（ファイブジー）……………………163
フードロス（食品ロス）……………150, 165
風評被害………………………72, 74
（選択的）夫婦別姓………………4, **48〜49**
フェイクニュース………………………167
富岳………………………………112, 146
福島第一原子力発電所
　………3, 58, 65, 66, **72〜75**, 76, 147, 152, 158
副反応………………27〜28, 103
プライバシー……………………51, 53, 169
（海洋）プラスチック（ごみ）………4, 65, **78〜79**
プラスチック資源循環促進法………78〜79
ふるさと納税（制度）…………………167
（世界）文化遺産………4, 10, **13〜15**, 147, 152
ヘイトクライム……………………56〜57
ヘイトスピーチ……………………56〜57
ペスト………………………30, 56, 154
ベビーブーム………………………………54
変異株………………………25, 57, **103**
偏西風………………………………111, 114
ボイコット……………………37, 39
包括的核実験禁止条約（CTBT）………39, 94
放射性物質………………62, 66, **72〜74**
HOPE……………………………16, 104
星出彰彦（宇宙飛行士）
　………16, 64, **106〜107**, 149, 152, 153
北海道・北東北の縄文遺跡群
　………4, 10, **13〜15**, 147, 152
ポピュリズム………………………167〜168
ホワイトカラー…………………………52
香港（国家安全維持法）………5, 37, **86〜88**, 149, 150

ま行

マイクロプラスチック……………78〜79
マイナス成長………………………………25
マイナンバーカード、マイナンバー制度…50〜51
マイバッグ（エコバッグ）……………………79
前島密………………………………60, 158
マグニチュード………**66**, 69〜70, 162
マタニティ・ハラスメント（マタハラ）………46
真鍋淑郎（2021年ノーベル物理学賞受賞者）
　………………………2, 153, 157
マララ・ユスフザイ（ノーベル平和賞受賞者）
　………………………98, 156
まん延防止等重点措置……………22〜23
南シナ海…………………………………89
ミャンマー………4, 11, 84, **96〜97**, 148, 151, 156
民主党（アメリカ）………………**90〜91**, 151
民泊………………………………………58
民法………………48, 150, 153, 169
無観客………………2, **6〜9, 32〜33**, 39
無形文化遺産…………………151, **168**
メートル法………………………60〜61
メディア・リテラシー……………………168
免疫………………………………27, 103
猛暑（日）……………35〜36, 77, 147
モノのインターネット（IoT）…………163

や行

ヤングケアラー……………………168〜169
ヤンバルクイナ………**10〜11**, 112, 147, 152
有効求人倍率………………………………25
郵便制度…………………………**60**, 158
郵便投票特例法……………………………45
ユーロ……………………………………92
ユダヤ人………………30, 56, 87, 154
ユニバーサルデザイン……………9, 30
ユネスコ……………10, 112, 168
容器包装リサイクル法……………………79
ヨーロッパ連合（EU）
　…5, 39, 76〜77, 84, **92〜93**, 150, 151, 156, 168
余震………………………………69〜70

ら行

ライフライン………………………………52
リニア中央新幹線………………………169
リモートワーク（テレワーク）……5, **52〜53**
リュウグウ………16, **106〜107**, 150, 151
累進課税………………………………165
ルリカケス……………………………4, 11
レアメタル……………………………165
レジ袋（の有料化）………65, **78〜79**, 150
（次世代型）路面電車（LRT）……………164

わ行

ワクチン………5, **26〜28**, 100〜103, 155
忘れられる権利…………………………169

アルファベット

AI………………………………112, 163
AIDS………………………………23, 155
ASEAN……………………………………93
BRT…………………………………166
CO₂………………76〜77, 114, 157
COVID-19……………100〜101, 103
CTBT………………………………39, 94
DNA………………………………14, 102
DV…………………………………………49
EPA……………**92〜93**, 148, 150, 151
EU………5, 39, 76〜77, 84, **92〜93**,
　150, 151, 156, 168
GDP…………………25, 88, 93
G7サミット………84, 88〜89, 148, 152
HOPE……………………………16, 104
ICT………………………**50〜51**, 52
IOC………………7〜8, 21, 33, 36
IoT…………………………………163
IPC…………………………………………9
IPCC………………**114**, 156, 157
ISS………16, 64, **106〜107**, 151, 152
LRT…………………………………164
NASA……………16, 104〜105, 158
NATO……………………………………95
NPO………………………………78, 165
NPT…………………………………94
PCR（法、検査）……………102〜103
PKO………………………………39, 159
RCEP………………………93, 151
RNA…………………………101〜102
SNS………………………168, 169
TPP、TPP11
　………84, **92〜93**, 148, 150, 151, 153
UAE………16, 47, 104, 148, 151, 153
UNHCR……………………………97
WFP…………………………………156
WHO………57, 84, 91, 103, 155

175

〈写真提供〉
AFP ＝時事
AFP PHOTO/NASA/JPL-CALTECH/HANDOUT
AP/ アフロ
Bridgeman Images/ アフロ
EPA ＝時事
fotolia
Interfoto/ アフロ
iStock
JAXA
JAXA/NASA
J-CAST ニュース
Mary Evans Picture Library/ アフロ
Motoo Naka/ アフロ
NASA/JPL-CALTECH
NASA/UPI/ アフロ
National Institute of Allrgy and Infectious Diseases/Science Photo Library/ アフロ
Newscome/ アフロ
photolibrary
picture alliance/ アフロ
PPS
The New York Times/Redux/ アフロ
USA TODAY Sports/ ロイター / アフロ
ZUMA Press/ アフロ
朝日新聞社 / 時事通信フォト
アジア航測（株）・朝日航洋（株）
アフロ
環境省
近現代 PL/ アフロ
宮内庁
国立感染症研究所
国立保健医療科学院図書館
時事
時事通信フォト
縄文遺跡群世界遺産保存活用協議会
新華社 / アフロ
スポニチ / アフロ
全国清涼飲料連合会
全国優良石材店の会

曽我農園
つのだよしお / アフロ
東京オリンピック・パラリンピック競技大会組織委員会
（公財）東京動物園協会
東洋経済 / アフロ
日刊スポーツ / アフロ
西村尚己 / アフロスポーツ
北海道新聞社 / 時事通信フォト
毎日新聞社
毎日新聞社 / アフロ
読売新聞 / アフロ
ロイター / アフロ

〈参考文献〉
日本国勢図会 2021/22（矢野恒太記念会）
日本のすがた 2021（矢野恒太記念会）
世界国勢図会 2021/22（矢野恒太記念会）
データでみる県勢 2021（矢野恒太記念会）
数字でみる日本の 100 年（矢野恒太記念会）
地理統計要覧 2021 年版（二宮書店）
朝日キーワード 2022（朝日新聞出版）
現代用語の基礎知識　学習版 2021 － 2022（自由国民社）
最新図説　政経（浜島書店）
理科年表　2021 年版（丸善）

〈イラスト〉
クリエイティブ・ノア

〈編集協力〉
株式会社シナップス

〈デザイン・DTP〉
株式会社シーアンドシー

※10月10日現在の状況をもとに制作しています。

2022 年中学入試用　サピックス　重大ニュース

2021 年 11 月 1 日　初版第一刷発行

企画・編集　　サピックス小学部
　　　　　　　〒 151 - 0053　東京都渋谷区代々木 1 - 27 - 1
　　　　　　　☎ 0120 - 3759 - 50
発 行 者　　高宮英郎
印刷・製本　　三松堂株式会社
発 行 所　　代々木ライブラリー
　　　　　　　〒 151 - 0053　東京都渋谷区代々木 1 - 38 - 9　3 階
　　　　　　　☎ 03 - 3370 - 7409

©SAPIX 2021 ISBN978-4-86346-337-0 Printed in Japan　無断転載を禁ず

原子力規制委員会	大雨特別警報	土石流
北アメリカ（北米）プレート 太平洋プレート	記録的短時間大雨情報	熱中症警戒アラート
世界農業遺産	線状降水帯	キキクル
GAP	COVID-19	星出彰彦
	ワクチン	火星
食品ロス削減推進法		パーシビアランス
変異株	富岳	
デルタ株	皆既月食	ジェゼロ・クレーター

原子施設の安全対策が基準に達しているかどうかを審査する、環境省に属する組織を何といいますか。

2011年3月11日に発生してから2021年で10年となった東北地方太平洋沖地震は、2つのプレートの境界で起こりました。そのプレートの名前を2つ答えなさい。

自然と調和し、生物多様性を守りながら伝統的な農林水産業を行っている地域を国連食糧農業機関（FAO）が認定する制度を何といいますか。

食の安全、環境保全などを目的とした農業生産工程管理といういろいろな取り組みを生産者が守っているかを認証する制度がありますが、このきまりを一般に何というか、アルファベットで答えなさい。

また食べられるのに廃棄される食品を減らす取り組みを国・地方公共団体・企業・消費者に求めている、2019年に成立した法律を何といいますか。

ウイルスが生物への感染や増殖を繰り返しているうちに、塩基配列が変わることで新たに現れた、それまでとは異なるタイプのウイルスを何といいますか。

2020年10月にインドで最初に検出され、日本では2021年7月からのいわゆる「第5波」での感染の中心になった新型コロナウイルスの株を何といいますか。

数十年に一度の現象が要因となり、大雨が予想される場合に気象庁が発表する警報の名称を答えなさい。

数年に一度程度しか発生しないような短時間の大雨を観測したときに、各地の気象台が発表する情報を何といいますか。

次々と発生する発達した積乱雲群によってできる、強い雨が降る細長く伸びた領域を何といいますか。

2019年12月に中国の湖北省武漢市で確認され、2021年現在、世界中に感染者が広がっている新型コロナウイルス感染症は、アルファベットと数字で何と表記されますか。

ウイルスや細菌による感染症を予防する目的で、ヒトの体内に抗体をつくらせる医薬品を何といいますか。

2020年5月に稼働を開始して、2021年6月に計算処理速度の世界ランキングで3期連続トップになった日本のスーパーコンピュータの名称を答えなさい。

2021年5月26日に見られた、月全体が地球の本影に入る天文現象を何といいますか。

2021年4月下旬から全国での運用が始まった、集中豪雨や長雨により、山腹や川底などにある石や土砂が水とともに一気に流れ下る現象を何といいますか。

2021年4月下旬から全国での運用が始まった、大雨による土砂災害、浸水による被害、洪水による災害の危険度がひと目でわかるように、気象庁が共同で発表する危険度分布の愛称を答えなさい。

2021年4月にアメリカの民間企業スペースX社の宇宙船「クルードラゴン」2号機に搭乗し、日本人2人目の国際宇宙ステーション（ISS）船長となった宇宙飛行士の名前を答えなさい。

2021年2月にアラブ首長国連邦（UAE）、中国、アメリカの探査機が相次いで到着した惑星の名称を答えなさい。

2021年2月にアメリカが着陸に成功した惑星への着陸に成功した後、生物の痕跡を探し、岩石のサンプルを採集する目的で活動しているアメリカ航空宇宙局（NASA）の探査車の名称を答えなさい。

2021年2月にアメリカ航空宇宙局（NASA）の探査車が、ある惑星のかつては湖だったところと考えられているクレーターに着陸しました。そのクレーターの名称を答えなさい。

奄美大島、徳之島、沖縄島北部及び西表島

三内丸山遺跡

自然災害伝承碑

キャッシュレス決済

ハンセン病

自己決定権

2025年問題

プッシュ型支援

限界集落

AI

IoT

貨客混載

暗号資産（仮想通貨）

雲仙普賢岳（雲仙岳、普賢岳）

スイス、ローザンヌ

2024年：パリ
2028年：ロサンゼルス
2032年：ブリスベン

ハラル

1.34
最高：沖縄県
最低：東京都

中食

バーゼル条約

持続可能な開発目標（SDGs）

- 近代オリンピックを主催する国際オリンピック委員会（IOC）の本部がある国と都市の名前を答えなさい。

- 2024年、2028年、2032年の夏季オリンピックの開催地に決定している都市をそれぞれ答えなさい。

- アラビア語で「合法」などを意味する言葉で、食品や服装などがイスラム教の戒律に合っていることを何といいますか。カタカナ3字で答えなさい。

- 2020年の日本の合計特殊出生率を小数第2位まで答えなさい。また、合計特殊出生率が最も高い都道府県と、最も低い都道府県をそれぞれ答えなさい。

- 2021年1月から、汚れたプラスチックごみが新たに規制の対象となった、鉛や医療廃棄物などの有害ごみの輸出入を規制している条約の名前を答えなさい。

- 2015年に国連で採択された、2030年までに達成すべき17の目標などで構成されている、国際社会共通の目標を何といいますか。

- 災害が発生したとき、政府が被災した地方公共団体の要請を待たずに、食料、エアコン、仮設トイレなど、必ず必要になる物資を調達し、被災地に緊急輸送する支援を何といいますか。

- 過疎化などにより、人口の50％以上を高齢者が占めるようになったため、社会生活の維持が困難となり、存続が危ぶまれている集落を何といいますか。

- 自動車の自動運転や防犯システムなど、さまざまな分野での利用が期待され、開発が進んでいる人工知能のことを一般に何といいますか。アルファベット2字で答えなさい。

- 家電製品や自動車などに通信機能を持たせてデータを集めたり、それに基づいて遠隔操作をしたりする「モノのインターネット」のことを何といいますか。アルファベットで答えなさい。

- 北海道・東北・北陸などでとれた水産物を新幹線で東京に運ぶなど、本来は「人」を運ぶ鉄道などの交通機関に、「物」も一緒に載せて輸送することを何といいますか。

- 公的な発行主体や管理者が存在しないものの、インターネットを通じてさまざまな支払いに使用でき、専門の取引所を介して円などの通貨と交換できるものを一般に何といいますか。

- 2021年に日本から新たに登録された、鹿児島県と沖縄県にまたがる世界自然遺産の名前を答えなさい。

- 2021年に世界自然遺産に登録された、縄文時代では最大級の集落跡として知られる青森市の遺跡の名前を答えなさい。

- 2019年に国土地理院がそれまで使う地図記号を新たに制定した、過去の洪水・津波・火災などの被災者が後世の人々に教訓を伝えるために建てた石碑などを何といいますか。

- 電子マネーなどを利用しながらも現金を使用しない支払いや取り引きのことを何といいますか。

- 誤った隔離政策により患者本人だけでなく家族も差別を受けたとして損害賠償を求めた、2019年に国の責任が認められた、らい病ともいわれた、皮膚と神経を侵す慢性の感染症は何ですか。

- 日本国憲法第13条で保障されている幸福追求権のうちの1つとも考えられる、公権力などから干渉されることなく、個人的な事柄を自由に決定する権利を何といいますか。

- 1991年6月に発生した大火砕流により多くの死者・行方不明者が出た、長崎県の島原半島に位置する火山の名前を答えなさい。

- 1947～1949年の第一次ベビーブームの時期に生まれた「団塊の世代」が75歳以上の後期高齢者になることにより、社会保障関係費の急増などが懸念される問題を一般に何といいますか。

○ イギリス

○ 核兵器禁止条約

○ マイクロプラスチック

○ 新型インフルエンザ等対策特別措置法

○ パンデミック

○ ジョー・バイデン、民主党

○ スエズ運河、エジプト

○ モスクワ

○ RCEP

○ 環太平洋パートナーシップ協定（TPP11）

○ シェンゲン協定

○ ハラスメント

○ 約8240万人

○ 激甚災害

○ クラウドファンディング

○ サプライチェーン

○ 国際協力機構（JICA）

○ ミャンマー

○ アフガニスタン

○ 香港国家安全維持法

○ 地理的表示（GI）保護制度

○ 2021年6月にG7サミットが開かれたコーンウォールは、どの国の地名ですか。

○ 国連で2017年7月に120か国以上の賛成を得て採択され、2021年1月に発効した、核兵器の開発や保有などを初めて法的に禁止した条約を何といいますか。

○ 生態系への悪い影響が心配される、紫外線や波などで風化して細かく砕かれたプラスチックの粒のことを何といいますか。

○ 新型コロナウイルス感染症を対象に含めるために改正された、緊急事態宣言発令の根拠となる法律の名前を答えなさい。

○ 新型コロナウイルスやインフルエンザウイルスなどによる感染症が世界的に大流行することを何というか、カタカナで答えなさい。

○ 2021年1月、アメリカ合衆国第46代大統領に就任した人物と、その人物が所属する政党の名前を答えなさい。

○ 1869年に開通した、地中海と紅海を結ぶ運河の名前と、その運河が位置する国の名前を答えなさい。

○ 前年のアフガニスタン侵攻を理由に日本などがボイコットした、1980年の夏季オリンピックの開催都市はどこですか。

○ 2020年11月に協定が署名された、日本・中国・韓国、ASEAN10か国、オーストラリア・ニュージーランドが参加する「地域的な包括的経済連携」の略称をアルファベットで答えなさい。

○ 2018年の年末に発効した、アメリカを除く太平洋沿岸の11か国による経済連携協定を何といいますか。

○ ヨーロッパの加盟国の域内で出入国審査なしに国境を越えることを認める協定を何といいますか。カタカナで答えなさい。

○ 発言や行動によって相手を不快にさせたり、尊厳を傷つけたりする、「嫌がらせ」などの意味を持つ言葉を何といいますか。カタカナで答えなさい。

○ 国連難民高等弁務官事務所（UNHCR）の発表によると、紛争や迫害により故郷を追われ、外国に逃れた難民や、国内の別の場所に避難した人などの数は、2020年末でどのくらいでしたか。

○ 被災した自治体の復旧事業に対する国の補助金を上げるために国が指定する、特に被害が大きい災害を何といいますか。

○ インターネットを通じて事業などへの支援を呼びかけ、その事業を応援する人々から資金を集めるしくみを何といいますか。カタカナで答えなさい。

○ 原材料や部品の調達から、製造、在庫、配送、販売までの一連の流れを何といいますか。カタカナで答えなさい。

○ 日本の政府開発援助（ODA）の実施機関の1つとして、おもに発展途上国への技術協力や資金協力を担っている組織を何といいますか。

○ 2021年2月、軍がクーデターを起こして全面的な権力を握った、東南アジア諸国連合（ASEAN）に加盟する国はどこですか。

○ 「対テロ戦争」のために20年間駐留してきたアメリカ軍が全面的に撤退する直前に、「タリバン」という武装勢力が首都を制圧し、政権が崩壊した国はどこですか。

○ イギリスから中国に返還されて以降も、一定の自治や資本主義制度が認められていた香港での民主化運動などを取り締まるために、2020年6月に中国政府が定めた法律を何といいますか。

○ 「神戸ビーフ」「夕張メロン」など、地名のついた特色ある高品質の産物の名称自体を知的財産として国が保護する制度のことを何といいますか。

ウポポイ		
パブリックコメント	民法	248
ヘイトスピーチ	軽減税率	特定枠
夫婦別姓（夫婦別氏）	ふるさと納税制度	政治分野における男女共同参画推進法（候補者男女均等法）
アスベスト（石綿）	後藤新平	アダムズ方式
テレワーク（リモートワーク）	普天間飛行場（普天間基地）	郵便投票特例法
ピクトグラム	シルバー民主主義	国勢調査
	社会保障関係費	

2021 年時事用語　一問一答カード

名前 _____

- 2022 年の第 26 回参議院議員通常選挙の後、参議院の議員定数はいくつになりますか。算用数字で答えなさい。

- 2019 年の第 25 回参議院議員通常選挙から導入されている、政党が比例区からの立候補者の一部を優先的に当選する人に指定できるしくみを何といいますか。

- 2018 年に成立した、国政選挙や地方選挙での候補者数をできるだけ男女均等にするよう、政党に努力義務を課した法律を一般に何といいますか。

- 2020 年の国勢調査の結果に基づき、2022 年以降に行われる衆議院の小選挙区の区割りを見直して、各都道府県への定数配分をより人口比に近くするために用いられる方式を何といいますか。

- 自宅や宿泊施設で療養する新型コロナウイルス感染症患者などが、投票所に行かずに、候補者名などを記入した投票用紙を返送して投票することを認めた法律を一般に何といいますか。

- 初めて実施されてから 2020 年で 100 年となった、日本に居住するすべての人や世帯を対象とする調査を何といいますか。

- 成人年齢を「18 歳以上」に引き下げる改正法が 2022 年 4 月から施行される法律の名前を答えなさい。

- 消費税率が 10%に引き上げられた後も、酒類や外食などを除く食品全般や新聞などの税率は 8%のままですが、このように標準よりも低く抑えた税率のことを何といいますか。

- 地方公共団体を自由に選んでそこに寄付をすると、その人が現在住んでいる地方公共団体に納める住民税や、国に納める所得税が軽減される制度を一般に何といいますか。

- 日清戦争後に大規模検疫を行い、のちには内務大臣や東京市長を歴任し、関東大震災からの復興にも尽力した人物の名前を答えなさい。

- 沖縄県名護市の辺野古地区への移設工事が進められている、沖縄県宜野湾市にあるアメリカ軍の施設は何ですか。

- 少子高齢化が進行する社会において、有権者のうち高い割合を占める高齢者向けの政策が優先される政治のあり方を一般に何といいますか。

- 2021 年度予算の一般会計歳出において、最も高い割合を占めている項目は何ですか。

- 2020 年 7 月に北海道白老町に開業した、アイヌ文化の振興の拠点となる国立博物館を中心とした「民族共生象徴空間」の愛称を何といいますか。

- 国の機関や地方公共団体などに対する意見・情報・改善案などを募集する手続きを何といいますか。カタカナで答えなさい。

- 外国籍の人などに対して乱暴な言葉であおる、差別的な憎悪表現を一般に何といいますか。カタカナで答えなさい。

- 希望する夫婦には、結婚後もそれぞれ結婚前の姓（名字）を名乗ることを認める制度の導入が議論されています。これを一般に何といいますか。漢字 4 字で答えなさい。

- 熱や摩擦などに強いうえに軽いため、建材など幅広く利用されてきた、極めて細い繊維状の鉱物を何といいますか。有害だとわかり、現在は使われなくなっています。

- インターネットなどの情報通信技術（ICT）を活用し、自宅など会社から離れた場所で働く勤務形態を何といいますか。カタカナで答えなさい。

- 1964 年の東京オリンピックで初めて使われた、各競技・種目を表現した絵文字のことを何といいますか。今回のオリンピックでは 50 種類が使われました。